청구취지와 심판청구 작성례로 살펴본
행정소송과 행정심판!

편저 임영만

법문북스

머 리 말

　행정소송은 행정청의 위법한 처분 그 밖의 공권력의 행사, 불행사의 등으로 인한 국민의 권리 또는 이익의 침해를 구제하고 공법상의 권리관계 또는 법적용에 관한 분쟁을 해결하는 재판절차입니다. 행정소송은 행정법규의 적용에 관련된 공법상 분쟁의 판정을 목적으로 하는 점에서, 국가의 형벌권 발동을 위한 소송절차인 형사소송이나 사법상(私法上)의 권리관계에 관한 분쟁의 판정을 목적으로 하는 민사소송과 구별됩니다. 또, 독립한 판정기관에 의한 신중한 소송절차를 거쳐 행하여지는 정식쟁송(正式爭訟)인 점에서 약식쟁송에 불과한 행정심판과도 구별됩니다.

　행정소송과 행정심판을 진행하려면 소장을 법원에 제출해야 성립하는데 이 소장에는 청구취지를 반드시 기재하게 되어 있습니다. 이 청구취지는 원고가 당해 소송에서 소로써 청구하는 판결의 주문 내용을 말하는 것으로서 청구원인의 결론부분입니다. 원고가 소로써 달성하려는 목적이 구체적으로 표현되고 그 내용·범위 등이 간결·명확하게 기재되지 않으면 안 됩니다. 청구취지는 소송목적의 값의 산정, 사물관할, 상소이익의 유무, 소송비용의 분담비율, 시효중단의 범위 등을 정함에 있어서 표준이 됩니다.

　이 책에서는 복잡한 행정소송과 행정심판을 제기하는 소장과 심판청구서에 반드시 기재하여야 하는 각종 청구취지와 소장 및 심판청구 작성례를 함께 수록하여 행정소송 및 행정심판의 절차를 누구나 쉽게 이해하는데 도움을 주고자 하였습니다. 이러한 자료들은 법원의 나홀로 소송에서 제공된 서식작성례, 대한법률구조공단의 서식 등을 참고하였으며, 이를 종합적으로 정리·분석하여 일목요연하게 편집하였습니다.

이 책이 부당하고 억울하게 공권력으로부터 권리 또는 이익을 부당하게 침해받고 구제를 청구하려는 분들과 이들에게 조언을 하고자 하는 실무자에게 큰 도움이 되리라 믿으며, 열악한 출판시장임에도 불구하고 흔쾌히 출간에 응해 주신 법문북스 김현호 대표에게 감사를 드립니다.

2025.

편저자 드림

차 례

Part 1. 행정소송 청구취지와 소장 작성례

Part 2. 행정심판 청구취지와 심판청구 작성례

Part 3. 참고법령

Part 1.
행정소송 청구취지와 소장 작성례

1. 청구취지

원고가 당해 소송에서 소로써 청구하는 판결의 주문 내용을 말하는 것으로서 청구원인의 결론부분이다. 원고가 소로써 달성하려는 목적이 구체적으로 표현되고 그 내용·범위 등이 간결·명확하게 기재되지 않으면 안 된다. 청구취지는 소송목적의 값의 산정, 사물관할, 상소이익의 유무, 소송비용의 분담비율, 시효중단의 범위 등을 정함에 있어서 표준이 된다.

2. 청구취지 작성 예시

① 파면처분취소 청구의 소

> 1. 피고가 2000.. OO. OO. 원고에 대하여 한 파면처분을 취소한다.
> 2. 소송비용은 피고가 부담한다.
> 라는 판결을 구합니다.

② 해임처분취소 청구의 소

> 1. 피고가 2000. OO. OO. 원고에 대하여 한 해임처분을 취소한다.
> 2. 소송비용은 피고가 부담한다.
> 라는 판결을 구합니다.

③ 토지수용이의재결처분취소 등

> 1. 피고 중앙토지수용위원회가 2000. OO. OO.원고에 대하여 한 별지목록 기재 부동산에 대한 이의재결처분을 취소한다.
> 2. 소송비용은 피고가 부담한다.
> 라는 판결을 구합니다.

④ 퇴직급여부지급처분취소 청구의 소

> 1. 피고는 2000. 00. 00. 원고에 대하여 한 퇴직급여청구에 대한 부지
>   급결정처분을 취소한다.
> 2. 소송비용은 피고가 부담한다.
> 라는 판결을 구합니다.

⑤ 특별소비세부과처분취소 청구의 소

> 1. 피고가 2000. 00. 00. 원고에 대하여 한 특별소비세 12,363,840원
>   의 부과처분을 취소한다.
> 2. 소송비용은 피고가 부담한다.
> 라는 판결을 구합니다.

⑥ 토지수용보상금

> 1. 피고는 원고에게 금 80,000,000원 및 이에 대하여 2000. 00. 00.
>   부터 판결선고일까지는 연 5푼, 그 다음날부터 다 갚는 날까지는 연 2
>   0%의 각 비율에 의한 금원을 지급하라.
> 2. 소송비용은 피고가 부담한다.
> 라는 판결을 구합니다.

⑦ 손실보상금증액 청구의 소

> 1. 피고는 원고에게 금 80,000,000원 및 이에 대하여 2023. 4. 28.부터
>   판결선고일까지는 연 5푼, 그 다음날부터 다 갚는 날까지는 연 20%의
>   각 비율에 의한 금원을 지급하라.
> 2. 소송비용은 피고가 부담한다.
> 라는 판결을 구합니다.

§1. 부당한 대우 구제

1. 부당해고 구제재심판정 취소

■ 청구취지

> 1. 중앙노동위원회가 ○○○○. ○○. ○○. 원고와 □□□ 사이의 ○○○○ 부해○○ 부당해고구제 재심신청사건에 관하여 한 재심판정을 취소한다.
> 2. 소송비용은 피고가 부담한다.
> 라는 판결을 구합니다.

■ 소장 작성례

● 부당해고 구제재심판정 취소청구의 소

소 장

원   고   ○○○(주민등록번호)

　　　　　○○시 ○○구 ○○길 ○○(우편번호 ○○○○○)

　　　　　전화·휴대폰번호:

　　　　　팩스번호, 전자우편(e-mail)주소:

피   고   중앙노동위원회 위원장

　　　　　○○시 ○○구 ○○길 ○○(우편번호 ○○○○○)

부당해고구제재심판정 취소청구의 소

청 구 취 지

1. 피고가 원고에게 한 20○○. ○. ○. 부당해고구제재심판정은 취소한다.
2. 소송비용은 피고의 부담으로 한다.
라는 판결을 구합니다.

청 구 원 인

1. 전심 절차

원고는 19○○. ○. ○, 소외 ◇◇중공업 주식회사(이하 '회사')에 입사하여 용접공으로 근무하여 오다가 19○○. ○. ○. 징계해고 되어, 19○○. ○. ○. ◎◎남도지방노동위원회에 부당해고 구제신청을 하였으나 기각 결정된 뒤 같은 해 ○. ○. 결정서를 송달 받고 다시 이에 불복하여 같은 해 ○. ○. 피고에게 재심신청을 하였으나 같은 해 ○. ○. 기각되었고, 그 재심판정서를 ○. ○. 송달받았습니다.

2. 전심 판정의 부당성

소외 회사는 노동조합의 대의원이었던 원고가 노동조합의 방침에 따라 근로자들이 사용하던 용접봉의 유해성을 문제삼는 과정에서 작업거부를 선동하는 유인물을 배포하고 상사에게 폭행하였다며 단체협약 및 취업규칙에 따라 원고를 징계 해고하였습니다. 그러나 이건 징계는 "산업안전보건에 대한 징계는 산업안전보건위원회에서 실시한다"는 단체협약 제27조 제3항을 위배했을 뿐더러, 다른 근로자들의 사내 질서 문란의 정도가 더 심한 사안에 대하여는 징계해고를 하지 않았음에도 유독 원고에게만 징계해고 처분을 한 징계권 남용이 분명한 해고로써 근로기준법 제23조가 금지하는 정당한 사유 없는 해고에 해당합니다. 구체적인 해고 경위 및 부당성에 대해서는 앞으로 자세히 밝히도록 하겠습니다.

3. 결론

따라서 마땅히 원고의 부당해고 재심신청을 받아들였어야 함에도 이를 기각시킨 피고의 판정은 부당하여 취소되어야 할 것이므로 청구취지와 같은 판결을 구하고자 이건 청구에 이른 것입니다.

입 증 방 법

1. 갑 제1호증	인사명령통보
1. 갑 제2호증	사건처리결과알림
1. 갑 제3호증	재심판정서

첨 부 서 류

1. 위 입증방법   각 1통
1. 소장부본   1통
1. 송달료납부서   1통

20○○. ○. ○.

위 원고   ○○○ (서명 또는 날인)

○○행정법원 귀중

※ **(1) 관할법원**(행정소송법 제9조)

1. 취소소송의 제1심 관할법원은 피고의 소재지를 관할하는 행정법원임. 다만, 중앙행정기관 또는 그 장이 피고인 경우의 관할법원은 대법원 소재지의 행정법원임

2. 토지의 수용 기타 부동산 또는 특정의 장소에 관계되는 처분 등에 대한 취소소송은 그 부동산 또는 장소의 소재지를 관할하는 행정법원에 이를 제기할 수 있음

※ **(2) 제소기간**(노동조합및노동관계조정법 제85조, 노동위원회법 제27조)

중앙노동위원회의 재심판정에 대하여 관계당사자는 그 재심판정서의 송달을 받은 날로부터 15일 이내에 중앙노동위원회위원장을 피고로 하여 행정소송법이 정하는 바에 의하여 소를 제기할 수 있음.

※ **(3) 제출부수** : 소장원본 1부 및 피고수 만큼의 부본 제출

※ **(4) 불복방법** : ① 항소(행정소송법 제8조, 민사소송법 제390조)

② 판결서가 송달된 날 부터 2주 이내(행정소송법 제8조, 민사소송법 제396조 제1항)

2. 부당노동행위 구제재심판정 취소

■ 청구취지

1. 중앙노동위원회가 ○○○○. ○○. ○○. 원고와 □□□ 사이의 ○○○
   ○부노○○ 부당노동행위구제 재심신청사건 에 관하여 한 재심판정을
   취소한다.
2. 소송비용은 피고가 부담한다.
라는 판결을 구합니다.

■ 소장 작성례

● 부당노동행위 구제재심청구 기각판정 취소청구의 소

소 장

원 고　○○택시노동조합
　　　　○○시 ○○구 ○○길 ○○ (우편번호 ○○○○○)
　　　　조합장 ○ ○ ○
피 고　중앙노동위원회 위원장
　　　　○○시 ○○구 ○○길 ○○ (우편번호 ○○○○○)

부당노동행위구제재심청구기각판정 취소청구의 소

청 구 취 지

1. 피고가 20○○. ○. ○. 원고와 소외 ☆☆택시회사 사이의 ○○부노
   ○○○ 부당노동행위 구제재심신청사건에 관하여 한 재심판정을 취
   소한다.
2. 소송비용은 피고의 부담으로 한다.
라는 판결을 구합니다.

청 구 원 인

1. 원고는 20○○. ○. ○. 원고 소속 조합원의 사용자인 소외 ☆☆택시회사가 소외 김□□에 대하여 ○○행위를 하였다는 사유로 징계하자 이는 조합원에 대한 차별대우로서 노동조합및노동관계조정법 제81조 제1호 소정의 부당노동행위라 하여 소외 경북지방노동위원회에 부당노동행위구제신청을 하였습니다. 이에 대하여 소외 ◎◎지방노동위원회는 그러한 징계행위를 부당노동행위로 인정하고 소외 ☆☆택시주식회사는 그러한 징계를 즉시 취소하고 금후 비조합원과의 차별적인 대우를 중단하라라는 구제명령을 하였습니다. 위 구제명령에 대하여 소외 ☆☆택시주식회사는 20○○. ○. ○. 피고에게 재심신청을 하였고, 이에 피고는 20○○. ○. ○. 위 구제명령인 초심 결정을 취소하고 소외 ☆☆택시주식회사의 위 행위는 부당노동행위가 아님을 인정한다는 재심판정을 하였습니다.

2. 그러나 소외 김□□에 대한 ○○행위를 이유로한 위 징계는 조합활동을 이유로 조합원들에게 불이익을 주는 노동조합및노동관계조정법 제81조 제1호 소정의 부당노동행위에 해당한다고 할 것입니다. 따라서 소외 ☆☆택시주식회사의 위 징계가 부당노동행위에 해당하지 아니한다고 한 피고의 위 재심판정은 위법하다고 하겠습니다. 그러므로 원고는 위 재심판정의 취소를 구하여 이 사건 소를 제기합니다.

첨 부 서 류

    1. 소장부본   1통
    1. 납 부 서   1통

20○○.   ○.   ○.

위 원 고   ○ ○ ○ (서명 또는 날인)

○ ○ 행 정 법 원 귀중

3. 부당징계구제 재심판정 취소

■ 청구취지

1. 중앙노동위원회가 ○○○○. ○○. ○○. 원고와 □□□ 사이의 ○○○○
   부해○○ 부당징계구제 재심신청사건에 관하여 한 재심판정을 취소한다.
2. 소송비용은 피고가 부담한다.
라는 판결을 구합니다.

4. 부당전보구제 재심판정 취소

■ 청구취지

1. 중앙노동위원회가 ○○○○. ○○. ○○. 원고와 □□□ 사이의 ○○○○
   부해○○ 부당전보구제 재심신청사건에 관하여 한 재심판정을 취소한다.
2. 소송비용은 피고가 부담한다.
라는 판결을 구합니다.

§2. 노동조합 관련

1. 노동조합 설립신고 반려처분 취소

■ 청구취지

1. 피고가 ○○○○. ○○. ○○. 원고에 대하여 한 노동조합설립신고 반려
   처분을 취소한다.
2. 소송비용은 피고가 부담한다.
라는 판결을 구합니다.

■ 소장 작성례

● 노동조합 설립신고서 반려처분 취소청구의 소

소　　　　　장

원　　고　　○○노동조합
　　　　　　○○시 ○○구 ○○길 ○○ (우편번호 ○○○○○)
　　　　　　대표조합원　○　○　○

피　　고　　△△구청장
　　　　　　○○시 ○○구 ○○길 ○○ (우편번호 ○○○○○)

노동조합설립신고서반려처분 취소청구의 소

청　구　취　지

1. 피고가 20○○. ○. ○. 원고에 대하여 한 노동조합설립신고서반려
   처분은 이를 취소한다.
2. 소송비용은 피고의 부담으로 한다.
라는 판결을 구합니다.

청　구　원　인

1. 원고 조합은 전국에 있는 각 보험회사에서 모험 모집 업무에 종사하는 보험 설계사들로 구성된 단체입니다.

2. 가. 원고는 ○○보험주식회사에서 보험설계사로 근무하는 소외 김□□ 등 5인의 주도하에 20○○. ○. ○. ○○시 ○○구 ○○길 ○○ ☆☆빌딩 209호에서 발기대회를 갖고 노동조합을 설립하기로 하고 같은 해 ○. ○. 노동조합 및 노동관계조정법 제11조 소정의 규약을 첨부하여 피고인 서울 서초구청장에게 같은 법 10조에 의한 노동조합 설립신고를 하였습니다.

   나. 그러나 피고는 같은 해 ○. ○. 보험설계사는 출퇴근 및 활동 구역에 있어 특별한 제한을 받지 아니하고 실적에 따라 특별수당을 지급받는 점 등에 비춰 노조 가입자격이 없다는 등의 이유로 위 신고를 반려하였고, 위 반려처분은 ○. ○. 원고에게 도달하였습니다.

3. 그러나 피고의 노동조합설립신고서반려처분은 다음과 같은 이유로 부당하다고 할 것입니다.

   가. 노동조합및노동관계조정법 제2조 제1호는 "근로자라 함은 직업의 종류를 불문하고 임금급료 기타 이에 준하는 수입에 의하여 생활하는 자를 말한다"고 규정하고 있습니다. 이 규정에 의하면 명목과는 무관하게 근로의 대가로 수입을 얻고 이에 의하여 생활하는 자는 노동조합 가입자격이 있는 근로자라 할 것입니다.
   원고 조합을 살펴보면 보험설계사의 주된 소득이 실적에 따른 수당이라고 하더라도 이는 근로제공의 대가로서 기본급 외에 받는 일종의 성과급이라고 할 것입니다. 보험설계사는 기본적인 근로자의 지위에 근거하여 기본급을 받고 있으며, 이는 보험계약 체결의 실적과는 무관하게 지급받는 것입니다. 즉 이러한 기본급은 보험설계사가 각 보험회사에 소속된 근로자라는 추상적인 지위가 인정되기 때문에 지급되는 것이라는 점에서 민법상의 일반계약과는 차이점이 있는 것입니다.

   나. 보험설계사는 출퇴근시간이 회사의 규율에 따르고 있으며 회사로부터 지휘·감독을 받고 있습니다. 보험설계사가 근로자가

아니라면 자유롭게 출퇴근하고 자유롭게 활동하면서 달성한 성과에 의하여만 보수를 지급받는다고 할 것이나, 통상 보험설계사는 출퇴근시간과 업무태양이 회사의 방침에 따라 정하여져 있으며, 이에 따르지 않을 경우 회사측으로부터 불이익을 받게 되어 있습니다. 이는 보험설계사가 회사의 감독하에서 근무한다는 것을 의미하는 것으로서 보험설계사가 근로자라는 것을 뒷받침한다고 할 것입니다.

4. 이상과 같이 보험설계사는 추상적인 근로자의 지위에 기하여 기본급을 받고 있고, 그 이외의 실적에 따른 수당은 기본급 외에 받는 일종의 성과급에 불과하다는 점, 출퇴근 및 근무태양에 있어서 사실상 회사의 감독을 받고 있다는 점 등을 고려할 때 보험설계사는 노조에 가입하거나 노조를 설립할 수 있는 근로자라고 할 것입니다. 따라서 원고의 노동조합설립신고를 반려한 피고의 처분은 근로자의 단결권 등을 천명한 헌법 제33조, 노동조합및노동관계조정법 제2조, 제10조에 위반한 위법한 처분으로서 취소되어야 할 것입니다.

입 증 방 법

1. 갑 제1호증 　　　　　노동조합설립신고서
1. 갑 제2호증 　　　　　　　　규약
1. 갑 제3호증 　　　　　　각 소득세신고서
1. 갑 제4호증 　　　　　　　처분통지서

첨 부 서 류

1. 위 입증방법 　　　　　　　각 1통
1. 소장부본 　　　　　　　　　1통
1. 납부서 　　　　　　　　　　1통

20○○.　○.　○.

원 고 ○ ○ ○ (서명 또는 날인)

○ ○ 행 정 법 원 귀중

※ (1) **관할법원**(행정소송법 9조)

1. 취소소송의 제1심 관할법원은 피고의 소재지를 관할하는 행정법원임. 다만, 중앙행정기관, 중앙행정기관의 부속기관과 합의제행정기관 또는 그 장과 국가의 사무를 위임 또는 위탁받은 공공단체 또는 그 장에 대하여 취소소송을 제기하는 경우 대법원 소재지를 관할하는 행정법원에 제기할 수 있음.

2. 토지의 수용 기타 부동산 또는 특정의 장소에 관계되는 처분 등에 대한 취소소송은 그 부동산 또는 장소의 소재지를 관할하는 행정법원에 이를 제기할 수 있음

※ (2) **제소기간**(행정소송법 20조)

1. 취소소송은 처분 등이 있음을 안 날부터 90일 이내에 제기하여야 함. 다만, 다른 법률에 당해 처분에 대한 행정심판의 재결을 거치지 아니하면 취소소송을 제기할 수 없다는 규정이 있는 때와 그밖에 행정심판청구를 할 수 있는 경우 또는 행정청이 행정심판청구를 할 수 있다고 잘못 알린 경우에 행정심판 청구가 있는 때의 기간은 재결서의 정본을 송달받은 날부터 기산함.

2. 취소소송은 처분 등이 있은 날부터 1년(제1항 단서의 경우는 재결이 있은 날부터 1년)을 경과하면 이를 제기하지 못함. 다만, 정당한 사유가 있는 때에는 그러하지 아니함.

※ (3) **제출부수** : 소장원본 1부 및 피고수 만큼의 부본 제출

※ (4) **불복방법** : ① 항소(행정소송법 제8조, 민사소송법 제390조)

② 판결서가 송달된 날 부터 2주 이내(행정소송법 제8조, 민사소송법 제396조 제1항)

2. 노동조합규약 시정명령 취소

■ 청구취지

1. 피고가 ○○○○. ○○. ○○. 원고에 대하여 한 노동조합규약 시정명령을 취소한다.
2. 소송비용은 피고가 부담한다.
라는 판결을 구합니다.

3. 노동조합결의 시정명령 취소

■ 청구취지

1. 피고가 ○○○○. ○○. ○○. 원고에 대하여 한 노동조합결의 시정명령을 취소한다.
2. 소송비용은 피고가 부담한다.
라는 판결을 구합니다.

§3. 세금 관련

1. 법인세 부과처분 취소

■ 청구취지

1. 피고가 ○○○○. ○○. ○○. 원고에 대하여 한 ○○○○ 사업연도 법인세 ○○원의 부과처분을 취소한다.
2. 소송비용은 피고가 부담한다.
라는 판결을 구합니다.

2. 법인세 원천징수 불이행 가산세부과처분 취소

■ 청구취지

1. 피고가 20○○. ○. ○. 원고에 대하여 한 20○○년 귀속 법인세 원천징수 불이행에 대한 가산세 금 1,000,000원의 부과처분은 이를 취소한다.
2. 소송비용은 피고의 부담으로 한다.
라는 판결을 구합니다.

■ 소장 작성례

● 법인세 원천징수불이행 가산세부과처분 취소청구의 소

<h1 style="text-align:center">소　　　　장</h1>

원　　고　　○○공업 주식회사
　　　　　　○○시 ○○구 ○○길 ○○ (우편번호 ○○○○○)
　　　　　　대표이사 ○　○　○

피　　고　　△△세무서장
　　　　　　○○시 ○○구 ○○길 ○○ (우편번호 ○○○○○)

법인세원천징수불이행가산세부과처분 취소청구의 소

청 구 취 지

1. 피고가 20○○. ○. ○. 원고에 대하여 한 20○○년 귀속 법인세 원천징수 불이행에 대한 가산세 금 1,000,000원의 부과처분은 이를 취소한다.
2. 소송비용은 피고의 부담으로 한다.
라는 판결을 구합니다.

청 구 원 인

1. 이 사건 청구의 대상인 처분
　　원고는 소외 ☆☆화학주식회사로부터 그 소유의 ★★주식회사 발행 주식을 매수하면서 우선 계약금만을 지급하고 잔금은 연불 조건으로 3회에 걸쳐 지급하되 그 미지급 잔금에 대하여는 시중은행의 일반대출이율과 같은 비율의 이자를 지급하기로 약정한 다음 20○○. 1. 1. 같은 해 2. 1. 및 같은 해 3. 31. 등 모두 3회에 걸쳐 약정된 이자를 지급하였는데, 피고는 위 이자가 소득세법 제16조 제1항 제11호 소정의 비영업대금의 이익에 해당한다고 보고 그 지급자인 원고에게는 법인세법 제73조 제1항에 따른 법인세의 원천징수의무가 있음에도 불구하고 이를 이행하지 않았다 하여 20○○. 1. 24.자의 가산세 부과처분을 하였습니다.

2. 가산세부과처분의 위법성

　가. 법인세법 제76조 제1항에 의하여 법인세 미납부 세액에 대하여 부과하는 가산세는 법인세 납부의무 이행을 확보하기 위하여 법인이 그 납부의무를 해태하였을 때 이에 대하여 세금의 형태로 과징하는 행정상의 제재로서 납세의무자가 그 의무의 불이행에 관하여 정당한 이유가 있는 경우에는 부과할 수 없는 것이라고 하겠습니다.

　나. 위 법인세법의 규정에 의하여 법인세 미납부 세액에 대한 가산세를 부과하는 경우 그 법인세 중 일부가 이미 납부된바 있으면 그 납부일 이후로는 이를 공제한 나머지 세액을 기준으로 이를 산정하여야 할 것입니다.

　　그런데 원고는 20○○. 6. 30. 이 사건 법인세로 피고에게 금 20,000,000원을 납부하였습니다.

　　그렇다면 그 이후의 가산세를 계산함에 있어서는 이를 공제한 그 잔액을 기준으로 삼아야 할 것인데도 피고가 이 사건 법인세 전액에 대하여 미납부 가산세를 산정하였습니다.

3. 전심절차의 경유

　원고는 이 사건 부과처분의 고지를 받고,

　가. 20○○. 3. 1.국세청장에게 심사청구를 하여

　나. 같은 해 4. 3. 그 기각결정통지를 수령하였고,

　다. 같은 해 5. 3. 국세심판소장에게 심판청구를 하여,

　라. 같은 해 6. 3. 그 기각결정 통지를 수령하였는바,

　이로써 원고는 이 사건 부과처분에 관하여 필요한 전심절차를 모두 거쳤습니다.

4. 결론

　그렇다면 이상 살펴본 바와 같이 피고의 이 사건 가산세부과처분은 위법하다고 할 것이므로 마땅히 취소되어야할 것입니다.

입 증 방 법

1. 갑 제1호증의 1 내지 4   납세고지서
1. 갑 제2호증   결정서
1. 갑 제3호증   결정서

첨 부 서 류

1. 위 입증방법   각 1통
1. 소장부본   1통
1. 납부서   1통

20○○년　○월　○일

원 고　　　　○○공업 주식회사

대표이사　○ ○ ○　(서명 또는 날인)

○ ○ 행 정 법 원 귀중

3. 법인세등 부과처분 취소

■ 청구취지

> 1. 피고가 ○○○○. ○○. ○○. 원고에 대하여 한 ○○○○ 사업연도 법인세 ○○원과 □□세 ○○원의 각 부과처분을 취소한다.
> 2. 소송비용은 피고가 부담한다.
> 라는 판결을 구합니다.

■ 소장 작성례

● 법인세등 부과처분 취소청구의 소

소   장

원   고   ○○종합건설 주식회사

               ○○시 ○○구 ○○길 ○○ (우편번호 ○○○○○)

               대표이사   ○ ○ ○

피   고   △△세무서장

               ○○시 ○○구 ○○길 ○○ (우편번호 ○○○○○)

법인세등부과처분취소 청구의 소

청 구 취 지

1. 피고가 20○○. ○. ○.자로 원고에 대하여 한 20○○년도 수시분 법인세 금50,000,000원 및 20○○. ○. ○.자 20○○년도 수시분 부가가치세 금 9,000,000원 합계 59,000,000의 부과처분은 이를 모두 취소한다.
2. 소송비용은 피고의 부담으로 한다.
라는 판결을 구합니다.

청 구 원 인

1. 피고의 법인세등 부과처분

피고는 원고회사가 신고한 20○○년도 법인세중 19○○. ○. ○. 지출한 금 40,000,000원, 같은 해 ○. ○. 지출한 금42,300,000원, 같은 해 ○. ○. 지출한 금 50,000,000원 등 도합 금 132,000,000원의 외주가공비는 과대 계상된 것으로 보아 이를 대표이사에게 상여처분한 후 법인세 금 50,000,000원을, 원고가 소외 ☆☆설비 등 5개 업체로부터 외주가공비의 명목으로 받은 공급가액금80,000,000원의 세금계산서를 사실과 다른 계산서로 보아 위 금액에 해당하는 매입세액을 공제하지 않고 부가가치세 금 9,000,000원을 각 결정 부과하였습니다.

2. 전심절차

원고회사는 이건 부과처분에 불복하고 피고 및 국세청에 이건 부과처분에 대하여 20○○. ○. ○. 이의신청을, 같은 해 ○. ○. 심사청구를 같은 해 ○. ○. 심판청구를 하였으나 청구를 기각한다는 결정을 받았습니다.

3. 피고처분의 부당성

소득세법상 추계과세는 수입금액이나 과세표준결정의 근거가 되는 납세자의 장부나 증빙서류 등이 없거나 그 내용이 미비 또는 허위이어서 실질조사가 불가능한 경우에 한하여 예외적으로 아주 제한된 범위 내에서 허용되는 것임에도 불구하고 피고는 원고가 1998년 외주공사의 인건비 등으로 지출한 금132,000,000원의 거래장부 기재에 대한 증빙자료가 미비하고 거래당사자들의 확인이 없으며 또한 소외 ☆☆설비등 5개업체가 원고에게 외주가공비등의 명목으로 교부한 세금계산서가 진실로 작성되었다는 증거가 없다는 이유로 위 증빙자료 등에 관한 실질조사 없이 부과처분 하였습니다.

4. 결 론

그러므로 피고가 원고에게 한 부과처분은 실질거래내용을 제대로 확인하지 않고 단지 거래장부 기재에 대한 증빙자료의 미비등을 이유로 한 실질과세원칙에 반하는 부당한 추계과세 처분이라 할

것이므로 원고는 이의 취소를 구하기 위하기 본 소 청구에 이른
것입니다.

입 증 방 법

1. 갑 제1호증   결정서

첨 부 서 류

1. 위 입증방법   1통
1. 법인등기사항증명서   1통
1. 소장부본   1통
1. 납부서   1통

20〇〇년   〇월   〇일

원   고   〇〇종합건설 주식회사

대표이사   〇 〇 〇 (서명 또는 날인)

〇 〇 행 정 법 원 귀 중

4. 법인세 경정거부처분 취소

■ 청구취지

1. 피고가 〇〇〇〇. 〇〇. 〇〇. 원고에 대하여 한 〇〇〇〇 사업연도 법인
   세 〇〇원의 경정거부처분을 취소한다.
2. 소송비용은 피고가 부담한다.
라는 판결을 구합니다..

5. 종합소득세 부과처분 취소

■ 청구취지

1. 피고가 ○○○○. ○○. ○○. 원고에 대하여 한 ○○○○년 귀속 종합소득세 ○○원의 부과처분을 취소한다.
2. 소송비용은 피고가 부담한다.
라는 판결을 구합니다.

■ 소장 작성례

● 종합소득세 부과처분 취소청구의 소

소   장

원   고   ○   ○   ○(주민등록번호)

           ○○시 ○○구 ○○길 ○○ (우편번호 ○○○○○)

피   고   △△세무서장

           ○○시 ○○구 ○○길 ○○ (우편번호 ○○○○○)

종합소득세부과처분 취소청구의 소

청 구 취 지

1. 피고가 원고에 대하여 20○○. ○. ○.자로 결정 고지한 20○○년도 귀속 종합소득세 ○○○원의 부과처분은 이를 취소한다.
2. 소송비용은 피고의 부담으로 한다.
라는 판결을 구합니다.

청 구 원 인

1. 기초사실
   원고는 20○○. ○. ○.부터 20○○. ○. ○.까지 일반건설업 및 부대사업, 주택건설업, 부동산매매 및 임대업 등을 목적으로 하는 소외 ☆☆종합건설주식회사(이하 회사라고만 한다.)의 대표이사로 등재하였습니다.

2. 종합소득세 부과처분
    가. 소외 △○△세무서장은 ○○시 ○○구 ○○길 ○○ 소재 회사에 대한 20○○년도 법인세를 추계결정하고 추계소득 ○○○원을 상여로 처분하였습니다.
    나. △○△세무서장은 위 추계소득의 귀속이 분명하지 않다며 추계소득금액 중 원고와 소외 이□□이 공동대표이사로 등재되어 있던 20○○. ○. ○.부터 20○○. ○. ○. 까지 중 2분의1인 52일과 원고가 단독으로 위 회사 대표이사로 등재되어 있던 20○○. ○. ○.부터 20○○. ○. ○.까지 44일을 합한 96일간에 해당하는 ○○○원을 원고에게 귀속된 것으로 하여 위 회사에게 소득금액변경통지를 하였습니다.
    다. △○△세무서장은 위 회사가 부도로 폐업하자 원고의 주소지 관할인 피고에게 통보하였습니다.
    라. 피고는 △○△세무서장의 과세자료통보에 따라 20○○. ○. ○. 20○○년귀속 종합소득세 ○○○원을 원고에게 결정고지 하였다가 20○○. ○. ○. △○△세무서장이 위 회사에 대한 추계소득금액중 원고 귀속 소득금액을 원고가 단독으로 위 회사의 대표이사로 등재되어 있던 20○○. ○. ○.부터 20○○. ○. ○.까지 44일간에 해당하는 ○○○원으로 변경 통보하자 20○○. ○. ○. 원고에 대한 종합소득세를 ○○○원으로 감액 경정 결정하였습니다.
    마. 그러나 피고가 원고에 대한 종합소득세 부과처분은 위법한 처분입니다.

3. 관계법령
    가. 법인세법 제67조
        법제60조에 따라 각 사업연도의 소득에 대한 법인세의 과세표준을 신고하거나 제66조 또는 제69조에 따라 법인세의 과세표준을 결정 또는 경정할 때 익금에 산입한 금액은 그 귀속자 등에게 상여·배당·기타사외유출·사내유보등 대통령령이 정하는 바에 의하여 처분한다. --- 라고 규정하고 있고,

나. 같은 법 시행령 제106호

법제 67조의 규정에 의하여 익금에 산입한 금액의 처분은 다음 각호의 규정에 의하여 처분한다

1. 익금에 산입한 금액이 사외에 유출된 것이 분명한 경우에는 그 귀속자에 따라 다음과 같이 이익처분에 의한 상여·배당·기타사외유출로 한다.

다만, 귀속이 불분명한 경우에는 대표자(소액주주등이 아닌 주주등인 임원 및 그 와 제43조 제8항에 따른 특수관계에 있는 자가 소유하는 주식 등을 합하여 해당 법인의 발행주식총수 또는 출자총액의 100분의 30 이상을 소유하고 있는 경우의 그 임원이 법인의 경영을 사실상 지배하고 있는 경우에는 그 자를 대표자로 하고, 대표자가 2명 이상인 경우에는 사실상의 대표자로 한다.)에게 귀속된 것으로 본다.

(1) 귀속자가 출자자(임원 또는 사용인인 주주등을 제외한다)인 경우에는 그 귀속자에 대한 배당으로 한다.

(2) 귀속자가 임원 또는 사용인인 경우에는 그 귀속자에 대한 상여로 한다.

(3) 귀속자가 법인이거나 사업을 영위하는 개인인 경우에는 기타사외유출로 한다.

(4) 귀속자가 가목 내지 다목외의 자인 경우에는 그 귀속자에 대한 기타소득

4. 처분의 부당성

가. 원고는 20○○. ○. ○.부터 20○○. ○. ○. 기간동안 위 회사의 대표이사로 등재되어 있으나 이는 형식적인 대표자일 뿐 실질적인 대표자가 아닙니다.

(1) 20○○. ○. ○. 위 회사의 주식이동상황명세서에 의하면 대주주인 소외 이□□과 친동생인 이◎◎, 이◇◇의 주식액면가액이○○○원(이□□ ○○○원 - 38%, 이◎◎ ○○○원 -

13%, 이◇◇ ○○○원 - 6%)으로 총발행주식 ○○○주 대
비 57%를 보유하고 있고, 원고는 위 회사의 주식을 한주도
소유하고 있지 않습니다.

(2) 20○○. ○. ○. 소외 정□□과 위 이□□간에 작성된 회사
운영에 관한 주주합의서에는

ㄱ. 위 회사의 업무에 필요한 일체의 서류관리 및 직인, 인감
증명발급, 통장개설, 사용인감의 사용은 정□□이 하고,

ㄴ. 공사수주업무는 정□□이 하되 공사를 수주하여 토목부분
은 정□□이, 건축부분은 이□□이 책임을 지고 시행하기
로 하며, 여기에서 소요되는 공사경비는 각자 부담하고
회사관리비는 회사에서 일정한 비율에 의하여 정산처리
하고,

ㄷ. 20○○. ○. ○. 까지 ☆☆종합건설(주)명의로 발행한 모
든 어음은 이□□이 책임지기로 하며,

ㄹ. 위 회사의 주식중 50%를 정□□에게 양도하기로 하는 내
용 등의 합의를 하였습니다.

(3) 한편 위 회사(대표이사 원고)와 위 정□□, 소외 이□□, 양
□□, 이◎◎은 20○○. ○. ○.경

ㄱ. 이□□이 경영한 ○○도 ○○ 사무실에서 근무한 모든 임
직원의 체불된 급료, 관리비등 발생한 모든 체불대금은
이□□인묵이 책임지기로 하며,

ㄴ. 이□□이 발생한 20○○. ○. ○.자 당좌수표 ○○○원,
같은 달 6일 자 당좌수표 ○○○원, 같은 달 7일자 당좌
수표 ○○○원, 같은 달 12일자 당좌수표 ○○○원을 정
□□이 결재하였으므로 위 회사의 주식 50%의 주주인
이□□(27%), 이◎◎(10%) 및 양□□(13%)의 주식을 20
○○. ○. ○.까지 정□□에게 양도하고,

ㄷ. 위 회사가 시행하고 있는 공사 및 모든 현장들의 관리
및 공사대금 수령은 전부 위 회사의 대표이사가 하기로
하고, 공사비를 수령후 그 공사비로 이□□이 발행한 어

음을 결재하기로 하며,

　　ㄹ. 이□□명의로 당좌 개설된 도장은 20○○. ○. ○.부터 정□□이 보관하며 어음이 전부 결재된 후에는 이□□에게 돌려주고,

　　ㅁ. 회사가 정상화되었을 경우 이□□은 정□□이 투자한 금액 전부와 이에 대한 법정이자를 계산하여 정□□에게 변제한 후 이□□은 회사의 모든 운영권을 다시 인수하기로 하는 합의를 하였습니다.

　(4) 위 회사운영에 관한 주주합의서, 합의각서에 보듯이 원고는 위 회사의 주식을 보유하고 있지 아니하고 위 회사의 운영에 관여한 사실이 전혀 없습니다.

나. 위 회사의 운영권

　(1) 위 회사는 앞서 본바와 같이 이□□과 그의 형제들이 회사 주식 중 57%를 보유하고 있고 실질적으로 위 이□□이 회사를 운영하였습니다. (공사계약, 당좌발행, 회사의 관리 등 모든 제반업무)

　(2) 위 회사의 이사들인 김□□, 이□□외 4 등도 원고가 위 회사의 대표이사로서 업무행위를 한 적이 없다고 확인하였습니다.

　(3) 위 회사에 운영에 관한 주주합의, 합의를 하였던 정□□은 자신이 원고에게 부탁을 하여 형식상 대표이사로 등재되어 있을 뿐 회사운영 전반에 관하여 일체 관여하지 않았다는 것을 확인하고 있습니다.

다. 결국 피고는 원고가 위 회사의 형식적인 대표자로서 명의만을 빌려주었고, 위 회사의 주식을 보유하고 있지도 않으며, 회사의 운영에 관여한 사실이 없음에도 위 회사에 대한 추계소득금액 중 귀속이 불분명한 경우라고 하면서 20○○. ○. ○.부터 20○○. ○. ○.까지 44일간에 해당하는 ○○○원을 기초로 하여 종합소득세 ○○○원을 부과한 것은 위법한 처분입니다.

5. 따라서 피고의 원고에 대한 이 사건 종합소득세 부과처분은 취소되어야 할 것입니다.

6. 처분을 안 날   20○○. ○. ○..
   이의신청일   20○○. 8. 30.
   이의신청결정   20○○. 11. 28.
   심사청구일   20○○. 1. 16.
   심사청구 결정통지를 받은 날   20○○. 3. 13
   심판청구일   20○○. 5. 6.
   심판청구 결정통지를 받은 날   20○○. 5. 3.

입 증 자 료

1. 갑제1호증   법인등기사항증명서
1. 갑제2호증   제적등본
   (또는, 가족관계등록사항에 관한 증명서)
1. 갑제3호증   주식이동상황명세서
1. 갑제4호증   회사운영에 관한 주주합의서
1. 갑제5호증   합의각서
1. 갑제6호증   내용증명
1. 갑제7호증의 1내지7   각 확인서

첨 부 서 류

1. 소장부본   1부
1. 입증자료   각 1부
1. 납부서   1부

20○○년   ○월   ○일

원   고   ○   ○   ○   (서명 또는 날인)

○ ○ 행 정 법 원 귀 중

6. 종합소득세등 부과처분 취소

■ 청구취지

1. 피고가 ○○○○. ○○. ○○. 원고에 대하여 한 ○○○○년 귀속 종합소득세 ○○원과 □□세 ○○원의 각 부과처분을 취소한다.
2. 소송비용은 피고가 부담한다.
라는 판결을 구합니다.

7. 종합소득세 경정거부처분 취소

■ 청구취지

1. 피고가 ○○○○. ○○. ○○. 원고에 대하여 한 ○○○○년 귀속 종합소득세 ○○원의 경정거부처분을 취소한다.
2. 소송비용은 피고가 부담한다.
라는 판결을 구합니다.

8. 양도소득세 부과처분 취소

■ 청구취지

1. 피고가 ○○○○. ○○. ○○. 원고에 대하여 한 ○○○○년 양도소득세 ○○원의 부과처분을 취소한다.
2. 소송비용은 피고가 부담한다.
라는 판결을 구합니다.

■ 소장 작성례

● 양도소득세 부과처분 취소청구의 소

소　　　　장

원　　고　　○　○　○(주민등록번호)
　　　　　　○○시 ○○구 ○○길 ○○ (우편번호 ○○○○○)
피　　고　　△△세무서장
　　　　　　○○시 ○○구 ○○길 ○○ (우편번호 ○○○○○)

양도소득세부과처분취소 청구의 소

청　구　취　지

1. 피고가 원고에 대하여 한 양도소득세 금 ○○○원의 부과처분은 이를 취소한다.
2. 소송비용은 피고의 부담으로 한다.
라는 판결을 구합니다.

청　구　원　인

1. 피고는 20○○. ○. ○. 원고에 대하여 양도소득세 금○○○원을 부과처분하였으므로, 즉 원고가 소외 ○○주택조합에 국민주택용지를 양도하므로 인하여 발생한 양도소득에 대하여 금○○○원의 양도소

득세를 부과한 것입니다.

2. 그러나 국가 지방자치단체 대한주택공사 토지개발공사 등에게 주택법 제9조 제1항의 등록의무가 면제되는 것은 등록은 하지 않아도 등록업자와 동일한 지위를 갖게하려는 취지로 볼 수 있는데 주택조합도 동일하게 등록의무가 면제될 뿐만 아니라 주택법 제10조 제2항은 주택조합은 등록업자와 공동사업주체로 보고 있으므로 주택조합도 주택법 제9조 제1항의 주택건설등록업자와 동일한 지위를 가지므로 주택조합이 주택건설등록업자가 아니라는 이유로 국민주택의 건설용지를 양도하므로서 발생한 양도소득을 조세감면규제법이 정하는 양도소득세 면제대상이 아니라는 판단하에 부과된 이 사건 토지에 대한 과세처분은 흠결이 있어 위법하므로 취소되어야 할 것입니다.

첨 부 서 류

1. 소장부본	1통
1. 납부서	1통

20○○년 ○월 ○일

원 고 ○ ○ ○ (서명 또는 날인)

○ ○ 행 정 법 원 귀 중

9. 양도소득세등 부과처분 취소

■ 청구취지

1. 피고가 ○○○○. ○○. ○○. 원고에 대하여 한 ○○○○년 귀속 양도소득세 ○○원과 □□세 ○○원의 각 부과처분을 취소한다.
2. 소송비용은 피고가 부담한다.
라는 판결을 구합니다.

■ 소장 작성례

● 양도소득세등 부과처분 취소청구의 소

소 장

원 고   ○ ○ ○(주민등록번호)
　　　　　○○시 ○○구 ○○길 ○○ (우편번호 ○○○○○)
피 고   △△세무서장
　　　　　○○시 ○○구 ○○길 ○○ (우편번호 ○○○○○)

양도소득세 등 부과처분 취소청구의 소

청 구 취 지

1. 피고가 원고에게 20○○. ○. ○. 자로 한 20○○년도 6기 수시분 양도소득세 ○○○원과 교육세 ○○○원의 부과처분을 취소한다.
2. 소송비용은 피고의 부담으로 한다.
라는 재판을 구합니다.

청 구 원 인

1. ○○시 ○○구 ○○길 ○○ 아파트를 계약금 ○○○원을 지급하고, 채권 ○○○원을 매입하여 분양받았다가 이 권리를 20○○. ○. ○. 에 소외 김□□에게 ○○○만원에 양도하였습니다.

2. 따라서 원고가 위 아파트를 분양 받음에 있어서 소요된 비용은 계약금과 채권액을 합친 ○○○원이고 양도가액 ○○○원에서 이를 공제하면 양도차액은 ○○○원이므로, 이 양도차액을 기준으로 하여 양도소득세와 교육세를 부과하여야 합니다.

3. 그런데 피고는 원고에 대하여 20○○. ○. ○.에 양도소득세를 ○○○원, 교육세로 ○○○원 합계 ○○○원을 부과하였으니 이는 부당하므로 취소되어야 합니다.

4. 원고는 위 부과처분고지서를 20○○. ○. ○.에 수령한 후 20○○. ○. ○.에 위와 같은 사유로 국세청장에게 심사청구를 하였으나, 20○○. ○. ○.에 기각되었으므로 원고는 20○○. ○. ○.에 국세심판소에 위 같은 사유로 심판청구를 하였으나, 20○○. ○. ○.에 기각되었으므로 본소를 제기합니다.

첨 부 서 류

1. 소장부본   1통
1. 납부서   1통

20○○년   ○월   ○일

원   고   ○ ○ ○ (서명 또는 날인)

○ ○ 행 정 법 원   귀중

10. 양도소득세 경정거부처분 취소

■ 청구취지

1. 피고가 ○○○○. ○○. ○○. 원고에 대하여 한 ○○○○년 귀속 양도소득세 ○○원의 경정거부처분을 취소한다.
2. 소송비용은 피고가 부담한다.
라는 판결을 구합니다.

11. 부가가치세 부과처분 취소

■ 청구취지

1. 피고가 ○○○○. ○. ○. 원고에 대하여 한 ○○○○년 제○기분 부가
   가치세 ○○원의 부과처분을 취소한다.
2. 소송비용은 피고가 부담한다.
라는 판결을 구합니다.

■ 소장 작성례

● 부가가치세 부과처분 취소청구의 소

소　　　　　장

원　　고　　○○공업주식회사

　　　　　　○○시 ○○구 ○○길 ○○

　　　　　　대표이사　○　○　○

피　　고　　△△세무서장

　　　　　　○○시 ○○구 ○○길 ○○

부가가치세부과처분 취소청구의소

청　구　취　지

1. 피고가 20○○. ○. ○.자로 원고에 대하여 한 20○○. 수시분 부
   가가치세 ○○○원의 부과처분은 이를(을) 취소한다.
2. 소송비용은 피고가 부담한다.
라는 판결을 구합니다.

청　구　원　인

1. 피고는 20○○. ○. ○. 원고에 대하여 20○○. 수시분 부가가치세
   금○○○원의 부과처분을 하였습니다. 즉, 원고가 영국의 소외

☆☆주식회사로부터 유리 제조기술인 플루우트공법 및 그 기술에 관한 도면을 인수하는 대가 즉, 노하우 휘(knowhow fee)로서 19○○. ○. ○. 금○○○원을 지급하자 부가가치세법 제34조에 의거 금○○○원을 부가가치세 및 그 가산세로 산출, 고지하여 이 사건 부과 처분을 하였던 것입니다.

2. 그러나 위 노하우의 공급은 부가가치세의 부과대상인 부가가치세법 제7조 제 1항의 용역의 공급에 해당되지 않습니다. 노하우는 원래의 소유자가 기술비결을 비밀인 상태로 가지고 있는 동안만 사실상 전유물로 사용 실시함에 그치고 이를 실시하는 동안에도 이러한 기술을 타인이 개발하거나 원소유자로부터 다시 도입 사용하더라도 이를 독점적, 배타적인 권리로서 주장할 수 없는 것이므로 부가가치세법 제7조 제1항 소정의 권리에 해당된다고 할 수 없습니다. 따라서 노하우의 제공을 부가가치세의 과세대상인 용역의 공급에 해당하는 것으로 보고 한 이 사건 과세처분은 그 내용에 있어 흠이 있어 위법하여 취소하여야 할 것입니다.

첨 부 서 류

1. 소장부본	1통
1. 납부서	1통

20○○년 ○월 ○일

원 고 ○○공업주식회사

대표이사 ○ ○ ○ (서명 또는 날인)

○ ○ 행 정 법 원 귀중

12. 부가가치세등 부과처분 취소

■ 청구취지

1. 피고가 ○○○○. ○. ○. 원고에 대하여 한 ○○○○년 제○기분 부가가
   치세 ○○원과 □□세 ○○원의 각 부과   처분을 취소한다.
2. 소송비용은 피고가 부담한다.
라는 판결을 구합니다.

13. 부가가치세 부과처분 무효확인

■ 청구취지

1. 피고가 20○○. ○. ○.자로 원고에 대하여 한 20○○년 수시분부가가치
   세 10,234,560원의 부과처분은 무효임을 확인한다.
2. 소송비용은 피고의 부담으로 한다.
라는 판결을 구합니다.

■ 소장 작성례

● 부가가치세 부과처분 무효확인의 소(수시분)

<h3 style="text-align:center">소   장</h3>

원   고   ○ ○ ○(주민등록번호)

　　　　　　○○시 ○○구 ○○길 ○○ (우편번호 ○○○○○)

피   고   △△세무서장

　　　　　　○○시 ○○구 ○○길 ○○ (우편번호 ○○○○○)

부가가치세부과처분무효확인의 소

<h3 style="text-align:center">청 구 취 지</h3>

1. 피고가 20○○. ○. ○.자로 원고에 대하여 한 20○○년 수시분 부
   가가치세 10,234,560원의 부과처분은 무효임을 확인한다.

2. 소송비용은 피고의 부담으로 한다.

라는 판결을 구합니다.

청 구 원 인

1. 원고는 피고로부터 20○○. ○. ○.자로 소외 ☆☆ 주식회사의 과점 주주임을 이유로 제2차 납세의무자로 지정되었으니 회사의 체납 부가가치세 10,234,560원을 납부하라는 부과처분을 받았습니다.

2. 그러나 피고는 소외 ☆☆주식회사에 대한 납세고지서를 그 본점 소재지로 발송 하였다가 수취인 불명으로 반송되어 오자 그 대표이사인 원고 이○○의 주소지 등을 확인하여 보지도 아니한 채 곧바로 공시 송달한 사실이 있습니다. 법인에 대한 송달은 본점 소재지에서 그 대표이사가 이를 수령할 수 있도록 해야하고 그와 같은 송달이 불능인 경우에는 법인등기부등본을 조사하여 본점 소재지의 이전 여부 및 대표이사의 변경 여부나 대표이사의 법인등기부상의 주소지 등 을 확인하여 그에게 송달하였는데도 그 송달이 불능인 경우에 비로소 공시송 달을 해야 할 것이므로 피고는 공시송달의 요건을 갖추지 않은 채 송달을 하였다할 것입니다.

3. 따라서, 피고의 송달은 공시송달의 요건을 갖추지 못한 경우에 해당하여 위법 한 송달이라 할 것이고 이로 인한 주된 납세의무자에 대한 납세고지의 효력이 발생되지 않는다 할 것이므로 주된 납세의무자의 납세의무가 확정되지 않은 이상 보충적인 제2차 납세의무자인 원고의 납세의무도 발생할 여지가 없다 할 것입니다.

첨 부 서 류

1. 소장부본	1부
1. 납 부 서	1부

20○○년 ○월 ○일

원 고 ○ ○ ○ (서명 또는 날인)

○ ○ 행 정 법 원 귀중

14. 부가가치세 경정거부처분 취소

■ 청구취지

1. 피고가 ○○○○. ○. ○. 원고에 대하여 한 ○○○○년 제○기분 부가가
   치세 ○○원의 경정거부처분을 취소한다.
2. 소송비용은 피고가 부담한다.
라는 판결을 구합니다.

15 상속세 부과처분 취소

■ 청구취지

1. 피고가 ○○○○. ○○. ○○. 원고에 대하여 한 상속세 ○○원의 부과처
   분을 취소한다.
2. 소송비용은 피고가 부담한다.
라는 판결을 구합니다.

■ 소장 작성례

① 상속세 부과처분 취소청구의 소(부동산)

<table>
<tr><td colspan="2" align="center">소　　　　장</td></tr>
<tr><td>원　　고</td><td>1. ○　○　○(주민등록번호)
2. ○　○　○(주민등록번호)
3. ○　○　○(주민등록번호)
　　원고들의 주소　○○시 ○○구 ○○길 ○○</td></tr>
<tr><td>피　　고</td><td>△△세무서장
○○시 ○○구 ○○길 ○○</td></tr>
<tr><td colspan="2">상속세부과처분 취소청구의 소</td></tr>
</table>

청 구 취 지

1. 피고가 원고들에 대하여 한 20○○. ○. ○.자 상속세 ○○○원의 부과처분은 이를 취소한다.
2. 소송비용은 피고가 부담한다.

라는 판결을 구합니다.

청 구 원 인

1. 원고 ○○○는 소외 망 □□□의 처이고, 나머지 원고들은 위 ○○○의 자녀들인바, 위 □□□가 1999. 10. 20. 사망함으로써 그 소유인 별지목록 기재 부동산을 원고 ○○○, ○○○, ○○○ 1.5:1:1로 상속하였습니다.

2. 당시 원고 ○○○은 무지하고, 나머지 원고들은 아직 어렸던 관계로 원고들이 상속세 신고문제를 간과한 채 지내오고 있었는데 피고는 당초 1999. 11. 30. 경 소외 ○○시장으로부터 위 ○○○의 사망자료를 접수하고 2000. 1. 20. 전산입력 된 국세청의 과세자료로써 위 ○○○의 사망 당시 달리 상속재산을 갖고 있지 않았음을 확인한 다음 위 자료에 의거하여 상속세 과세미달 처리를 하였다가, 2000. 9. 21.경에 이르러 2000. 6. 8.경 감사원장으로부터 통보 받은 종합토지세 과세자료 등에 의한 상속세 과세자료에 의하여 위 망□□□에게 별지목록 기재 부동산이 있었음을 새로이 확인하였다는 이유로 2000. 6. 8. 당시의 공시지가로 위 상속재산가액을 평가한 뒤 이를 기초로 상속세 ○○○원을 원고들에게 결정 고지하였습니다.

그 후 피고는 원고들의 진정에 따라 2000. 6. 8. 당시의 공시지가로 평가한 위 부동산 시가가 너무 높게 책정되었음을 인정하고 2000. 11. 1. 에 이르러 위 부동산의 2000. 8. 20. 기준 시가감정을 새로이 한 다음 상속세를 감액 결정한 뒤 원고들에게 새로이 상속세를 부과처분 하였습니다.

3. 피고가 원고들에 대하여 원고들의 상속재산에 관하여 행한 위 2000. 4. 5.자 상속세부과처분은 다음과 같이 위법한 처분입니다. 즉, 피고는 원고들에게 이건 상속세 부과처분을 함에 있어, 2000.

8. 20. 기준하여 상속재산가액을 산정, 별지목록 기재 부동산 중 ○○시 ○○동 212 전 312 및그 지상 주택 1동에 대한 개별공시지가 금 ○○○원과 그 나머지 부동산에 관하여 ☆☆감정평가법인이 감정한 감정가액 금○○○원을 합한 도합 금○○○원을 위 부동산의 시가로 보아 상속세를 결정 고지하였습니다.

4. 그러나 상속재산의 가액평가는 상속개시 당시의 현황에 따라 하게 되어 있으므로 이건의 경우 위 □□□의 사망시인 1999. 10. 20.당시의 현황에 따라 상속재 산의 가액을 평가하여야 한다고 해야 할 것인바, 별지 목록 기재 부동산을 199 9. 10. 20. 당시의 현황에 따라 그 가액을 평가하여 상속세를 산출해 보면 별첨 감액요청금액의 계산명세와 같으므로, 그 금액을 초과하여 결정 고지한 피고의 이건 상속세 및 방위세 부과처분은 위법하다고 할 것입니다.

5. 이에 원고들은 2000. 12. 20.경 조세심판원장에게 심판청구를 해 2001. 5. 1. 기각을 결정받고 이 사건 청구에 이른 것입니다.

입 증 방 법

1. 갑제1호증   결정서
1. 갑제2호증의 1   조세심판 결정통지
1. 갑제2호증의 2   결정서

첨 부 서 류

1. 위 입증방법   각 1통
1. 소장부본   1통
1. 납부서   1통

2000년   ○월   ○일

위 원 고 1. ○ ○ ○ (서명 또는 날인)

2. ○ ○ ○ (서명 또는 날인)

3. ○ ○ ○ (서명 또는 날인)

○ ○ 행 정 법 원 귀중

② 상속세 부과처분 취소청구의 소(비상장주식)

소   장

원   고   ○ ○ ○(주민등록번호)
   ○○시 ○○구 ○○길 ○○
피   고   △△세무서장
   ○○시 ○○구 ○○길 ○○

상속세부과처분 취소청구의 소

청 구 취 지

1. 피고가 20○○. ○. ○. 원고에 대하여 한 상속세 ○○○원의 부과
   처분 중 상속세 ○○○원을 초과하는 부분을 취소한다.
2. 소송비용은 피고의 부담으로 한다.
라는 판결을 구합니다.

청 구 원 인

1. 사실관계
   가. 상속개시
      망 □□□는 19○○. ○. ○. 사망하자 원고가 상속인의 지위를
      취득하였습니다.
   나. 상속세 신고
      원고는 소정의 상속세신고기간 내에 과세표준 및 세액 신고를
      이행하였습니다.
2. 부과처분
   피고는 20○○. ○. ○. 과세표준 ○○○원 산출세액 ○○○원 공제
   세액 ○○○원, 신고납부세액 ○○○원, 가산세 ○○○원, 고지세액
   ○○○원을 하여 납세고지를 하였습니다.
3. 부과처분의 위법성
   가. 비상장주식의 평가차이에 의한 가산세 부과부당

피고는 원고가 상속재산으로 신고한 비상장주식의 평가를 달리
하고 금○○○원을 증액하고 이에 대한 가산세○○○원을 부과
하였습니다. 그러나 평가를 과세관청과 달리 하였다하여 가산세
부과는 할 수가 없습니다. 상속세 및 증여세법 제78조 제2항에
의하면 평가가액이 차이로 인하여 납부하여야 할 세액에 미달
한 금액을 가산세 부과대상에서 제외하고 있기 때문입니다.

나. 신고세액공제

피고는 신고세액 공제를 함에 있어서는 평가차이로 발생하는 평
가액을 기준으로 하지 않고 신고가액을 기준으로 하고 있습니다.
그러나 상속재산으로 신고한 이상 신고세액공제 역시 신고한
가액으로 할 것이 아니라 과세관청이 평가하여 과세하는 가액
을 기준으로 하는 것이 타당합니다. 따라서 다음과 같이 신고
세액공제을 추가로 금○○○원을 해 주어야 합니다.

다. 도로에 관한 평가

피고는 도로에 편입되어 사실상 재산권 행사를 못하고 있는
도로에 대하여 이를 금○○○원으로 평가하여 상속재산가액에
산입하고 있습니다.

그러나 국세청의 기본통칙에 의하더라도 0원으로 평가하도록
되어 있는데도 불구하고 사용수익권을 포기하여 보상을 받을
수도 없는 토지를 상속재산가액에 산입한 것은 위법합니다.

라. ○○종합금융과 ○○은행 주식

피고는 퇴출되어 재산적 가치가 없는 위 회사의 주식을 ○○○
원을 상속가액에 산입하였으나 이는 수용할 수 없습니다.

구　　분	증액평가차액	세　액	신고세액공제
근저당설정과 공시지가 적용차이	267,470,000	120,361,500	12,036,150
보상금액과 공시지가 적용차이	336,783,966	151,552,784	15,155,278
건물평가차이	5,955,626	2,698,031	269,803
비상장주식평가차이	455,066,256	204,779,818	20,477,981
			47,939,212

마. ○○○ 회원권

피고는 19○○. ○. ○. 고시한 ○○○회원권 기준시가 ○○○원을 적용하는 것이 상당함에도 불구하고 오래 전에 고시한 ○○○원을 적용하였습니다.

19○○. ○. ○. 고시한 기준시가는 상속개시일 19○○. ○. ○. 근접한 무렵에 과세당국이 시가조사하여 19○○. ○. ○. 고시하였으므로 19○○. ○. ○. 고시한 가액이 시가에 보다 근접합니다.

4. 전심절차

납세고지 - 19○○. ○. ○.

심사청구 - 19○○. ○. ○.

기   각 - 20○○. ○. ○.

심판청구 - 20○○. ○. ○.

기   각 - 20○○. ○. ○.

입 증 방 법

1. 갑제1호증의 1   납세고지서
1. 갑제1호증의 2   세액계산명세서
1. 갑제2호증의 1   심판결정통지
1. 갑제2호증의 2   결 정 서

첨 부 서 류

1. 위 입증방법   각 1통
1. 소장부본   1통
1. 납부서   1통

20○○년 ○월 ○일

원   고 ○ ○ ○ (서명 또는 날인)

○ ○ 행 정 법 원 귀중

16. 상속세등 부과처분 취소

■ 청구취지

1. 피고가 ○○○○. ○○. ○○. 원고에 대하여 한 상속세 ○○원과 □□세 ○○원의 각 부과처분을 취소한다.
2. 소송비용은 피고가 부담한다.
라는 판결을 구합니다.

17. 상속세 경정거부처분 취소

■ 청구취지

1. 피고가 ○○○○. ○○. ○○. 원고에 대하여 한 상속세 ○○원의 경정거부처분을 취소한다.
2. 소송비용은 피고가 부담한다.
라는 판결을 구합니다.

18. 증여세 부과처분 취소

■ 청구취지

1. 피고가 ○○○○. ○○. ○○. 원고에 대하여 한 증여세 ○○원의 부과처분을 취소한다.
2. 소송비용은 피고가 부담한다.
라는 판결을 구합니다.

■ 소장 작성례

① 증여세 과세처분 취소청구의 소(의제증여 간주)

소   장

원 고   ○ ○ ○(주민등록번호)
　　　　　　○○시 ○○구 ○○길 ○○
피 고   △△세무서장
　　　　　　○○시 ○○구 ○○길 ○○

증여세부과처분취소 청구의 소

청 구 취 지

1. 피고가 원고에 대하여 한 20○○. ○. ○.자 증여세 ○○○원의 부과처분은 이를 취소한다.
2. 소송비용은 피고가 부담한다.
라는 판결을 구합니다.

청 구 원 인

1. 사건개요
   피고는 원고가 20○○. ○. ○. ○○시 ○○구 ○○동 ○○번지 대지 ○○○평방미터를 대금 ○○○원에 매수하고 같은 해 ○. ○. 그 소유권이전등기를 필한데 대해 원고의 매수자금을 남편인 소외 □ □□으로부터 증여 받은 것으로 인정하여 청구취지와 같은 증여세 부과처분을 하였습니다.

2. 불복사유

그러나 위 매수자금은 원고가 19○○. ○.경부터 ○○동 소재 ○○ 시장에서 식당을 경영하며 얻은 수입금과 시장에서 계를 조직·운 영하여 얻은 계금을 적금으로 가입하여 얻은 수익금 등을 합하여 충당한 것으로 남편으로부터 증여받은 것이 아닙니다.

3. 결 어

사안이 이와 같음에도 불구하고 피고는 원고와 소외 □□□이 남편 이라는 이유로 사실조사를 하지도 아니한 채, 위 매수대금에 대하 여 상속세 및 증여세법 제32조의 의제증여로 간주하여 증여세부과 처분을 하였기에 이에 원고는 피고의 부당한 증여세부과처분의 취 소를 구하고자 이 건 소제기에 이른 것입니다.

입 증 방 법

1. 갑 제1호증   납세고지서
1. 갑 제2호증   세액계산명세표

첨 부 서 류

1. 위 입증방법   각 1통
1. 소장부본   1통
1. 납 부 서   1통

20○○년 ○월 ○일

원 고 ○ ○ ○ (서명 또는 날인)

○ ○ 행 정 법 원 귀중

② 증여세 부과처분 취소청구의 소(잡종지)

소　　　장

원　고　○　○　○(주민등록번호)
　　　　○○시 ○○구 ○○길 ○○
피　고　△△세무서장
　　　　○○시 ○○구 ○○길 ○○

증여세부과처분 취소청구의 소

청　구　취　지

1. 피고가 20○○. ○. ○. 원고에게 증여세 ○○○원을 부과한 처분은
   이를 취소한다.
2. 소송비용은 피고가 부담한다.
라는 판결을 구합니다.

청　구　원　인

1. 피고는 20○○. ○. ○. 원고에 대하여 증여세 ○○○원을 부과하였
   습니다. 즉, 피고는 원고가 원고의 아버지인 소외 김□□로부터 ○
   ○시 ○○구 ○○동 ○○ 잡종지 900㎡를 증여 받았다는 이유로
   위 증여세 부과처분을 하였습니다.
2. 그러나 원고는 위 부동산을 위 김□□로부터 증여받은 것이 아니라
   원고가 ☆☆화학주식회사에 근무하면서 저축한 돈으로 동명 이인인
   ○○시 ○○구 ○○길 ○○에 거주하는 소외 김◎◎로부터 매수한
   것입니다.
3. 따라서 피고의 원고에 대한 위 과세처분은 존재하지 아니하는 증
   여에 대하여 한 것으로 내용상의 흠이 있는 위법한 처분으로 취소
   되어야 합니다.

입　증　방　법

1. 갑 제1호증   매매계약서
1. 갑 제2호증   주민등록등본
1. 갑 제3호증   영수증사본
1. 갑 제4호증   부동산등기사항전부증명서

첨 부 서 류

1. 위 입증방법   각 1통
1. 소장부본   1통
1. 납 부 서   1통

20○○년   ○월   ○일

원   고   ○   ○   ○ (서명 또는 날인)

○ ○ 행 정 법 원   귀중

③ 증여세 과세처분 취소청구의 소(매수자금)

소   장

원 고 ○ ○ ○(주민등록번호)
　　　○○시 ○○구 ○○길 ○○
피 고 △△세무서장
　　　○○시 ○○구 ○○길 ○○

증여세부과처분취소 청구의 소

청 구 취 지

1. 피고가 원고에 대하여 한 20○○. ○. ○.자 증여세 ○○○원의 부과처분은 이를 취소한다.
2. 소송비용은 피고가 부담한다.
라는 판결을 구합니다.

청 구 원 인

1. 사건개요
   피고는 원고가 20○○. ○. ○. ○○시 ○○구 ○○동 ○○번지 대지 ○○○평방미터를 대금 ○○○원에 매수하고 같은 해 ○. ○. 그 소유권이전등기를 필한데 대해 원고의 매수자금을 남편인 소외 □□□으로부터 증여 받은 것으로 인정하여 청구취지와 같은 증여세 부과처분을 하였습니다.

2. 불복사유
   그러나 위 매수자금은 원고가 19○○. ○.경부터 ○○동 소재 ○○시장에서 식당을 경영하며 얻은 수입금과 시장에서 계를 조직·운영하여 얻은 계금을 적금으로 가입하여 얻은 수익금 등을 합하여 충당한 것으로 남편으로부터 증여받은 것이 아닙니다.

3. 결 어
   사안이 이와 같음에도 불구하고 피고는 원고와 소외 □□□이 남편이라는 이유로 사실조사를 하지도 아니한 채, 위 매수대금에 대하여 상속세 및 증여세법 제32조의 의제증여로 간주하여 증여세부과처분을 하였기에 이에 원고는 피고의 부당한 증여세부과처분의 취소를 구하고자 이 건 소제기에 이른 것입니다.

입 증 방 법

1. 갑 제1호증   납세고지서
1. 갑 제2호증   세액계산명세표

첨 부 서 류

1. 위 입증방법   각 1통
1. 소장부본   1통
1. 납 부 서   1통

20○○년   ○월   ○일

원   고   ○ ○ ○ (서명 또는 날인)

○ ○ 행 정 법 원 귀중

19. 증여세등 부과처분 취소

■ 청구취지

1. 피고가 ○○○○. ○○. ○○. 원고에 대하여 한 증여세 ○○원과 □□세 ○○원의 각 부과처분을 취소한다.
2. 소송비용은 피고가 부담한다.
라는 판결을 구합니다.

20. 증여세 경정거부처분 취소

■ 청구취지

1. 피고가 ○○○○. ○○. ○○. 원고에 대하여 한 증여세 ○○원의 경정거부처분을 취소한다.
2. 소송비용은 피고가 부담한다.
라는 판결을 구합니다.

21. 종합부동산세 부과처분 취소

■ 청구취지

1. 피고가 ○○○○. ○. ○. 원고에 대하여 한 ○○○○년 귀속 종합부동산세 ○○원의 부과처분을 취소한다.
2. 소송비용은 피고가 부담한다.
라는 판결을 구합니다.

22. 종합부동산세등 부과처분 취소

■ 청구취지

1. 피고가 ○○○○. ○. ○. 원고에 대하여 한 ○○○○년 귀속 종합부동산세 ○○원과 □□세 ○○원의 각 부과처분을 취소한다.
2. 소송비용은 피고가 부담한다.
라는 판결을 구합니다.

23. 종합부동산세 경정거부처분 취소

■ 청구취지

1. 피고가 ○○○○. ○. ○. 원고에 대하여 한 ○○○○년 귀속 종합부동산세 ○○원의 경정거부처분을 취소한다.
2. 소송비용은 피고가 부담한다.
라는 판결을 구합니다.

24. 등록면허세 부과처분 취소

■ 청구취지

1. 피고가 ○○○○. ○○. ○○. 원고에 대하여 한 등록면허세 ○○원의 부과처분을 취소한다.
2. 소송비용은 피고가 부담한다.
라는 판결을 구합니다.

■ 소장 작성례

● 등록면허세 부과처분 취소청구의 소(오피스텔)

소　　　장

원　　고　　○○○ 주식회사
　　　　　　○○시 ○○구 ○○길 ○○
　　　　　　대표이사 ○ ○ ○

피　　고　　△△시 △△구청장
　　　　　　○○시 ○○구 ○○길 ○○

등록면허세부과처분취소 청구의 소

청　구　취　지

1. 피고가 원고에 대하여 한 20○○. ○. ○. 자 등록면허세 ○○○원, 교육세 ○○○원의 부과처분 중 등록면허세 ○○○원, 교육세 ○○○원을 초과하는 부분은 이를 취소한다.
2. 소송비용은 피고가 부담한다.
라는 판결을 구합니다.

청　구　이　유

1. 이 사건 처분의 경위

　원고는 주택건설업, 부동산 매매 및 임대업을 사업 목적으로 하여 20○○. ○. ○. ○○시 ○○구 ○○길 ○○을 본점으로 설립된 법인으로서, 20○○. ○. ○. ○○시 ○○구 ○○길 ○○에 지하 5층, 지상 20층, 연면적 69,027.08㎡ 규모의 ○○ 오피스텔(이하 이 사건 건물이라 한다)을 신축하고 같은 해 9. 17. 그 중 전유면적 34,785.169㎡만을 보존등기하면서 등록면허세로 ○○○원을 신고 납부한 사실, 그러자 피고는 이 사건 건물에 대한 보존등기가 지방세법 제138조 제 1조 소정의 대도시 내에서의 법인설립 이후 부동산등기라는 이유로 동조 소정의 중과세율을 적용하고, 과세표준은 고유면적을 포함한 이 사건 건물의 전체면적 69,027.08㎡에 대한 공사비 ○○○원으로 보아, 이미 납부한 세액을 공제한 후 20○○. ○. ○. 원고에 대하여 등록면허세 ○○○원, 교육세 ○○○원을 부과한 사실이 있습니다.

2. 원고의 주장

　1) 첫째, 이 사건 건물은 원고가 분양을 목적으로 신축한 후 일시적으로 소유권보존등기를 경료하였을 뿐이고 법인의 업무용 또는 사업용 부동산에 해당하지 아니하므로 지방세법 제13조 소정의 중과세율을 적용할 수는 없고, 가사 그렇지 아니하고 이 사건 건물의 등기에 관하여 중과세율을 적용할 수밖에 없다 하더라도 그 근거가 되는 지방세법시행령 제102조 제2항이 "법인설립 이후의 부동산등기"를 업무용, 비업무용 또는 사업용, 비사업용을 불문하고 법인이 설립 이후 5년 이내에 취득하는 일체의 부동산등기로 규정하고 있는 것은, 입법 취지에 비추어 볼 때 지방세법 제138조는 등록면허세 중과를 통하여 인구와 경제력의 대도시 집중을 억제함으로써 대도시 주민의 생활환경을 보존, 개선함과 동시에 지역 간의 균형발전 내지 지역경제의 활성화를 궁극의 목적으로 하고 있는점, 등록면허세 중과 규정의 변천 과정에 비추어 볼 때에도 지방세법시행령 제102조 제2항이 1985. 8. 26. 대통령령 제11751호로 개정

되기 전에는 법인이 "직접 그 업무에 사용하기 위하여" 취득하는 경우 또는 법인의 "사업용에 공하기 위하여" 취득한 경우 등으로 규정하여 오다가 1985. 8. 26.에 이르러 비로소 "업무용, 비업무용 또는 사업용, 비사업용을 불문한 일체의 부동산등기"로 규정하고 있는 점, 지방세법시행령 제102조 제2항은 "등록면허세 중과세의 범위와 적용 기준 기타 필요한 사항은 대통령령으로 3정한다."고 규정하고 있는 지방세법 제138조 제3항을 그 근거로 하고 있는 바, 모법인 지방세법 제138조 제 1항 제3호의 규정만으로도 법인의 설립 등에 따른 부동산등기와 그 이후의 부동산등기의 과세대상을 확정하는 데 아무런 어려움이 없고, 달리 과세대상의 확정을 위하여 시행령에 위임할 필요성을 찾아볼 수 없을 뿐 아니라 어떠한 경제적, 사회적 여건의 변화에 따라 과세대상의 범위를 조정할 필요성이 있어서 과세대상의 범위를 시행령에 위임하였다고 볼 배경도 찾아보기 어려우므로 지방세법 제138조 제3항은 모 법의 집행을 위하여 필요한 사항을 정하도록 한 집행명령의 근거로 보아야 할 것이고 가사 위임명령의 근거로 본다 하더라도 앞서 본 바와 같은 입법 취지 등에 비추어 볼 때 위임명령이 모법의 취지를 벗어나 과세대상의 범위를 확장할 수는 없다 할 것이므로 결국 시행령 제102조 제2항은 모법의 위임 범위를 벗어나 무효의 규정이라 할 것이고, 나아가 이를 물리적으로만 본다면 제한적인 해석의 여지도 전혀 없어 위헌적인 요소가 다분한 점 등을 감안하여 볼 때, 위 시행령에 의하여 이 사건 건물의 등기에 대하여 중과세율을 적용하였음은 위법하고,

2) 둘째, 피고가 이 사건 건물의 과세표준을 산정함에 있어서도 원고가 실질적으로 보존등기를 경료한 전유부분 이외에 공유부분까지를 포함하여 건물의 전체 면적에 대한 공사비를 기준으로 하였음은 위법한 것이며,

3) 셋째, 원고는 주택건설사업자로서 이 사건 건물의 취득은 지방세법 제13조단서 소정의 중과세 예외 업종에 속하므로 등록면

허세를 중과할 수는 없다고 보므로 부득이 이 건 소를 제기하게 된 것입니다.

입 증 방 법

1. 갑 제 1호증   납세고지서
1. 갑 제 2호증   세액계산명세표

첨 부 서 류

1. 위 입증방법   각 1부
1. 소장부본   1부
1. 납부서   1부

20○○년 ○월 ○일

원 고 ○ ○ ○ (서명 또는 날인)

○ ○ 행 정 법 원   귀중

25. 등록면허세등 부과처분 취소

■ 청구취지

> 1. 피고가 ○○○○. ○○. ○○. 원고에 대하여 한 등록면허세 ○○원과 □□세 ○○원의 각 부과처분을 취소한다.
> 2. 소송비용은 피고가 부담한다.
> 라는 판결을 구합니다.

■ 소장 작성례

● 등록면허세등 부과처분 취소청구의 소(본점 이전등기)

소　　　　장

원　　고　　○○○ 주식회사

　　　　　　○○시 ○○구 ○○길 ○○

　　　　　　대표이사 ○ ○ ○

피　　고　　△△시 △△구청장

　　　　　　○○시 ○○구 ○○길 ○○

등록면허세등부과처분취소 청구의　소

청　구　취　지

1. 피고가 19○○. ○. ○. 원고에 대한 한 등록면허세 ○○○원 및 방위세 ○○○원의 부과처분은 이를 모두 취소한다.
2. 소송비용은 피고가 부담한다.
라는 판결을 구합니다.

청　구　원　인

1. 사실관계

　　원고는 ○○시 ○○구 ○○동 ○○번지 대지 ○○○㎡와 위 지상

건물 1동을 소외 □□공사로부터 매입하여 19○○. ○. ○. 소유권
이전등기를 하고 19○○. ○. ○. 원고의 본점소재지를 ○○도 ○○
시 ○○동 ○○의 ○에서 ○○시 ○○구 ○○동 ○○으로 이전등기
하였습니다.

2. 부과처분의 내용

피고는 이 사건 부동산의 소유권이전등기를 법인 본점의 대도시
내로의 전입에 따른 부동산등기로 보아 지방세법 제13조 규정에
의한 중과세율을 적용하여 원고가 이미 자진 신고 납부한 세액을
차감한 후 청구취지와 같이 추가납부 고지하였습니다.

3. 부과처분의 위법성

그러나 지방세법 제13조가 대도시 내로의 법인의 본점전입에 따른
부동산등기를 중과세하는 취지는 대도시의 인구집중을 방지하기 위
한 것이므로 대로시 내로의 법인전입과 관련하여 취득하는 등기를
말하는 것이므로 단순히 본점전입과 무관하게 그 이전에 취득한 이
사건 부동산이 중과세되는 것으로 볼 수는 없습니다.

또한 가사 중과세 요건이 되더라도 과세요건의 충족은 중과세 요건
이 발생한 19○○. ○. ○. 본점이전 당시를 기준으로 할 것인바 이
때는 방위세가 이미 폐지되었으므로 방위세 부과는 할 수 없습니다.

4. 전심절차

(1) 납　세　고　지 - 19○○. ○. ○.
(2) 감사원 심사청구 - 19○○. ○. ○.
(3) 기　각　통　지　일 - 20○○. ○. ○.

입 증 방 법

1. 갑 제 1호증　　　　　　　　납세고지서
1. 갑 제 2호증　　부동산등기사항전부증명서

첨 부 서 류

1. 위 입증방법　　　　　　　　각 1부
1. 법인등기사항증명서　　　　　　1부

1. 소장부본   1부
1. 납부서   1부

　　　　　　　　　　2000년　○월　○일
　　　　　　　원　　고　○　○　○ (서명 또는 날인)
　　○　○ 행 정 법 원　　귀중

26. 재산세 부과처분 취소

■ 청구취지

1. 피고가 ○○○○. ○. ○. 원고에 대하여 한 ○○○○년 재산세 ○○원의 부과처분을 취소한다.
2. 소송비용은 피고가 부담한다.
라는 판결을 구합니다.

■ 소장 작성례

● 재산세 부과처분 취소청구의 소(아파트)

소　　　장

원　　고　　○○○(주민등록번호)
　　　　　　○○시 ○○구 ○○길 ○○

피　　고　　△ △ 구청장
　　　　　　○○시 ○○구 ○○길 ○○

재산세부과처분취소 청구의 소

청 구 취 지

1. 피고가 원고에 대한 20○○. ○. ○.자 재산세 금○○○원의 부과처분을 취소한다.
2. 소송비용은 피고가 부담한다.
라는 판결을 구합니다.

청 구 원 인

1. 피고는 20○○. ○. ○. 원고에게 ○○시 ○○구 ○○길 ○○ 소재 ◎◎아파트 ○○동○○○호(이하 이 사건 부동산이라고 칭함)에 대하여 지방세법 제107조를 근거로 금○○○원의 재산세를 부과하여

고지하였으나, 이는 부당합니다.

2. 원고가 이 사건 부동산을 점유사용하게 된 경위

　가. 원고는 19○○. ○. ○. 소외 ☆☆주식회사(이하 소외 회사라 칭함)와 사이에 이 사건 부동산에 대하여 19○○. ○. ○.까지 입주하기로 하는 분양계약을 체결하고 그 후 수회에 걸쳐 일부 분양 대금을 납부하였습니다.

　나. 그러나, 위 소외 회사는 원고와의 입주 예정일을 지키지 않고 20○○. ○. ○.중순 경 건축공정 약90% 상태에서 도산하여 이 사건 아파트의 공사가 중단이 되었습니다. 이에 원고를 포함한 이 사건 부동산의 수분양자들은 협의를 한 끝에 잔여 공정에 대하여 공사비를 분담하기로 하고 내부공사 및 조경공사 등 기타 마무리 공사를 하였으나, 이 사건 부동산에 대한 공사하자 등으로 인하여 현재까지 준공검사를 받지 못하고 있으며, 원고는 소외 회사와 최종 분양 대금에 대해서는 정산을 하지 못한 채 입주를 하여 거주하고 있는 실정입니다.

3. 이 사건 부동산에 대한 재산세부과의 부당성

　가. 지방세법 제107조 제1항은 "재산세 과세기준일 현재 재산을 사실상 소유하고 있는 자는 재산세를 납부할 의무가 있다. 다만, 공유재산인 경우에는 그 지분에 해당하는 부분(지분의 표시가 없는 경우에는 지분이 균등한 것으로 본다)에 대하여 그 지분권자를 납세의무자로 보며, 주택의 건물과 부속토지의 소유자가 다를 경우에는 그 주택에 대한 산출세액을 제4조제1항 및 제2항에 따른 건축물과 그 부속토지의 시가표준액 비율로 안분계산한 부분에 대하여 그 소유자를 납세의무자로 본다."고 규정하고 있습니다.

　나. 한편, 대법원 판례에 의하면, '건축 회사가 공사를 중단할 당시의 공정도에 비추어 건축공정 약 90% 상태에서 도산하였다면 건축회사가 원시취득에 의한 소유자라고 할 것이고, 다만 그 이후 이 사건 기준일 이전에 입주자들이 분양대금을 정산하여 잔금지급의무가 소멸하였음이 입증된다면 지방세법제182

조제1항 단서의 "사실상 소유자"가 될 수 있을 것이나, 피고가 주장하는 바와 같이 건축회사가 도산하여 그 존재가 유명무실하게 되었다거나 입주자들이 이 사건 아파트에 입주하여 점유. 사용하면서 권리자 행세를 하고 있다 하여 곧 이 사건 부과처분의 처분사유인 "소유권의 귀속이 분명하지 아니하여 소유권자를 알 수 없는 경유에 해당한다고 할 수 없다.(대법원 2001. 2. 9.선고 99두5580호 판결)고 할 것입니다.

4. 결 론

따라서, 위에서 살펴본 바와 같이 원고는 소외 회사와 분양대금에 관하여 합의를 보지 못하고 있고, 완전한 권리를 행사할 수 없다고 할 것이어서 피고의 재산세 부과처분은 부당하므로 이 사건 청구에 이른 것입니다.

입 증 방 법

1. 갑 제1호증   분양계약서 사본
1. 갑 제2호증   중도금납부서 사본
1. 갑 제3호증   납세고지서 사본

첨 부 서 류

1. 위 입증방법   각 1부
1. 소장부본   1부
1. 납 부 서   1부

20○○년   ○월   ○일

원 고 ○ ○ ○ (서명 또는 날인)

○ ○ 행 정 법 원 귀중

27. 재산세등 부과처분 취소

■ 청구취지

> 1. 피고가 ○○○○. ○. ○. 원고에 대하여 한 ○○○○년 재산세 ○○원과
>   □□세 ○○원의 각 부과처분을 취소한다.
> 2. 소송비용은 피고가 부담한다.
> 라는 판결을 구합니다.

■ 소장 작성례

● 재산세등 부과처분 취소청구의 소

소　　　　　장

원　고　○　○　○(주민등록번호)
　　　　　○○시 ○○구 ○○길 ○○
피　고　△△시 △△구청장
　　　　　○○시 ○○구 ○○길 ○○

재산세부과처분 취소청구의 소

청 구 취 지

1. 피고가 원고에게 20○○. ○. ○.자로 부과한 20○○년도 6월 정기
   분 재산세 ○○○원 중 ○○○원을 초과한 부분을 취소한다.
2. 소송비용은 피고가 부담한다.
라는 판결을 구합니다.

청 구 원 인

1. 원고의 지위
   원고는 ○○시 ○○구 ○○길 ○○에 거주하는 자로서 ☆☆건설에
   서 분양한 ○○평형 아파트를 분양 받아 소유하고 있는 재산세납세

의무자입니다.

2. 부과처분의 경위

피고는 20○○. ○. ○. 원고에게 20○○년도 6월 정기분으로 재산세 금○○○원을 부과 처분하였습니다.

3. 부과처분 내역

이 사건 아파트 ○○평형에 해당되는 재산세의 부과내역을 검토하여 보면 다음과 같습니다.

가. ㎡기준단가 산출내역

㎡기준단가는 기준지가 × 구조지수 × 용도지수 × 위치지수 × 잔가율로 하여, 동아파트 ○○평형㎡ 가액은 160,000원(기준가액)×1(구조지수)× 1(용도지수) × 0.96(위치지수) × 0.987(잔가율) = 151,000원으로 산출하였습니다.

나. 과표산출내역

① 전용면적에 해당되는 과세표준

○○○㎡(전용면적) × 151,000원(㎡당 기준가액) × 1.4(가감산율) = ○○○원

② 공유면적에 해당되는 과세표준

○○○㎡ ×151,000원 ×1.0(가감산율) = ○○○원

③ 지하대피소에 해당되는 과세표준

○○○㎡ × 151,000원 × 0.8 = ○○○원

④ 지하차고에 해당되는 과세표준

○○○㎡ × 151,000원 × 0.5 = ○○○원

① + ② + ③ + ④를 하면 합계 금 ○○○원이 됩니다.

다. 재산세부과액(지방세법 제188조 제1항 2호(1)의 규정 참조)

① 전용면적 과세표준액(상기 ①부분)에 ○○○ × 0.07 － 1,944,000원

= ○○○원의 재산세액과

② 공유면적에 해당되는 과세표준액(상기 ②+③+④부분)인 ○○○×0.003 = ○○○원의 재산세액이 각 산출되는 바,

위 전용면적에 해당되는 세액 ○○○원과 공용면적에 해당

되는 세액 ○○○원을 합하여 동 ○○평형 아파트 재산세로
는 금○○○원(10원 미만은 버림)을 부과하였습니다.

4. 이 사건 부과처분의 부당성

가. 지방세법 제110조 제1항은 토지·건축물·주택에 대한 재산세의
   과세표준은 제4조제1항 및 제2항에 따른 시가표준액에 부동산
   시장의 동향과 지방재정 여건 등을 고려하여 다음 각 호의 어
   느 하나에서 정한 범위에서 대통령령으로 정하는 공정시장가액
   비율을 곱하여 산정한 가액으로 한다.고 규정하고 있습니다.

나. 그리고 지방세법 제111조 제1항은 토지에 대하여 다음과 같
   이 규정하고 있습니다.

과세표준	세　율
6천만원 이하	1,000분의 1
6천만원 초과 1억5천만원 이하	60,000원＋6천만원 초과금액의 1,000분의 1.5
1억5천만원 초과 3억원 이하	195,000원＋1억5천만원 초과금액의 1,000분의 2.5
3억원 초과	570,000원＋3억원 초과금액의 1,000분의 4

다. 위 재산세 산출근거가 되는 행자부에서 시행하는 부동산 과세
   시가표준액 표의 내용상 시가표준액의 산출근거를 검토하여 보
   더라도 건물에 대한 시가표준액은 1㎡당 기준가격 160,000원
   에 구조별, 용도별, 위치별 지수(이 3가지의 지수를 적용지수
   라 함)와 경과년수별 잔기율을 곱하여 1㎡당 금액을 결정하고
   있습니다. 위 건물에 대한 시가 표준액 산출시 1㎡당 기준가
   격 160,000에 구조별, 용도별, 위치별 지수와 경과년수별 잔
   가율을 곱하여 1㎡당 금액을 산출하는 것은 건물의 특성을 고
   려하여 1㎡당 건물의 시가표준액을 위하여 적용된 특수지수라
   하더라도 이렇게 산출된 1㎡당 건물의 시가 표준액에 다시 적
   용하고 있는 가감산 특례를 적용하는 것이 문제가 된다 할 것
   입니다. 그중에서 ①특수설비가 설치되어 있는 건물중 자동 승

강기와 7,560㎉이상의 에어컨(중앙소정식에 한함) 및 빌딩 자동화 시설에 대한 가산율 적용과 특수건물에 대한 가산을 적용, 호화 내·외장재 사용 건물에 대한 단순한 가산율 적용은 건물 특수성에 따라 이미 가감하고 있는데도 또 다시 단독주택 및 공동주택에 대하여 단순지수가 아닌 단독주택 및 공동주택의 면적에 따른 누진가산율 적용은 이중 누진율 가산적용으로 심히 부당하다 할 것입니다.

라. 또한 지방세법 제110조 제1항은 토지·건축물·주택에 대한 재산세의 과세표준은 제4조제1항 및 제2항에 따른 시가표준액에 부동산 시장의 동향과 지방재정 여건 등을 고려하여 다음 각호의 어느 하나에서 정한 범위에서 대통령령으로 정하는 공정시장가액비율을 곱하여 산정한 가액으로 하고 있으므로 이는 시가를 기준으로 한다는 대원칙을 선언하고 있다고 볼 수 있습니다. 그러나, 지방세법 및 시행령, 시행규칙 부동산과세 시가표준액표 등을 검토하더라도 이와 같은 대원칙을 반영한 경우는 찾아 볼 수 없으며 오히려 서울과 기타 지방간의 실제 재산가격을 무시한 채(이것은 지역지수를 합리적으로 반영하여야만 서울과 타지방간 재산가액의 균형을 이룰 수 있음) 보유재산의 평수위주로 재산세과표를 산출하고 있기 때문에 서울에 있는 재산세의 세액과 지방에 있는 재산의 재산세와 비교하면 서울에 있는 재산은 지방에 있는 재산에 비하여 상대적으로 낮게 평가되고 있고, 또한 같은 건물이라 하더라도 일반 상가건물과는 달리 유독 주택건물에 대해서만 이중으로 누진적 가산율을 적용하는 것은 공평과세에도 어긋날 뿐만 아니라 재량권 일탈 남용했다 할 것입니다.

마. 이처럼 조세의 종목은 지방세법 제110조에 규정하고 있고, 세율은 지방세법상 각 과세표준에 누진율을 적용하여 계산한 금액으로 산출하도록 규정하고 있음에도 불구하고 피고가 다시금 원고들에게 단독주택 및 공동주택의 면적에 따른 누진가산율을 적용하는 것은 이중 누진율을 적용하는 것으로서 재량권을 벗

어난 것이라 할 것입니다. 따라서 위에서 본 바와 같이 법률규정에 나타난 것이라 할 것입니다. 따라서 위에서 본 바와 같이 법률규정에 나타난 누진율 적용외에 또 다시 자의적으로 누진적으로 세율을 적용한다는 것은 조세법률주의에 어긋나는 위헌적 요소가 있을 뿐만 아니라 어느 모로 보나 재량권을 일탈남용한 것이어서 위법 부당하다 할 것입니다.

5. 결 론

결국 피고가 부동산 과세시가표준액표상 단독주택 및 공동주택에 적용된 1㎡당 주택에 규모별로 누진 가산율을 적용하여 한 이 사건 부과처분은 이미 지방세법 제188조 제1항 2호 건축물중(1)주택 부문에 주택에 대한 재산세의 세액은 각 과세표준에 누진율을 적용하여 계산한 금액으로 산출하도록 규정하고 있음에도 원고들에게 이를 또 다시 이중으로 누진적 세액을 부담하도록 하는 결과를 가져왔는데, 이는 신의, 성실의 원칙에 따라 법률에 의한 세금부과를 하되 공평, 실질 과세를 하여야 할 피고가 단지 세수확보만을 목적으로 한 것이어서 이 사건 부과처분은 그 재량권을 일탈 남용한 위법이 있다 할 것이므로 원고들은 이를 취소받고자 이건 소에 이르게 되었습니다.

6. 전심절차

원고들은 피고의 위와 같은 부과처분에 대하여 이의신청 및 심사청구를 경료하여 20○○. ○. ○.자 심사청구결정통지서를 같은 해 ○. ○.경 수령하였습니다.

입 증 방 법

1. 갑 제1호증의 1내지 32   납세고지서
1. 갑제 2호증   이의신청결정통지서
1. 갑제 3호증   심사청구결정통지서

첨 부 서 류

1. 위 입증방법   각 1부

```
        1. 소장부본                    1부
        1. 납부서                       1부

                        20○○년   ○월   ○일
                  원   고   ○   ○   ○   (서명 또는 날인)

                ○ ○ 행 정 법 원 귀 중
```

28. 자동차세 부과처분 취소

■ 청구취지

1. 피고가 ○○○○. ○. ○. 원고에 대하여 한 ○○○○년 제○기분 자동차
   세 ○○원의 부과처분을 취소한다.
2. 소송비용은 피고가 부담한다.
라는 판결을 구합니다.

29. 취득세 부과처분 취소

■ 청구취지

1. 피고가 ○○○○. ○○. ○○. 원고에 대하여 한 취득세 ○○원의 부과처분을 취소한다.
2. 소송비용은 피고가 부담한다.
라는 판결을 구합니다.

■ 소장 작성례

● 취득세 부과처분 취소청구의 소(비업무용 토지)

소　　　장

원　고　○○주식회사

　　　　○○시 ○○구 ○○길 ○○

　　　　대표이사　○　○　○

피　고　△△시 △△구청장

　　　　○○시 ○○구 ○○길 ○○

취득세부과처분 취소청구의 소

청　구　취　지

1. 피고가 20○○. ○. ○. 원고에 대하여 한 20○○년 ○월 수시분 취득세 ○○○원의 부과처분을 취소한다.
2. 소송비용은 피고가 부담한다.
라는 판결을 구합니다.

청　구　원　인

1. 원고의 지위
　 원고는 ○○제조업과 이에 관련된 부대사업을 영위할 목적으로 19

○○. ○. ○. 설립하였고, 자본금이 ○○○원에 불과한 소규모 중소기업체로서 주로 제품은 수출을 하고 있는 법인체입니다.

2. 조세부과처분의 위법사유

가. 피고는 구 지방세법 제112조의 3에 대한 해석으로 법인이 토지를 취득한 후 5년 이내에 해당 토지를 매각하였을 때에는 무조건 비업무용 부동산을 매각한 것으로서 중과세의 대상이 된다고 풀이하고 있으나, 법인이 위 토지를 5년 이내에 매각하였더라도 업무용부동산으로 사용하다가 매각한 경우 비업무용 부동산이 된 것을 전제로 한 위 법조는 적용될 여지가 없음이 법문자체에 의하여 명백합니다.(대법원 1982.7.13. 선고 80누149판결 참조) 그러므로 원고가 이 사건 토지를 업무용으로 사용하다가 매각하였으므로 뒤에서 보는바와 같이 피고의 이 사건 과세처분은 위법하다 할 것입니다.

나. 법인의 비업무용토지에 대한 취득세 중과의 취지는 법인의 부동산투기를 억제하고 법인의 건실한 운영을 도모하는데 목적이 있고 아울러 법인이 그 고유의 목적에 사용할 수 있는데도 불구하고 다른 이익을 위하여 그 토지를 방치하는 경우를 제재하기 위한 것이므로 (대법원 1987.10.13 선고 87누688판결) 설령 피고가 구 지방세법 제112조의 3에 대하여 해석하는 바와 같이 5년 이내의 매각이 비업무용토지에 해당한다고 하더라도 원고의 경우는 토지, 건물을 취득하여 공장으로 사용할 목적이었고, 그 공장이 원고에게는 유일한 부동산인 점, 그 부동산소재지가 절대녹지지역으로 원래 매매가 잘 이루어지지 않는 다는 점 등을 미루어 보면 원고가 투기를 하기 위하여 취득하거나 그것을 기대한 것이 아님이 명백하다 할 것입니다.

그러므로 원고가 위 부동산을 취득하였다가 매각한 것은 부득이한 사유에 의한 것이므로 이를 중과한다는 것은 입법취지에 어긋나는 위법이 있고,

다. 원고가 위 토지를 취득한 후 아래에서 보는 바와 같이 2년 3개월만에 매각하지 않으면 안될 사유가 있었습니다.

① 원고가 위 토지를 취득하게 된 목적은 임차공장에서 자기 소유공장으로 이전하기 위한 것일 뿐 투기의 목적이 없었고,

② 공장이 아닌 건물과 그 부수토지를 취득후 공장으로 용도를 변경하기 위하여 건축물을 개조하는 작업을 하였고 기존의 임차공장을 소유주에게 반환하기로 약속하여 임차공장 소유주가 원고의 임차공장을 타인에게 임대하기로 계약까지 하였으나 피고가 원고의 공장설치계획을 불허함으로써 원고는 할 수 없이 기존임차공장을 다시 사용할 수밖에 없어 소유주의 다른 사람과의 임대차계약을 해약하게 함으로 인하여 원고가 위약금조로 일금 ○○원을 지불하였고,

③ 원고가 위 취득 부동산을 피고의 공장설치계획의 불허통보와 인근주민의 공장설치반대의 진정에 의하여 공장이전계획이 실패하자 즉시 이를 매각코져 하였으나, 절대녹지지역으로 매각조차도 어렵게 됨으로 위 부동산을 방치할 수 없이 원고의 공원기숙사, 창고 및 개발실로 사용하였고 소외 박○○을 상주시켜 취득부동산을 관리하도록 하다가 매수를 원하는 자가 있어 이를 매각하기에 이르렀습니다.

결국 원고가 위 부동산을 업무용부동산으로 취득하였다가 5년 이내에 매각할 수밖에 없는 정당한 사유가 있었으므로 이러한 경우 취득세를 중과함은 위법하므로 이 사건 부과처분은 취소되어야 할 것입니다.

입 증 방 법

1. 갑제1호증		위약금영수증
1. 갑제2호증		공장설치불허가통지
1. 갑제3호증		공장임대차계약해지합의서
1. 갑제4호증의	1	지방세이의신청 결정통지
	2	심사청구기각결정
1. 갑제5호증의	1	지방세 심사청구 결정통지
	2	심판청구 기각결정

첨 부 서 류

1. 위 입증방법   각 1통
1. 소장부본   1통
1. 납부서   1통

20○○년   ○월   ○일

원 고 ○ ○ ○ (서명 또는 날인)

○ ○ 행 정 법 원 귀중

30. 취득세등 부과처분 취소

■ 청구취지

1. 피고가 ○○○○. ○○. ○○. 원고에 대하여 한 취득세 ○○원과 □□세 ○○원의 각 부과처분을 취소한다.
2. 소송비용은 피고가 부담한다.
라는 판결을 구합니다.

■ 소장 작성례

● 취득세등 부과처분 취소청구의 소

소   장

원   고   ○ ○ ○(주민등록번호)
            ○○시 ○○구 ○○길 ○○
피   고   △△시장
            ○○시 ○○구 ○○길 ○○

취득세등부과처분 취소청구의 소

청 구 취 지

1. 피고가 20○○. ○. ○. 원고에 대하여 부과한 취득세 10,000,000원, 등록면허세 15,000,000원, 교육세 3,000,000원의 부과처분을 각 취소한다.
2. 소송비용은 피고가 부담한다.
라는 판결을 구합니다.

청 구 원 인

1. 이 사건 부과처분의 경위

원고는 20○○. ○. ○. ○○시 ○○동 ○○ 대지 626㎡중 530㎡, 건물 4,376㎡중 2,500㎡(이하 이 사건 부동산이라 한다)를 법원으로부터 경락받아 취득하였던 바, 피고는 이 사건 부동산의 취득을 원인으로 하여 취득세 금1,000만원, 등록면허세 금1,500만원, 교육세 금300만원의 각 부과처분을 받았습니다.

원고는 이 사건 부동산을 벤처기업 집적시설로 임대할 목적으로 법원으로부터 경락을 받았던 바, 20○○. ○. ○. 경락허가결정을 받고 항고하던 중인 20○○. ○. ○.경부터 ○○도의 해당공무원에게 경락허가결정을 가지고 가서 벤처기업집적시설지정신청을 하였습니다.

그러나 위 해당공무원은 위와 같은 사건을 취급한 적이 없다고 하면서 이곳 저곳 확인을 하더니 경락대금을 납입한 후에 경락대금완납증명서를 첨부하여 지정신청을 하라고 하면서 지정신청서를 접수받지 않아 원고는 경락대금완납증명을 받은 후인 같은 해 8. 3.에야 지정신청서를 접수할 수 있었습니다.

이에 피고는 원고가 구지방세법 제276조 제4항에 의하여 취득세, 등록면허세, 교육세를 감면 처리하여 부과하지 않았으나 원고가 이 사건 부동산에 대한 소유권을 취득한 후에 벤처기업집적시설지정을 받았으므로 위 법에 의한 면제대상이 아니라는 이유로 20○○. ○. ○. 원고에 대하여 이 사건 취득세, 등록면허세, 교육세의 부과처분을 하였습니다.

2. 전심절차

이에 원고는 같은 해 5. 6. 이 사건 취득세등 부과처분에 대하여 ○○남도 지사에게 이의신청을 하였으나 ○○도지사는 같은 해 6. 5. 이의신청을 기각하였으며, 원고가 같은 해 9. 7. 조세심판원장에게 심사청구를 하였으나 같은 해 11. 6. 기각한다는 결정을 받았습니다.

(원고는 위 결정통지를 같은 해 11. 8. 송달받았음)

3. 피고처분의 위법성

가. 원고는 해당공무원의 사무착오로 지정신청을 늦게 접수할 수

밖에 없었습니다.

원고는 이 사건 부동산을 취득하기전(즉 경락대금을 완납하기 전)에 이미 ○○도청의 해당 공무원에게 벤처기업집적시설승인 신청을 하려 하였으나 해당공무원이 경락대금완납증명서를 첨 부하여야만 접수를 받을 수 있다고 하면서 접수를 거부하는 바람에 사전에 승인신청을 할 수 없었습니다.

나. 구지방세법 제276조 제4항의 규정에서 벤처기업육성에 관한 특별조치법에 의하여 정하는 벤처기업집적시설의 사업시행자가 벤처기업집적시설을 개발조성하여 "분양 또는 임대할 목적으로" 취득한 부동산에 대하여 취득세, 등록세를 면제한다 고 규정하 고 있으므로 부동산을 취득한 후 지정받은 경우에는 면제대상 에 해당하지 않는다는 이유로 원고의 청구를 기각하였습니다 .

그러나 위 법에 규정한 "분양 또는 임대할 목적으로"의 문구를 집적시설지정승인을 부동산 취득일 전에 받아야만 한다고 축소 해석할 근거가 없고 설령 그러한 근거가 있다고 하더라도 지 정을 목적부동산의 취득전·후에 받은 사실만으로 취득세 등을 면제받거나 면제받지 못하게 차별하여 적용하는 것은 실질과세 의 원칙이나 형평과세의 원칙에도 반하여 무효라 하겠습니다.

따라서 원고가 이 사건 부동산을 취득한 후에 집적시설승인을 받았기 때문에 취득세 등을 면제할 수 없다고 한 피고의 주장 은 위법하다 할 것입니다.

4. 결론

그렇다면 피고가 20○○. ○. ○. 원고에 대하여 한 이 사건 취득 세등 부과처분은 각 취소되어야 마땅하다 할 것이므로 원고는 청 구취지와 같은 판결을 구하기 위하여 본 소 청구를 제기합니다.

입 증 방 법

1. 갑제1호증   결정통지 및 결정서
1. 갑제2호증   심사청구 결정통지 및 결정서

첨 부 서 류

1. 위 입증방법   각 1통
1. 소장부본   1통
1. 납부서   1통

20○○년 ○월 ○일

원 고 ○ ○ ○ (서명 또는 날인)

○ ○ 행 정 법 원 귀 중

31. 관세등 부과처분 취소

■ 청구취지

> 1. 피고가 ○○○○. ○○. ○○. 원고에 대하여 한 별지 목록 기재 관세와 □□세 각 부과처분을 취소한다.
> 2. 소송비용은 피고가 부담한다.
> 라는 판결을 구합니다.

■ 소장 작성례

● 관세등 부과처분 취소청구의 소

소 　 장

원 고　○ ○ ○(주민등록번호)

　　　　○○시 ○○구 ○○길 ○○

피 고　△△세관장

　　　　○○시 ○○구 ○○길 ○○

관세등부과처분 취소청구의 소

청 구 취 지

1. 피고가 20○○. ○. ○. 원고에게 한 관세○○○원, 부가가치세 ○○○원등 가산금○○○원의 부과처분은 이를 취소한다.
2. 소송비용은 피고가 부담한다.
라는 판결을 구합니다.

청 구 이 유

1. 피고는 20○○. ○. ○. 원고에게 청구취지 기재와 같은 조세부과처분을 한 바 있습니다.
2. 원고는 ○○도 ○○군 ○○면 ○○길 ○○에서 ☆☆라는 상호로 살충

제 등을 제조하여 전량 국방부조달본부에 납품하는 것을 업으로 하는 자로서 20○○. ○. ○.부터 같은 해 ○월 사이에 시중 농약 도매상인 ○○시 ○○구 ○○길 ○○번지 ○○농약사(대표○○○)로부터 오후나크라는 시중판매의 완제품을 구입하여, 그 오후나크라는 상품에서 복합살충제를 제조하기 위한 원료를 추출하여 위의 살충제를 제조한 후 국방부에 납품한 일이 있을 뿐 관세법 소정의 물품을 수입한 일도 없고 관세를 납부할 과세원인행위를 한 일이 없습니다.

그런데 피고는 원고가 시중에서 구입한 위 오후나크라는 상품의 성분 가운데피리다펜치온이라는 물품이 있고 그 물품은 소외 ○○농약사라는 수입업자가 관세를 면제받아 수입한 물품이며 당해 관세 면제사유는 당해 면제물품이 농약제조용으로 수입되었기 때문이었는데, 원고가 이를 농약이 아닌 복합살충제로 사용하였다는 이유로 원고에게 해당 관세를 부과한 것이라고 보여지는 바이나 관세가 면제된 물품이 수입된 후에 당해 물품이 원료로 사용되어 완제품이어서 시중에 판매된 뒤에 시중에서 일반국민이 이를 구입하여 관세면제사유가 아닌 다른 용도에 사용한다고 하여 이를 구입 사용한 일반국민이 당해 면제된 관세를 납부할 의무가 있다고는 볼 수 없는 것이라고 할 것입니다.

3. 이에 원고는 본건 관세등부과처분을 20○○. ○. ○.받은 바 있어 같은 해 ○. ○. 이에 대한 이의신청을 하여 같은 해 ○. ○. 이의신청을 기각하는 결정을 받았고, 같은 해 ○. ○. 심판청구를 하여 같은 해 ○. ○. 이에 대하여 기각하는 결정을 받고 위와 같이 위법한 부과처분의 취소를 구하고자 본 소에 이른 것입니다.

첨 부 서 류

1. 소장부본	1통
1. 납부서	1통

20○○년 ○월 ○일

원 고 ○ ○ ○ (서명 또는 날인)

○ ○ 행 정 법 원 귀중

32. 관세 경정거부처분 취소

■ 청구취지

1. 피고가 ○○○○. ○○. ○○. 원고에 대하여 한 별지 목록 기재 관세경정 거부처분을 취소한다.
2. 소송비용은 피고가 부담한다.
라는 판결을 구합니다.

33. 관세 부과처분 취소

■ 청구취지

1. 피고가 ○○○○. ○○. ○○. 원고에 대하여 한 별지 목록 기재 관세부과처분을 취소한다.
2. 소송비용은 피고가 부담한다.
라는 판결을 구합니다.

34. 원천징수처분 취소

■ 청구취지

1. 피고가 ○○○○. ○○. ○○. 원고에 대하여 한 □□세 ○○원의 원천징수처분을 취소한다.
2. 소송비용은 피고가 부담한다.
라는 판결을 구합니다.

■ 소장 작성례

● 법인세 원천징수불이행 가산세부과처분 취소청구의 소

소   장

원   고   ○○공업 주식회사
　　　　　　○○시 ○○구 ○○길 ○○ (우편번호 ○○○○○)
　　　　　　대표이사 ○ ○ ○
피   고   △△세무서장
　　　　　　○○시 ○○구 ○○길 ○○ (우편번호 ○○○○○)

법인세원천징수불이행가산세부과처분 취소청구의 소

청 구 취 지

1. 피고가 20○○. ○. ○. 원고에 대하여 한 20○○년 귀속 법인세 원천징수 불이행에 대한 가산세 금 1,000,000원의 부과처분은 이를 취소한다.
2. 소송비용은 피고의 부담으로 한다.
라는 판결을 구합니다.

청 구 원 인

1. 이 사건 청구의 대상인 처분

원고는 소외 ☆☆화학주식회사로부터 그 소유의 ★★주식회사 발행 주식을 매수하면서 우선 계약금만을 지급하고 잔금은 연불 조건으로 3회에 걸쳐 지급하되 그 미지급 잔금에 대하여는 시중은행의 일반대출이율과 같은 비율의 이자를 지급하기로 약정한 다음 200○. 1. 1. 같은 해 2. 1. 및 같은 해 3. 31. 등 모두 3회에 걸쳐 약정된 이자를 지급하였는데, 피고는 위 이자가 소득세법 제16조 제1항 제11호 소정의 비영업대금의 이익에 해당한다고 보고 그 지급자인 원고에게는 법인세법 제73조 제1항에 따른 법인세의 원천징수의무가 있음에도 불구하고 이를 이행하지 않았다 하여 200○. 1. 24.자의 가산세 부과처분을 하였습니다.

2. 가산세부과처분의 위법성

가. 법인세법 제76조 제1항에 의하여 법인세 미납부 세액에 대하여 부과하는 가산세는 법인세 납부의무 이행을 확보하기 위하여 법인이 그 납부의무를 해태하였을 때 이에 대하여 세금의 형태로 과징하는 행정상의 제재로서 납세의무자가 그 의무의 불이행에 관하여 정당한 이유가 있는 경우에는 부과할 수 없는 것이라고 하겠습니다.

나. 위 법인세법의 규정에 의하여 법인세 미납부 세액에 대한 가산세를 부과하는 경우 그 법인세 중 일부가 이미 납부된바 있으면 그 납부일 이후로는 이를 공제한 나머지 세액을 기준으로 이를 산정하여야 할 것입니다.

그런데 원고는 200○. 6. 30. 이 사건 법인세로 피고에게 금 20,000,000원을 납부하였습니다.

그렇다면 그 이후의 가산세를 계산함에 있어서는 이를 공제한 그 잔액을 기준으로 삼아야 할 것인데도 피고가 이 사건 법인세 전액에 대하여 미납부 가산세를 산정하였습니다.

3. 전심절차의 경유

원고는 이 사건 부과처분의 고지를 받고,

가. 200○. 3. 1.국세청정에게 심사청구를 하여

나. 같은 해 4. 3. 그 기각결정통지를 수령하였고,

다. 같은 해 5. 3. 국세심판소장에게 심판청구를 하여,

라. 같은 해 6. 3. 그 기각결정 통지를 수령하였는바,

　　이로써 원고는 이 사건 부과처분에 관하여 필요한 전심절차를 모두 거쳤습니다.

4. 결론

그렇다면 이상 살펴본 바와 같이 피고의 이 사건 가산세부과처분은 위법하다고 할 것이므로 마땅히 취소되어야할 것입니다.

입 증 방 법

1. 갑 제1호증의 1 내지 4 납세고지서
1. 갑 제2호증　　　　　　결정서
1. 갑 제3호증　　　　　　결정서

첨 부 서 류

1. 위 입증방법　　　　　　각 1통
1. 소장부본　　　　　　　　1통
1. 납부서　　　　　　　　　1통

　20○○년　○월　○일

　　　원 고　○○공업 주식회사

　　　　　　대표이사 ○ ○ ○　(서명 또는 날인)

○ ○ 행 정 법 원 귀중

35. 소득금액변동 통지처분 취소

■ 청구취지

1. 피고가 ○○○○. ○○. ○○. 원고에 대하여 한 소득자를 ○○○, 소득금액을 ○○원으로 하는 소득금액변동 통지처분을 취소한다
2. 소송비용은 피고가 부담한다.
라는 판결을 구합니다.

36. 제2차납세의무자 지정처분 취소

■ 청구취지

1. 피고가 ○○○○. ○○. ○○. 원고에 대하여 원고를 제2차납세의무자로 지정하여 한 □□세 ○○원의 부과처분을 취소한다.
2. 소송비용은 피고가 부담한다.
라는 판결을 구합니다.

■ 소장 작성례

● 제2차 납세의무자 지정처분 취소청구의 소

소　　　장

원　고　　○　○　○(주민등록번호)
　　　　　　○○시 ○○구 ○○길 ○○ (우편번호 ○○○○○)
피　고　　△△세무서장
　　　　　　○○시 ○○구 ○○길 ○○ (우편번호 ○○○○○)

제2차납세의무자지정처분취소 청구의 소

청　구　취　지

1. 피고가 20○○. ○. ○. 원고에 대하여 결정 고지한 소외 김□□에

대한 종합소득세 20○○. ○. 수시분 금 30,000,300원 가산금 5,000,000원의 제2차납세의무자 지정 처분을 취소한다.

2. 소송비용은 피고의 부담으로 한다.

라는 판결을 구합니다.

청 구 원 인

1. 원고는 19○○. ○. ○. 소외 이□□과 그 소유인 ○○시 ○○구 ○○동 ○○ 대 106㎡(32평) 지상 시멘트블록조 시멘트기와지붕 단층주택 1동 건평 30㎡에 관하여 임대보증금 800만원, 임대기간 19○○. ○. ○.부터 2년간으로 정하여 임대차계약을 맺고 동 보증금을 지급한 후 입주하였습니다.

   원고는 19○○. ○. ○. 동 이□□의 요청에 따라 사업자금조로 금 1,000만원을 이자 월 2푼, 변제기한은 정하지 않고 대여하였습니다.

2. 동 이□□은 19○○. ○.5월 분까지는 이자만 지급하고 그 후부터의 이자를 연체하다가 사업에 실패하여 변제기한을 넘기고 원리금을 변제하지 못할 뿐 아니라 임대보증금의 반환도 할 수 없는 상태에 이르렀습니다.

   원고와 동 이□□은 절충 끝에 19○○. ○. ○. 원고에 대한 위 차용원리금채무와 임대보증금반환채무를 담보하기 위하여 동 이□□ 소유인 위 대지 및 건물에 가등기담보를 설정하였습니다. 동 이□□은 위 채무이행을 미루기만 하기에 원고는 가등기담보를 실행하고자 하였으나 사정에 따라 미루어 오다가 19○○. ○. ○.에 이르러 하는 수 없이 동 이□□와 그 동안의 차용원리금 24,635,000원 및 임대보증금 800만원 합계금 32,635,000원의 대물변제로 위 대지 건물에 대한 소유권을 원고에게 이전하기로 합의를 한 후 본 등기를 마쳤습니다.

3. 그런데 피고는 소외 납기 19○○. ○. 수시분 종합소득세 금 30,000,300원 가산금 5,000,000원, 합계금 35,000,300원을 체납하였다하여 19○○. ○. ○. 위 대지·건물에 체납처분으로서의 압류를 하였습니다.

그러나 국세기본법 제42조 제1항 단서에 의하면 그 국세의 납부기한으로부터 1년전에 담보의 목적이 된 양도담보재산에 대하여는 제2차납세(물적 납세의무)의무의 대상에서 제외하고 있습니다.

그러므로 위 국세납기의 1년전에 위 대지 가옥에 대한 가등기담보권자가된 원고에 대하여 제2차 납세의무자로 지정한 피고의 처분은 위법 부당함이 명백합니다.

4. 원고는 위 지정처분의 취소를 구하고자 20○○. ○. ○. 국세청장에 대하여 심사청구를 하였는데 국세청장은 20○○. ○. ○. 심사청구를 기각하는 결정을 하였습니다. 원고는 20○○. ○. ○. 위 기각결정에 대하여 국세심판소장에게 심판청구를 하였는데 국세심판소에서는 20○○. ○. ○. 심판청구를 기각하는 결정을 하였습니다.

그러므로 원고는 피고의 위법한 위 지정처분에 대하여 취소를 구하고자 청구에 이르렀습니다.

입 증 방 법

1. 갑 제1호증　　　　　　　　　임대차계약서
1. 갑 제2호증　　　　　　　　　　　　차용증
1. 갑 제3호증　　　　　　　　　대불변제합의서
1. 갑 제4호증 1, 2　　　　　　심사청구서,결정서
1. 갑 제5호증　　　　　　　　　　　　감정서
1. 갑 제6호증　　　　　　　　　　등기부등본

첨 부 서 류

1. 위 입증방법각　　　　　　　　　　1통
1. 소장부본　　　　　　　　　　　　　1통
1. 납부서　　　　　　　　　　　　　　1통

20○○년　○월　○일

원　　고　○　○　○　(서명 또는 날인)

○ ○ 행 정 법 원　귀중

§4. 매각, 압류, 수용, 주거이전 등

1. 매각결정 취소

■ 청구취지

> 1. 피고가 ○○○○. ○○. ○○. 원고에 대하여 별지 목록 기재 ◇◇에 관하여 한 매각결정을 취소한다.
> 2. 소송비용은 피고가 부담한다.
> 라는 판결을 구합니다.

2. 압류처분 취소

■ 청구취지

> 1. 피고가 ○○○○. ○○. ○○. 원고에 대하여 별지 목록 기재 ◇◇에 관하여 한 압류처분을 취소한다.
> 2. 소송비용은 피고가 부담한다.
> 라는 판결을 구합니다.

3. 압류처분 무효확인

■ 청구취지

> 1. 피고가 ○○○○. ○○. ○○. 원고에 대하여 별지 목록 기재 ◇◇에 관하여 한 압류처분이 무효임을 확인한다.
> 2. 소송비용은 피고가 부담한다.
> 라는 판결을 구합니다.

4. 압류해제 거부처분 취소

■ 청구취지

1. 피고가 ○○○○. ○○. ○○. 원고에 대하여 별지 목록 기재 ◇◇에 관하여 한 압류해제 거부처분을 취소한다.
2. 소송비용은 피고가 부담한다.
라는 판결을 구합니다.

5. 토지수용 재결처분 취소

■ 청구취지

1. 피고 중앙토지수용위원회가 20○○. ○. ○.자 원고에 대하여 한 별지목록 기재 토지에 대한 이의재결처분 중 보상금증액신청을 기각한 부분을 취소한다.
2. 피고 △△시 △△구는 원고에게 금 50,000,000원을 지급하라.
3. 소송비용은 피고들의 부담으로 한다.
라는 판결을 구합니다.

■ 소장 작성례

● 토지수용 재결처분 취소등청구의 소

소 장

원 고 ○ ○ ○(주민등록번호)
○○시 ○○구 ○○길 ○○ (우편번호 ○○○○○)

피 고 1. △△토지수용위원회
○○시 ○○구 ○○길 ○○ (우편번호 ○○○○○)
위원장 △ △ △
2. △△시 △△구
법률상 대표자 △△△구청장
○○시 ○○구 ○○길 ○○ (우편번호 ○○○○○)

토지수용재결처분 취소등 청구의 소

청 구 취 지

1. 피고 중앙토지수용위원회가 20○○. ○. ○.자 원고에 대하여 한 별지목록 기재 토지에 대한 이의재결처분 중 보상금증액신청을 기각한 부분을 취소한다.
2. 피고 △△시 △△구는 원고에게 금 50,000,000원을 지급하라.
3. 소송비용은 피고들의 부담으로 한다.
라는 판결을 구합니다.

청 구 원 인

1. 기초사실
가. △△시장은 19○○. ○. ○. 국토의 계획 및 이용에 관한 법률 제88조, 제91조에 따라 도시계획사업인 '○○ - ○○동 도로확장공사'의 실시계획을 인가 고시함으로써, 원고 소유 별지기재 토지(이하 '이 사건 토지')가 위 도시계획사업지역에 편입되었다.

나. 피고 ○○구는 위 도시계획사업의 시행자로서 이 사건 토지를 취득하기 위하여 원고와 협의를 하였으나 협의가 성립되지 않아 ○○특별시지방토지수용위원회에 이 사건 토지의 수용을 위한 재결을 신청하였고, 동 위원회는 19○○. ○. ○. 위 사업시행을 위하여 피고 성북구가 이 사건 토지를 수용하되 그 손실보상금을 100,000,000원[총평수(10,000평)×평당단가(10,000원)], 수용시기를 19○○. ○. ○.로 정하여 토지수용재결을 하였습니다.

다. 이에 원고는 보상금을 증액하여 달라는 이의신청을 하였고, 이에 피고 중앙토지수용위원회는 19○○. ○. ○. 원고의 보상금증액신청을 기각하는 이의재결(이하 '이 사건 재결')을 하였습니다.

2. 이 사건 재결의 위법성

가. 피고 중앙토지수용위원회의 위 재결은 공익사업을 위한 토지 등의 취득 및 보상에 관한 법률 제70조 제1항의 산정방법을 위배한 것으로서 내용상 흠이 있어 위법하므로 취소되어야 할 것입니다.

나. 이 사건 토지는 표준지가가 선정되어 있지 않고, 또한 인접지역에 소재하는 표준지 중에는 이 사건 토지와 동일하거나 유사한 지목의 표준지도 없습니다.

다. 그럼에도 서울특별시지방토지수용위원회 또는 피고 중앙토지수용위원회는, 인접지역의 표준지의 기준시가를 기준으로 손실보상액을 산정한 소외 토지평가사합동사무소의 판단을 기초로 하여 토지수용재결 및 이 사건 재결을 발하였던 것입니다.

라. 그러나 앞서 본 바와 같이 이 사건 토지에는 표준지가가 선정되어 있지 않을 뿐 아니라, 더 나아가 이 사건 토지와 동일하거나 유사한 지목도 없으므로 결국 공익사업을 위한 토지 등의 취득 및 보상에 관한 법률 제67조 제1항의 일반조항에 의하여 보상액을 산정하였어야 할 것입니다. 만약 이에 의한다면 이 사건 토지에 대한 보상액은 최소한 금 150,000,000원[총평수(10,000평)×평당단가(15,000원)]에 이를 수 있었을 것입니다.

3. 결론

그렇다면 피고 중앙토지수용위원회의 이 사건 재결 중 보상금증액신청을 기각한 부분은 내용상 하자가 있어 위법하여 취소되어야 할 것이며, 피고 ○○시 ○○구는 이미 지급한 보상금과 위 정당한 보상액과의 차액인 금 50,000,000원을 원고에게 추가 지급하여야 할 것입니다.

입 증 방 법

1. 갑 제1호증의 1   재결서정본송부
1. 갑 제1호증의 2   재결서
1. 갑 제2호증   이의신청서
1. 갑 제3호증   도면
1. 갑 제4호증   확인서

첨 부 서 류

1. 위 입증방법   각 1통
1. 소장사본   1통
1. 납 부 서   1통

20○○년 ○월 ○일

원 고 ○ ○ ○ (서명 또는 날인)

○ ○ 행 정 법 원 귀 중

6. 수용재결 취소등

■ 청구취지

1. 주위적으로, 피고가 ○○○○. ○○. ○○. 원고에 대하여 한 수용재결을 취소한다.
2. 예비적으로, 피고는 원고에게 ○○원과 이에 대하여 ○○○○. ○○. ○○.부터 소장 송달일까지 연 △%, 그 다음날부터 다 갚는 날까지 연 △△%의 각 비율로 계산한 돈을 지급하라.
3. 소송비용은 피고가 부담한다.
라는 판결을 구합니다.

7. 이주대책대상자 제외처분 취소

■ 청구취지

1. 피고가 ○○○○. ○○. ○○. 원고에 대하여 한 이주대책대상자 제외처분을 취소한다.
2. 소송비용은 피고가 부담한다.
라는 판결을 구합니다.

8. 주거이전비

■ 청구취지

1. 피고는 원고에게 ○○원과 이에 대하여 ○○○○. ○○. ○○.부터 소장 송달일까지 연 △%, 그 다음날부터 다 갚는 날까지 연 △△%의 각 비율로 계산한 돈을 지급하라.
2. 소송비용은 피고가 부담한다.
라는 판결을 구합니다.

9. 손실보상금

■ 청구취지

1. 피고는 원고에게 ○○원과 이에 대하여 ○○○○. ○○. ○○.부터 소장 송달일까지 연 △%, 그 다음날부터 다 갚는 날까지 연 △△%의 각 비율로 계산한 돈을 지급하라.
2. 소송비용은 피고가 부담한다.
라는 판결을 구합니다.

■ 소장 작성례

● 손실보상금 청구의 소

<h2 style="text-align:center">소　　　　장</h2>

원　　고　　○　○　○(주민등록번호)
　　　　　　○○시 ○○구 ○○길 ○○ (우편번호 ○○○○○)
피　　고　　△　△　△
　　　　　　○○시 ○○구 ○○길 ○○ (우편번호 ○○○○○)

손실보상금 청구의 소

<h3 style="text-align:center">청　구　취　지</h3>

1. 피고는 원고에게 금 38,666,666원 및 이에 대한 20○○. ○. ○.부터 이 사건 소장부본 송달일까지는 연 5%의, 그 다음날부터 다 갚는 날까지는 연 15%의 각 비율에 의한 금원을 지급하라.
2. 소송비용은 피고가 부담한다.
3. 제1항은 가집행 할 수 있다.
라는 판결을 구합니다.

<h3 style="text-align:center">청　구　원　인</h3>

1. 당사자관계

   원고는 주소지에서 ☆☆재첩국이라는 상호로 일반음식점을 경영하여 오고 있는 자이고, 피고는 공공사업인 ○○-◎◎간의 국도 ○○호선 ○차선 확장공사 시행자로서 20○○. ○.경부터 그 사업실시계획에 따라 공사를 착공하여 현재 시행 중에 있습니다.

2. 손실보상 책임의 발생

   가. 원고는 20○○. ○. ○. 국도○○호선과 인접한 원고의 주소지에서 ☆☆재첩국이라는 상호로 일반음식점을 개업하여 영업을 하여 오던 중 20○○. ○.경부터 국도 ○○호선의 ○차선 확장공사가 시행되면서 원고가 운영하는 위 음식점의 부지 일부가 국도 ○○호선 확장공사 일부 토지로 편입되었으며, 20○○. ○.경부터 위 음식점 도로가 4,5미터 높이로 복토공사가 시작되면서 위 국도에서 직접 차량을 이용하는 손님들이 위 음식점에 출입하는 통로가 폐쇄되고, 복토공사가 대부분 완료된 이후에는 도로 밑으로 차량 1대가 겨우 출입할 정도로 굴다리를 만들었고 그것도 위 음식점을 직접 통행할 수 있는 굴다리가 아니고 위 음식점과 수백미터 떨어져 마을 진입도로와 같이 사용하도록 되어 있으며 그리고 확장된 도로에서 위 음식점으로 진입하는 도로는 없으며 수 킬로미터 떨어진 곳에서 우회하여 들어갈 수밖에 없는 것입니다.

   나. 위와 같은 경위로 위 음식점을 찾는 손님이 뚝 끊겨 현재에는 아예 손님들이 전혀 없는 상태입니다.

   다. 공익사업을 위한 토지 등의 취득 및 보상에 관한 법률 시행규칙 제64조는 "공익사업 시행지구 밖에서 제45조에 따른 영업손실의 보상대상이 되는 영업을 하고 있는 자가 공익사업의 시행으로 인하여 그 배후지의 3분의 2 이상이 상실되어 그 장소에서 영업을 계속할 수 없는 경우에는 그 영업자의 청구에 의하여 당해 영업을 공익사업시행지구에 편입되는 것으로 보아 보상하여야 한다."라고 규정하는 한편 위 법률 시행규칙 제46조는 폐지하는 영업의 종류에 따라 그 손실을 평가하는 기준을 규정하고 있어 이 사건 원고와 같이 간접적인 영업손실을 입은 자에 대한 직접적인 보상규정은 없다고 할 수 있습니다.

라. 그러나, 헌법 제23조 제3항이 "공공 필요에 의한 재산권의 수용, 사용 또는 제한 및 그에 대한 보상은 법률로써 하되 정당한 보상을 지급하여야 한다"고 규정하고 있는 점, 공익사업을 위한 토지 등의 취득 및 보상에 관한 법률 제61조가 "공익사업에 필요한 토지 등의 취득 또는 사용으로 인하여 토지소유자나 관계인이 입은 손실은 사업시행자가 보상하여야 한다."고 규정하고 있는 점 등을 종합한다면, 원고의 음식점 수입 상실에 따른 간접적인 영업손실에 관하여 그 밖의 법령에 직접적인 보상규정이 없더라도 위 법 시행규칙 제64조의 규정을 유추적용하여 원고에 대하여 음식점 수입상실에 따른 간접적인 영업손실에 관하여 위 법 시행규칙 제46조에 의하여 평가한 손실보상금을 지급할 의무가 있다 할 것입니다.

3. 손실보상의 범위

위 법 시행규칙 제46조 제1항의 규정에 의하여 영업손실에 따른 평가액은 2년간의 영업 이익에 영업용 고정자산, 원재료, 제품 및 상품 등의 매각손실액을 더한 금액으로 평가하여야 하고 영업이익은 해당 영업의 최근 3년간의 평균 영업이익을 기준으로 하여 이를 평가할 것이나 원고에게는 3년간의 영업이익의 산출근거가 되는 자료가 없으므로 20○○. ○. ○.부터 20○○. ○. ○.까지의 1년 6개월 간의 부가세 신고 과세표준액이 원고의 순 영업이익금(사실 원고의 순영업이익금은 이보다 더 많으나 우리나라의 전반적 통상 그 영업자들이 그 영업이익금을 숨기고 있는 실정임)으로 산정하면 원고가 위 기간 과세표준 금원 29,000,000원으로 년 평균 영업이익금은 금 19,333,333원(29,000,000 × 12/18)이 되므로 피고가 보상하여야 할 원고의 손실금액은 금 38,666,666원이 됩니다.

4. 결론

그렇다면 피고는 원고에게 손실보상금 38,666,666원 및 이에 대한 20○○. ○. ○.부터 이 사건 소장부본 송달일까지는 민법 소정의 연 5%의, 그 다음날부터 다 갚는 날까지는 소송촉진등에관한특례법 소정의 연 15%의 각 비율에 의한 지연손해금을 지급할 의무가 있다 할 것이므로 그 이행을 구하기 위하여 이 건 청구에 이른 것입니다.

입 증 방 법

1. 갑 제1호증 　　　　　　영업허가증
1. 갑 제2호증 　　　　　　사업자등록증
1. 갑 제3호증 　　　　　　지적도등본
1. 갑 제4호증의 1,2 　　　　각 사진

첨 부 서 류

1. 위 입증방법 　　　　　　각 1통
1. 소장부본 　　　　　　　　1통
1. 납 부 서 　　　　　　　　1통

20○○.　　○.　　○.

원 고 ○ ○ ○ (서명 또는 날인)

○ ○ 행 정 법 원 　귀 중

10. 정비구역 지정처분 취소

■ 청구취지

1. 피고가 ○○○○. ○○. ○○. □□고시 제○○-○○호로 한 □□정비구역 지정처분을 취소한다.
2. 소송비용은 피고가 부담한다.
라는 판결을 구합니다.

11. 추진위원회 승인처분 취소

■ 청구취지

1. 피고가 ○○○○. ○○. ○○. □□에 대하여 한 □□사업 조합설립추진위원회 승인처분을 취소한다.
2. 소송비용은 피고가 부담한다.
라는 판결을 구합니다.

12. 추진위원회승인 거부처분 취소

■ 청구취지

1. 피고가 ○○○○. ○○. ○○. 원고에 대하여 한 □□사업 조합설립추진위원회승인 거부처분을 취소한다.
2. 소송비용은 피고가 부담한다.
라는 판결을 구합니다.

§5. 조합설립

1. 조합설립인가처분 취소

■ 청구취지

> 1. 피고가 ○○○○. ○○. ○○. □□에 대하여 한 □□사업 조합설립인가
>   처분을 취소한다.
> 2. 소송비용은 피고가 부담한다.
> 라는 판결을 구합니다.

2. 조합설립인가 거부처분 취소

■ 청구취지

> 1. 피고가 ○○○○. ○○. ○○. 원고에 대하여 한 □□사업 조합설립인가
>   거부처분을 취소한다.
> 2. 소송비용은 피고가 부담한다.
> 라는 판결을 구합니다.

3. 조합설립인가처분 무효확인

■ 청구취지

> 1. 피고가 ○○○○. ○○. ○○. □□에 대하여 한 □□사업 조합설립인가
>   처분이 무효임을 확인한다.
> 2. 소송비용은 피고가 부담한다.
> 라는 판결을 구합니다.

4. 조합설립인가처분 무효확인 등

■ 청구취지

1. 주위적으로, 피고가 ○○○○. ○○. ○○. □□에 대하여 한 □□사업
   조합설립인가처분이 무효임을 확인한다.
2. 예비적으로, 피고가 ○○○○. ○○. ○○. □□에 대하여 한 □□사업
   조합설립인가처분을 취소한다.
2. 소송비용은 피고가 부담한다.
라는 판결을 구합니다.

5. 조합원 지위확인

■ 청구취지

1. 원고가 피고의 조합원 지위에 있음을 확인한다.
2. 소송비용은 피고가 부담한다.
라는 판결을 구합니다.

§6. 사업시행계획 등

1. 사업시행계획 취소

■ 청구취지

> 1. 피고가 ○○○○. ○○. ○○. □□로부터 인가받은 사업시행계획을 취소한다.
> 2. 소송비용은 피고가 부담한다.
> 라는 판결을 구합니다.

2. 사업시행계획인가 취소

■ 청구취지

> 1. 피고가 ○○○○. ○○. ○○. □□에 대하여 한 사업시행계획 인가처분을 취소한다.
> 2. 소송비용은 피고가 부담한다.
> 라는 판결을 구합니다.

3. 관리처분계획 취소

■ 청구취지

> 1. 피고가 ○○○○. ○○. ○○. □□로부터 인가받은 관리처분계획을 취소한다.
> 2. 소송비용은 피고가 부담한다.
> 라는 판결을 구합니다.

4. 관리처분계획 인가처분 취소

■ 청구취지

1. 피고가 ○○○○. ○○. ○○. □□에 대하여 한 관리처분계획 인가처분을 취소한다.
2. 소송비용은 피고가 부담한다.
라는 판결을 구합니다.

§7. 산업재해 관련

1. 유족급여 및 장의비 부지급처분 취소

■ 청구취지

> 1. 피고가 ○○○○. ○○. ○○. 원고에 대하여 한 유족급여 및 장의비 부
>   지급처분을 취소한다.
> 2. 소송비용은 피고가 부담한다.
> 라는 판결을 구합니다.

■ 소장 작성례

● 유족급여 부지급처분 취소청구의 소

소   장

원   고   ○ ○ ○(주민등록번호)
　　　　 ○○시 ○○구 ○○길 ○○ (우편번호 ○○○○○)
피   고   근로복지공단
　　　　 ○○시 ○○구 ○○길 ○○ (우편번호 ○○○○○)
　　　　 대표자 이사장 △△△

유족급여부지급처분 취소청구의 소

청 구 취 지

1. 피고가 20○○. ○. ○. 원고에 대하여 한 유족급여부지급처분을
   취소한다.
2. 소송비용은 피고의 부담으로 한다.
라는 판결을 구합니다.

청 구 원 인

1. 사건개요

가. 원고는 소외 망 □□□의 처이고, 소외 망 □□□은 19○○.
○. □□주식회사에 입사하여 위 회사의 ○○지사에 발령을 받
아 근무를 시작하였고, 입사 당시에는 건강에 별다른 이상이
없었으나 근무도중 비(B)형 간염보균자로 판명되었고 그로부터
7년 후 만성간염의 진단을 받았으나 업무성격상 잦은 출장과
과중한 업무로 적절한 치료를 받지 못한 상태에서 간경화로
발전, 20○○. ○. ○. ○○대학교병원 한방병원에서 조제해준
한약치료제를 복용하였으나, 건강상태가 더욱 악화되어 ○○병
원 및 ○○대학교 병원에서 3달 가까이 입원치료를 받다가 완
치되지 아니한 상태로 퇴원하여 집에서 요양하던 중 복수가
차고 소변이 나오지 아니하여 20○○. ○. ○. ○○대학교 의료
원 응급실로 실려갔으나 비형간염을 선행사인으로 하는 급성신
부전으로 사망하였습니다.

나. 원고는 피고에 대하여 유족급여 등을 청구하였으나 피고는 망
인의 선행사인인 비형간염의 발생원인이 업무와 직접 연관이
없고, 망인의 치료경과 및 내용에 비추어 볼 때 자연발생적인
악화에 의한 사망으로써 과로와는 관련이 없다는 판단을 근거
로 원고의 유족급여 등 청구에 대해 유족급여부지급처분을 내
렸습니다.

2. 불복사유

가. 위 망인은 입사시에는 건강에 이상이 없었으나, 회사의 열악
한 근무여건과 매일 14시간 이상의 과중한 업무에 시달리며
만성간염이라는 진단을 받을 때까지도 병원에서 적절한 치료
를 받을 형편이 되지 못하여 약국에서 약을 사먹는 정도의
치료를 할 수밖에 없었고, 건강이 악화되어 갈수록 회사상황
도 어려워져 구조조정으로 인한 인력감축 및 명예퇴직 등이
진행되었고, 한 가정의 가장인 망인으로서는 치료는커녕 회사
에서 살아남아야 된다는 심적 부담감에 벗어나지 못하다 결국
사망에 이르게 되었으므로 이는 업무상재해가 명백하다고 할
것입니다.

나. 또한 위 망인의 주치의 소견서에도 과도한 업무와 이로 인한 정신적 부담이 환자의 치료와 건강회복에 장애요인으로 작용하고 위 망인의 질환이 급속하게 진행될 수도 있다는 소견이므로 망인의 상병악화로 인한 사망과 업무와의 상당인과관계가 명백하다고 할 것입니다.

3. 결 어

따라서 피고측 주장대로 질병의 주된 발생원인인 업무와 직접 연관이 없었다고 하더라도, 이 사건 피해자인 소외 망 □□□은 직무상의 과로 등이 질병의 주된 발생원인과 겹쳐서 질병을 유발시켰고, 직무의 과중으로 인하여 자연적인 진행속도 이상으로 급격히 악화되어 사망하였으므로 업무와 사망과의 상당인과관계가 명백히 입증된다 할 것이고 이에 원고는 피고의 위법한 처분의 취소를 구하고자 이 건 소 제기에 이르렀습니다.

※ 원고의 전치절차

1. 불승인결정 통보일   20○○. ○. ○.
2. 심사청구일   20○○. ○. ○.
3. 심사결정서 수령일   20○○. ○. ○.
4. 재심사청구일   20○○. ○. ○.
5. 제결서 수령일   20○○. ○. ○.

입 증 서 류

1. 갑 제1호증   기본증명서
   (단, 2007.12.31. 이전 사망한 경우 제적등본)
1. 갑 제2호증의1   가족관계증명서
1. 갑 제2호증의2   주민등록말소자등본
1. 갑 제3호증   부지급통보서
1. 갑 제4호증의1   심사결정서 송부
1. 갑 제4호증의2   심사결정서
1. 갑 제5호증   소견서

```
        첨 부 서 류
   1. 위 입증방법            각 1통
   1. 소장부본               1통
   1. 납 부 서               1통

                      20○○.  ○.  ○.
            원  고   ○  ○  ○ (서명 또는 날인)

       ○ ○ 행 정 법 원  귀 중
```

2. 산재보험료 부과처분 취소

■ 청구취지

1. 피고가 ○○○○. ○○. ○○. 원고에 대하여 한 산재보험료 부과처분을 취소한다.
2. 소송비용은 피고가 부담한다.
라는 판결을 구합니다.

3. 장해연금지급 거부처분 취소

■ 청구취지

1. 피고가 ○○○○. ○○. ○○. 원고에 대하여 한 장해연금지급 거부처분을 취소한다.
2. 소송비용은 피고가 부담한다.
라는 판결을 구합니다.

■ 소장 작성례

● 장해연금 지급거부처분 취소청구의 소

소 장

원 고 ○ ○ ○(주민등록번호)
　　　 ○○시 ○○구 ○○길 ○○ (우편번호 ○○○○○)
피 고 국민연금관리공단
　　　 ○○시 ○○구 ○○길 ○○ (우편번호 ○○○○○)
　　　 대표자 이사장 △△△

장해연금지급거부처분 취소청구의 소

청 구 취 지

1. 피고가 20○○. ○. ○. 원고에 대하여 한 장해연금지급거부처분을 취소한다.
2. 소송비용은 피고의 부담으로 한다.
라는 판결을 구합니다.

청 구 원 인

1. 사건의 개요
　가. 원고는 19○○. ○. ○. 최초로 국민연금에 가입하여 오던 중 19○○. ○. ○. 처음으로 '후두암' 진단을 받은 다음 20○○. ○. ○. 후두암 수술을 받았습니다.
　나. 위 수술로 인하여 원고에게 언어장애와 호흡기장애가 발생하였는데, 그 중 '언어장애'에 관하여 피고로부터 2급을, 소외 부산 ○○구청으로부터 3급을 각 인정받았습니다[갑 제1호증 심사청구 결정통지 - (첨부된 결정서 2면 중 4의 가. 참조), 갑 제2호증 복지카드].
　다. 원고는 당시 폐와 가까운 곳에 구멍이 있어서 산소호흡기를 별도로 사용하지 않은 상태여서 약간의 활동이나 이동은 가능하나 조금만 무리하면 숨쉬기가 어려운 증상이 생겨 일상생활에 있어서 불편함은 물론이고 경제활동을 한다는 것은 상상도 할 수 없는 상태였는데, 위 수술을 받은 후 생활하던 중 목에서 피를 토하는 증상이 발생하여 가까운 병원으로 가서 진료를 받은 결과 호흡기에 문제가 있다는 진단(이하 '이 사건 상병'이라고만 합니다)을 받고 치료를 받아 왔습니다.

라. 이에 원고는 ○○대학교병원에 내원하여 진료를 받았는데, 담당의는 '기관지확장증, 폐결절우하엽, 후두암 수술후 기관절개'로 인하여 1초간 강제호기량이 9%에 불과하다는 소견 및 이로 인하여 운동 및 보행시 심한 호흡곤란이 생긴다는 원고에 대한 문진을 종합하여 '일상생활 활동능력 및 노동능력이 없'다는 판단아래 '호흡기 장애 1등급'에 해당한다는 진단을 내렸습니다(갑 제3호증 국민연금장애심사용진단서).

마. 이를 근거로 원고는 20○○. ○. ○. 피고 ○○지사에 장애연금의 지급을 청구하였으나, 동 지사는 20○○. ○. ○. 원고의 상태가 장애등급에 해당되지 않는다는 이유로 원고에게 장애연금 수급권 미해당 결정(이하 '이 사건 처분'이라고만 합니다)을 통지하였고, 원고는 그 즈음에 위 통지서를 수령하였습니다(갑 제1호증 중 결정문 1의 가,나항 참조).

2. 피고 처분의 위법성

피고는 원고의 이 사건 상병이 국민연금가입 중에 발생한 것인지 여부 및 정확한 초진인 등이 확정되지 않았고, 장애등급에도 해당되지 않는다는 이유로 이 사건 처분을 하였으나, 피고의 동 처분은 다음과 같은 이유로 위법하다 할 것입니다.

가. 장애발생시점 등에 관하여

(1) 피고는 이 사건 처분 결정서에서 이 사건 상이가 국민연금 가입 중 발생한 것인지, 정확한 초진일을 사실상 확정할 수 없다고 하더라도, 장애등급에 해당하지 않음이 명백한 경우에는 자료보완을 하지 않고 장애연금 수급권을 인정하지 않

을 수 있다고 주장하고 있습니다.

(2) 그러나 장애등급에 해당하지 않음이 '명백하지 않음'은 아래에서 보는 바와 같고, 그에 앞서 이 사건 상이가 국민연금 가입 중 발생하였는지 여부에 관하여 보면 이 사건 상이는 20○○. ○. ○. 처음으로 후두암으로 진단을 받아 같은 해 ○. ○. 관련 수술을 받은 다음 - 특별한 사정 변화가 없는 상태에서 - 그로 인하여 생긴 질환으로 봄이 타당한데, 위에서 보는바와 같이 피고는 이미 후두암 수술로 인하여 발생한 '언어장애'에 관하여 2급을 인정한 상태이므로, 연금가입기간 중 이 사건 상이가 발생한 것인지 여부에 관하여는 언어장애와 동일하게 취급하여야 할 것입니다.

또한 원고의 경우에는 수술을 한 날이 아니라 초진일을 기준으로 판단하여야 하는데(그렇지 않을 경우 초진일과 수술일의 시간적 차이로 인하여 연금지급여부가 달라지는 불합리가 발생할 수 있습니다) 원고는 19○○. ○. ○. 최초 가입한 이래 20○○. ○. ○.부터 20○○. ○. ○.까지 가입을 한 상태였고, 위 기간 중인 20○○. ○. ○.에 초진을 받아 후두암 진단을 받았으므로 이 사건 상이는 가입 중 발생한 것으로 보아야 할 것입니다(갑 제4호증 가입내역 확인).

나. 장애등급 해당여부에 관하여

(1) ○○대학교병원의 진단

원고는 ○○대학교병원에 내원하여 20○○. ○. ○. 검사를 받은 결과, ①1초시 강제호기량이 0.28(9%)로 측정되었고, ②원고는 평소 운동 및 보행시 심한 호흡곤란을 겪어왔던 점을 고려하여 호흡기 장애 1등급 진단을 받았습니다.

(2) 관련 규정

그런데 ①국민연금법 시행령 [별표 2]는 "6. 위의 제1호부터 제5호까지에 규정된 자 외의 자로서 신체의 기능이 노동불능상태이며 상시 보호가 필요한 정도의 장애가 남은 자"를 1급으로, 그 이하의 장애를 2급 내지 4급으로 각 규정하고 있고, ②'국민연금 장애심사규정'(보건복지부 고시 제 2017-30호)은 보다 상세한 기준을 제시하고 있는바, 호흡 기장애에 관하여 "부상이나 질병이 치유되지 아니하여 신체 의 기능이 노동불능상태로서 장기간의 안정과 상시 보호 또 는 감시가 필요한 정도의 장애가 있는 자 - 폐기능이나 동 맥혈산소분압이 고도이상으로 안정시에도 산소요법을 받아 야할 정도의 호흡곤란이 있는 자"를 1급으로, 그 이하는 그 상태에 따라 2~4급으로 규정하고 있습니다.

(3) 판단 방법

위 장애심사규정은 '노동불능상태 내지 신체의 기능'을 일응 의 기준으로 하면서도, 이에 덧붙여 '폐기능이나 동맥혈산소 분압'을 객관적 판단기준으로 제시하고 있습니다. 여기서 ① '폐기능'의 인정요령은 1초시 강제호기량, 폐확산능, 강제폐 활량 등의 측정치를 말하고, ② '동맥혈산소분압(PO2)'은 산 소를 흡입하지 않으면서 평상시 대기중에서 안정시에 실시한 동맥혈 가스분석의 측정치를 말합니다(장애심사규정 제6절 호흡기의 장애. 2. 인정요령. 나. 폐기능의 검사 참조).

그런데 위 장애심사규정은 '2. 인정요령'에서 '호흡기의 장 애는 호흡곤란정도, 흉부 X-선 촬영, 폐기능검사, 동맥혈가 스검사 등 객관적인 검사소견에 의하여 판정'한다고 규정하 고 있는바, 위 장애심사규정은 폐기능과 동맥혈산소분압을 동등한 판단방법으로 규정하고 있고, 무엇보다도 1초시 강 제호기량 역시 '객관적인 검사소견'의 하나로 인정하고 있음 을 알 수 있습니다. 위 규정은 이에 덧붙여 호흡기 장애 판 단기준으로 '호흡곤란정도'라는 당사자의 상태 역시 판단기 준으로 제시하고 있습니다.

그러므로 피고의 주장, 즉 '동맥혈산소분압이 객관적인 증거 이고, 1초시 강제호기량은 수검자의 상태에 따라 편차가 발 생하므로 객관적인 증거라고 볼 수 없다'는 취지의 주장은 명백히 위 규정에 배치되는 것입니다. 피고는 여러 가지 판단 요소 중 원고에게 유리한 여러 가지 요소(1초시 강제호기량, 호흡곤란정도)를 배제하고, 의도적으로 불리한 요소만을 근거로 원고의 청구를 배척한 것입니다. 오히려 원고를 진단한 ○○대학교병원 전문의는 1초시 강제호기량 및 원고의 호흡곤란정도를 종합적으로 판단하여 원고가 1급에 해당한다는 진단을 내린 것이므로 위 규정에 부합한다 할 것입니다.

원고의 장애유무 및 등급은 추후 신체감정을 통하여 입증을 하도록 하겠습니다.

3. 결론

위와 같은 사실에 비추어 보면, 피고의 이 사건 처분은 위법하다 할 것이므로, 이러한 위법한 처분의 취소를 구하기 위하여 이 건 소송을 제기하기에 이르렀습니다.

입 증 방 법

1. 갑 제1호증	심사청구 결정통지
1. 갑 제2호증	복지카드
1. 갑 제3호증	국민연금장애심사용진단서
1. 갑 제4호증	가입내역 확인

첨 부 서 류

1. 위 입증방법	각 2통
1. 국민연금 장애등급 판정기준	1통
1. 법인등기사항증명서	1통
1. 납부서	1통
1. 소장부본	1통

20○○. ○. ○.

원 고 ○ ○ ○ (서명 또는 날인)

○ ○ 행 정 법 원 귀 중

4. 재요양 불승인처분 취소

■ 청구취지

1. 피고가 ○○○○. ○○. ○○. 원고에 대하여 한 재요양 불승인처분을 취소한다.
2. 소송비용은 피고가 부담한다.
라는 판결을 구합니다.

5. 추가상병 불승인처분 취소

■ 청구취지

1. 피고가 ○○○○. ○○. ○○. 원고에 대하여 한 추가상병 불승인처분을 취소한다.
2. 소송비용은 피고가 부담한다.
라는 판결을 구합니다.

■ 소장 작성례

● 추가상병 불승인처분 취소청구의 소

소   장

원   고   ○ ○ ○(주민등록번호)
             ○○시 ○○구 ○○길 ○○ (우편번호 ○○○○○)
피   고   근로복지공단
             ○○시 ○○구 ○○길 ○○ (우편번호 ○○○○○)
             대표자 이사장 △△△

추가상병불승인처분 취소청구의 소

청 구 취 지

1. 피고가 20○○. ○. ○. 원고에 대하여 한 추가상병불승인 처분을 취소한다.
2. 소송비용은 피고의 부담으로 한다.
라는 판결을 구합니다.

청 구 원 인

1. 이 사건에 이르게 된 경위

   원고는 19○○. ○. ○. 소외 ☆☆공업(이하 '회사'라 합니다)에 생산직 직원으로 입사하여 근무하던중 19○○. ○. ○. 제관작업을 하던중 H빔이 고정되어 있다는 것을 알지 못하고 그대로 밀다가 허리에 통증을 느끼는 업무상 재해로 부상을 입고 상병명 요부염좌로 요양하던중 20○○. ○. ○. 상병명 '제4-5요추 추간판탈출증, 제5요추-제1천추 추간판탈출증, 다발성 척추강내 협착증' 등의 추가상병을 확인하여 추가상병요양신청을 하였으나 피고는 퇴행성 변화에 따라 발생한 개인질병으로 업무상재해에 해당되지 않는다는 이유로 불승인 처분하였습니다.

2. 이 사건 요양불승인 결정처분의 부당성

   가. 원고는 소외 회사에 입사하여 근무하기까지 약 25년동안 제관, 용접등의 업무를 하여왔는바, 이 사건 이전에는 허리에 아무런 이상이 없었습니다.

   나. 또한 원고가 담당한 업무는 하루종일 허리를 구부리고 하는 작업이어서 허리에 많은 부담이 가는 작업입니다.

   다. 그런데 원고의 최초요양을 행한 ◎◎정형외과에서는 치료기간 중 원고의 상병이 호전되지 않음에도 새로운 진단을 실시하지 아니하여 20○○. ○. ○.에 새로운 상병을 확인하였고 20○○. ○. ○. ◇◇병원에서 제4, 5요추추간판탈출증, 제5요추제1천추추간판탈출증 등의 진단을 받았고 같은 해 3. 2. ★★병원에서 '우측제5요추신경근증요추추간판탈출증'의 진단을 받았는데, 위 진단이 이 사건 사고 이후 곧바로 확인되었다면 보다 명확하게 원고의 업무와의 인과관계를 확인할 수 있었을 것인 바, 최초의 진단서에 이를 확인하지 못함으로서 이 사건 사고 발생당시에는 정확한 상병의 발병사실을 확인하지 못했지만 원고의 상병명은 이 사건 사고로 인하여 발생된 것입니다.

라. 원고의 상병은 이 사건 사고와 지속적인 업무상의 부담으로 위 상병명이 발병한 것이고 원고의 상병명중 퇴행성변화의 가능성도 배제할 수 없다고 하나 이 또한 원고의 업무가 기존 질병을 악화시킨 것이어서 다른 특별한 사정이 없는 한 상병 명과 업무간에는 인과관계가 있다고 할 것입니다.

3. 결론

따라서 피고가 원고에 대하여 한 이 사건 추가상병불승인결정처분 은 사실오인또는 법리오해로 잘못 처분한 것이 명백하므로 마땅히 취소되어야 할 것입니다.

입 증 방 법

1. 갑 제1호   추가상병신청에 대한 불승인결정
1. 갑 제2호증   심사결정서
1. 갑 제3호증   재결서

첨 부 서 류

1. 위 입증방법   각 1통
1. 소장부본   1통
1. 법인등기사항증명서   1통
1. 납부서   1통

2000.   0.   0.

원 고 ○ ○ ○ (서명 또는 날인)

○ ○ 행 정 법 원 귀 중

6. 공무상요양 불승인처분 취소

■ 청구취지

1. 피고가 ○○○○. ○○. ○○. 원고에 대하여 한 공무상 요양 불승인처분을 취소한다.
2. 소송비용은 피고가 부담한다.
라는 판결을 구합니다.

7. 장해등급 결정처분 취소

■ 청구취지

1. 피고가 ○○○○. ○○. ○○. 원고에 대하여 한 장해등급결정처분을 취소한다.
2. 소송비용은 피고가 부담한다.
라는 판결을 구합니다.

■ 소장 작성례

① 장해등급 결정처분 취소청구의 소(운전기사)

소　　　　　장

원　고　　○　○　○(주민등록번호)
　　　　　○○시 ○○구 ○○길 ○○ (우편번호 ○○○○○)
피　고　　근로복지공단
　　　　　　○○시 ○○구 ○○길 ○○ (우편번호 ○○○○○)
　　　　　대표자 이사장 △ △ △

장해등급결정처분 취소청구의 소

청　구　취　지

1. 피고가 20○○. ○. ○. 원고에게 한 산업재해보상보험법에 따른 장해등급 5급 8호 결정처분을 취소한다.
2. 소송비용은 피고의 부담으로 한다.
라는 판결을 구합니다.

청　구　원　인

1. 장해등급결정처분의 경위 및 내용
　가. 원고는 소외 ☆☆☆관광 주식회사 소속 운전사로 근무하던 중 20○○. ○. ○. 업무상과로로 "뇌실질내혈종, 뇌실내출혈"이 발생하여 20○○. ○. ○.부터 ○○시 ○○구 ○○길 ○○소재 ◎◎◎병원에서 입원치료를 받고 20○○. ○. ○. 치료 종결한 후 피고에게 장해보상청구를 하였습니다.
　나. 이에 피고는 20○○. ○. ○. 원고가 뇌출혈 후유증으로 인한 신경 및 정신기능에 뚜렷한 장해가 남아 정상 평균인의 1/4 정도의 노동능력 밖에 없다는 이유로 산업재해보상보험법 시행

령 별표 6 신체장해 등급 제 5급 8호(신경계통의 기능 또는 정신기능에 뚜렷한 장해가 남아 특별히 손쉬운 노무외에는 종사할 수 없는 사람)로 결정처분하였습니다.

2. 장해등급처분의 부당성

가. 원고는 위 요양기간동안 뇌출혈로 인한 응급혈종 제거수술 및 뇌대사 개선을 위한 치료를 받았고 그 기간동안 계속적으로 의복 착탈의, 배변, 장소이동시 수시로 개호를 필요로 하였습니다. 그리고 요양 종결시 원고의 담당의사의 장해 소견은 "두통, 지적능력 감소, 심한 좌반신 마비로 인한 보행장해로 수시 개호가 필요한 상태"라는 것이었고, 향후 장해 상태에 대한 의견은 "노동능력이 없으며, 일상생활에도 제한이 있음"이었습니다.

나. 그리고 피고의 원고에 대한 특진의뢰에 따른 2000. ○. ○. 자 ○○○대학교성빈센트병원의 회신도 "좌반신 강직성부전마비, 좌 심부건반사 항진, 우시상부에 뇌출혈로 보이는 뇌연화 소견이 있고 뇌파검사상 이상 뇌파의 소견을 보임"이라고 되어 있어 요양 종결시 담당의사의 견해와 별 차이가 없습니다.

다. 원고는 지금도 좌반신 마비로 인하여 좌측 팔, 다리등 신체의 좌측 부분은 전혀 사용이 불가능하여 보행이 불가능함은 물론 혼자서는 일어 설 수도 없으므로 휠체어에 타고 내리는 것, 의복 착탈의, 배변, 목욕등 일상생활을 영위하는데 수시로 타인의 도움이 필요한 상태라서 원고의 가족들이 교대로 원고를 개호하고 있습니다.

또한 원고는 기억력 장해와 지적능력 저하, 언어 장해, 성기능 상실, 좌측 시력 및 청력저하 등의 장해도 있습니다.

라. 따라서 원고는 노동능력이 전혀 없고 일상생활의 처리동작에 수시로 개호를 요하는 상태라 할 것이므로 원고에게 개호인이 필요 없고 원고의 노동능력이 25 % 잔존함을 전제로 한 피고의 장해등급결정처분은 부당하다 할 것이고, 원고는 산업재해보상보험법 시행령 별표 6 신체장해등급 제 2급 5호 "신경계통의 기능 또는 정신기능에 뚜렷한 장해가 남아 수시로 개호

를 받아야 하는 사람" 에 해당한다고 할 것입니다.

마. 그리고 한 팔을 영구적으로 사용하지 못하게 된 사람은 위 신체장해등급 제 5급 제 4호, 한 다리를 영구적으로 사용하지 못하게 된 사람은 위 신체장해등급 제 5 급 제 5 호에 해당되므로 원고는 한 팔과 한 다리를 영구적으로 사용하지 못하는 사람으로서 위 제 5급 제 4, 5 호 중복장해에 해당한다고 할 것이므로 중복장해시의 조정규정인 위 시행령 제 53조 제 2항 제 1호의 규정에 의해 장해등급을 3개 등급 인상하면 원고는 제 2급 상당의 신체 장해에 해당된다고 볼 수 있습니다.

바. 이에 원고는 피고의 장해등급결정처분에 불복하여 피고에게 심사청구를 하였으나 20○○. ○. ○. 자 20○○심사결정 제 ○○○호로 심사청구가 기각되었고, 이에 대하여 산업재해보상보험심사회에 재심사청구를 하였으나 20○○. ○. ○.자 20○○재결 제 ○○○호로 재심사청구가 기각되었으며 동 재결은 20○○. ○. ○.경 원고에게 송달되었습니다.

3. 결 론

위와 같이 원고의 이 건 업무상 재해로 인한 후유장해는 위 신체장해등급 제 2 급 5호에 해당하는 장해가 명백하므로 피고가 20○○. ○. ○.자로 원고에 대하여 행한 위 신체장해등급 5급 8호 결정처분은 위법한 처분으로 취소됨이 마땅하므로 그 취소를 구하기 위하여 이 건 소제기에 이르렀습니다.

입 증 방 법

1. 갑 제1호증의 1, 2	재결서 정본 송부 공문 및 재결서 정본
1. 갑 제2호증의 1, 2	심사결정서 송부 공문 및 심사결정서 사본
1. 갑 제3호증	장해진단서
1. 갑 제4호증	장해보상청구서
1. 갑 제5호증	요양.보험급여결정통지서

1. 갑 제6호증   진찰의뢰에 대한 회신
1. 갑 제7호증의 1, 2   피재근로자에 대한
                 의학적소견조회 및 결과
1. 갑 제8호증의 1 내지 5   각 원고 사진
1. 갑 제9호증   장애인수첩

첨 부 서 류

1. 위 입증방법   각 1통
1. 피고 법인등기사항증명서   1통
1. 소장부본   1통
1. 납부서   1통

                  20○○. ○. ○.
        위 원고 ○ ○ ○ (서명 또는 날인)

        ○ ○ 행 정 법 원   귀 중

② 장해등급 결정처분 취소청구의 소(산업현장근로자)

소　　　　장

원　고　○　○　○(주민등록번호)

　　　　　○○시 ○○구 ○○길 ○○ (우편번호 ○○○○○)

피　고　근로복지공단

　　　　　○○시 ○○구 ○○길 ○○ (우편번호 ○○○○○)

　　　　　대표자 이사장 △△△

장애등급결정처분 취소청구의 소

청　구　취　지

1. 피고가 20○○. ○. ○.에 원고에 대하여 한 장해등급결정처분을 취소한다.
2. 소송비용은 피고의 부담으로 한다.

라는 판결을 구합니다.

청　구　원　인

1. 원고는 소외 □□철강주식회사의 현장에서 근무 중 20XX. X. X.에 한 손의 엄지손가락과 둘째손가락을 상실하는 업무상 재해를 입었으나 이는 제7급 6호의 장해등급에 해당됨에도 불구하고 제8급 3호의 장해등급에 해당한다는 결정　처분하였습니다(산업재해보상보험법 제57조 제2항, 산업재해보상보험법 시행령 제53조 및 별표 6 각 참조).
2. 이에 원고는 한 손의 엄지손가락을 포함하여 2개의 손가락을 상실한 자와 둘째손가락을 상실한 자는 구별이 되어야 함에도 이를 간과한 점을 들어 제8급 3호의 장해등급 결정처분을 취소하고자 이건 청구에 이른 것입니다.

입　증　방　법

　　　1. 갑 제1호증　　　　　　　결정서 등본

첨 부 서 류

1. 위 입증방법   1통
1. 소장부본   1통
1. 납 부 서   1통

2000.   ○.   ○.

원   고   ○   ○   ○   (서명 또는 날인)

○ ○ 행 정 법 원   귀중

③ 장해등급 결정처분 취소청구의 소(공공근로자)

소　　　　장

원　고　　○　○　○(주민등록번호)

　　　　　○○시 ○○구 ○○길 ○○ (우편번호 ○○○○○)

피　고　　근로복지공단

　　　　　○○시 ○○구 ○○길 ○○ (우편번호 ○○○○○)

　　　　　대표자 이사장 △ △ △

장해등급결정처분 취소청구의 소

청 구 취 지

1. 피고가 20○○. ○. ○. 원고에 대하여 한 장애등급결정처분을 취소한다.
2. 소송비용은 피고의 부담으로 한다.

라는 판결을 구합니다.

청 구 원 인

1. 이 사건 처분의 경위 및 전심절차의 경유
   (1) 원고가 20○○. ○. ○. ☆☆청 소속 공공근로자로 근로하던 중 재해가 발생하여 상병명 뇌동맥류파열, 지주막하뇌출혈 등으로 약 1년 동안 요양하다 치료 종결하고 장해보상청구를 하였으나 20○○. ○. ○. 근로복지공단 서울북부지사에서 장해등급 제5급 8호를 결정하였습니다.
   (2) 그리하여 원고는 산업재해보상보험심사위원회에 이에 불복하여 재심사를 청구하였으나 20○○. ○. ○. 이를 기각하는 재결이 있었습니다. (갑 제1호증)
2. 원고의 장해상태에 대한 의학적 소견 및 현재상태
   (1) 원고의 장해상태에 대한 국립의료원 담당의사 강□□의 장해진단서에 의하면 원고는 상병명 뇌동맥류파열, 지주막하뇌출혈

등으로 20○○. ○. ○. 뇌출혈 및 뇌동맥류 결찰술을 시행받으나 치료종결당시 장해상태는 "의식은 명료하나 판단력 저하, 행동의 퇴행소견을 보임. 상기환자는 향후 노동은 불가할 것으로 사료됨."으로 진단하고 있습니다.

(2) 원고는 뇌손상으로 인한 신경계통의 기능 또는 정신기능에 뚜렷한 장해가 남아 운동기능장해로 인하여 혼자서 보행이 곤란하여 화장실 등에 갈 때면 다른 사람의 부축을 받아야 하며 고도의 기억력 장해로 인한 실인, 실행, 실어의 행동을 보이며 감정둔마, 의욕감퇴 등의 인격변화현상이 나타나고 있습니다. 또한 시력도 저하되어 밤에는 전혀 볼 수 없을 정도의 야맹증이 생겼으며 후각도 냄새조차 분별하지 못하는 무감각상태입니다.

그리하여 현 상태로는 전혀 노무수행을 할 수 없는 상태입니다.

(3) 따라서 장해상태에 대한 국립의료원 담당의사 강□□의 의학적 소견 및 원고의 현재상태를 토대로 산업재해보상보험법 제57조 및 동법 시행령 제53조 규정에 의거 원고의 장해등급을 산정하여 보면 원고는 "신경계통의 기능 또는 정신기능에 뚜렷한 장해가 남아 평생 동안 노무에 종사할 수 없는 사람"에 해당되어 장해등급 제3급 제3호에 해당됩니다.

3. 처분의 위법성 등

(1) 뇌손상으로 인한 신경계통 및 정신기능의 장해상태는 수시로 변동되기 때문에 장기간에 걸친 치료 및 관찰로 그 장해상태를 파악하는 것이 정확한 것입니다. 따라서 원고를 1년 동안 치료하고 관찰한 주치의 의학적 소견이 제일 정확하다고 하겠습니다. 그럼에도 불구하고 근로복지공단은 주치의 의학적 소견을 무시하고 동 기관의 자문의의 5분도 안되는 원고의 면담결과의 자문소견만을 가지고 원고의 장해등급을 결정한 것은 위법한 결정이라고 하겠습니다.

(2) 원고의 장해상태에 대하여 주치의의 의학적 소견과 근로복지기관의 자문의의 자문소견이 다를 때에는 제3 의료기관에 특진 등을 의뢰하여 그 결과에 따라 보다 신중하게 장해등급을 결

정하여야 함에도 이러한 절차없이 동기관 자문의의 소견만을 가지고 원고의 장해등급을 결정한 것은 위법한 결정이라고 하겠습니다.

(3) 원고의 잔존 장해가 산업재해보상보험법 시행령 별표 6 장해등급의 기준상의 장해등급 제5급 제8호에 해당되는지 아니면 보다 상위등급(제3급 3호)에 해당되는 장해인지에 대하여 처분청이나 재결청이 장해등급 제3급 제3호에 대한 해석 기준으로 삼고 있는 〈장해등급 판정기준〉은 행정청 내부의 사무처리준칙에 불과하여 법규로서의 효력이 없으므로 당해 처분의 적법여부는 위 〈장해등급 판정기준〉에 적합한 것인가의 여부에 따라 판단할 것이 아니고 산업재해보상보험법 제57조와 동법 시행령 제53조의 각 규정 및 취지에 적합한 것인가의 여부에 따라 판단하여야 합니다. (대법원 1995. 3. 15. 94누12982판결 등) 장해등급 제5급 제8호(신경계통의 기능 또는 정신기능에 뚜렷한 장해가 남아 특별히 손쉬운 노무 외에는 종사할 수 없는 사람)와 상위등급 제3급 제3호(신경계통의 기능 또는 정신기능에 뚜렷한 장해가 남아 일생동안 노무에 종사할 수 없는 사람)의 차이는 손쉬운 노무에라도 종사할 수 있는지 여부에 달려 있다고 보여지는바, 원고는 운동기능장해로 인하여 혼자서 보행이 곤란하여 화장실 등에 갈 때 타인의 도움을 받아야 하고, 고도의 기억력 장해로 인한 실언, 실행, 실어의 행동을 보이며, 감정둔마, 의욕감퇴 등의 인격변화 현상이 나타나고 있고, 시력이 저하되어 밤에는 전혀 볼 수 없을 정도의 야맹증이 생겼으며, 후각 등 냄새조차 분별하지 못하는 무감각상태이고 장기기억력, 주의집중능력, 수리적 계산능력, 언어적 이해력 등은 심하게 손상이 되어 있으므로 현재로서는 전혀 노무를 수행할 수 없는 상태라고 보여지므로 피고의 결정은 위법한 것입니다.

(4) 가사 장해등급 제3급 3호의 해석을 피고의 내부기준인 〈장해등급 판정기준〉에 의한다 하더라도 "사지마비, 감각이상, 추체외로증상, 실어 등의 이른바 대뇌소증상, 인격변화 또는 기억

장해 등이 고도인 경우"에는 장해등급 제3급 제3호에 해당된다고 해석되는 바, 원고에게는 현재 감각이상과 실어 등의 이른바 대뇌소증상, 인격변화 또는 기억장해 등은 나타나고 있으므로 그 증상이 고도인 경우에 해당한다고 볼 수 있으므로 피고의 처분은 위법한 것이라고 할 수 있습니다.

4. 결 어

위와 같이 사정을 고려하면 원고는 장해상태는 장해등급 제3급 제3호에 해당한다고 볼 수 있으므로 피고의 처분은 위와 같은 점을 고려하지 않은 위법한 처분이라고 할 수 있으므로 이를 취소하여 원고가 정당한 장해등급을 판정받을 수 있게 하여 주시기 바랍니다.

입 증 방 법

1. 갑제 1호증　　　　　　　　　　　　　재결
1. 갑제 2호증의 1 내지 3　　　　　각 진단서
1. 갑제 3호증　　　　　심리학적 평가보고서
1. 갑제 4호증　　　　　보험급여결정통지서

첨 부 서 류

1. 위 입증방법　　　　　　　　　　각 1통
1. 소장부본　　　　　　　　　　　　1통
1. 납 부 서　　　　　　　　　　　　1통

　　　　　　　　　　　　　　20○○.　○.　○.

　　　　　　위 원고 ○　○　○(서명 또는 날인)

○ ○ 행 정 법 원　귀중

④ 장해등급 결정처분 취소청구의 소(현장근로자)

소 장

원 고   ○○○(주민등록번호)
　　　　○○시 ○○구 ○○길 ○○(우편번호 ○○○○○)
　　　　전화·휴대폰번호:
　　　　팩스번호, 전자우편(e-mail)주소:
피 고   근로복지공단
　　　　○○시 ○○구 ○○길 ○○(우편번호 ○○○○○)
　　　　대표자 이사장 □□□

장해등급결정처분 취소청구의 소

청 구 취 지

1. 피고가 20○○. ○. ○.에 원고에 대하여 행한 산업재해보상보험법
   에 의한 장해등급 제12급 12호의 결정처분은 이를 취소한다.
2. 소송비용은 피고의 부담으로 한다.
라는 판결을 구합니다.

청 구 원 인

1. 원고는 소외 ◇◇실업주식회사의 ○○지구현장에서 근무 중 20○
   ○. ○. ○○.에 업무상재해를 입고 상병명 1)뇌좌상, 2)고막파열,
   3)경막상혈종, 4)두개기저부골절, 5)선산두개골골절상을 입고 요양
   가료 후 20○○. ○○. ○○.에 치료종결하고 ▽▽신경외과의원에서
   발급한 장해진단서로 장해보상을 청구하였던 바, 결정기관은 "국부
   에 신경증상이 남은 사람"인 장해등급 제14급 9호로 결정처분하였
   습니다.
2. 이에 원고는 장해등급 제3급 3호에 속한다는 내용으로 제14급 9
   호의 결정처분은 부당하다는 내용으로 피고에게 심사청구를 하였습
   니다.

---

3. 피고는 심사한 바, "두통, 현훈, 기억력감퇴 등이 지속되며 국소 신경증상이 잔존한 상태"의 소견과 "개두술흔이 있고 경미한 뇌실확장 등이 보임. 제12급이 타당할 것으로 봄"이라는 소견으로 "국부에 완고한 신경증상이 남은 사람"인 장해등급 제12급 12호에 해당된다며 원처분을 취소하였습니다.

4. 그러나 원고는 현재 이 사건 사고로 인하여 신경 외과적 상해로 인하여 제3급 3호인 "정신에 현저하게 장해를 남겨 종신 노무에 종사할 수 없는 상태"이며 또한 청력상실과 안구이상으로 인하여 안구운동장해 및 시력감퇴가 심하게 나타나고 있는 바, 이를 장해등급의 병급의 방식에 따르면 1급의 장해에 해당된다고 할 것입니다.

5. 피고는 정당한 이유 없이 원고에 대하여 재감정을 하지 않고 최초 감정시의 장해내용 및 관련자료 만을 가지고 12급 12호로 결정하였는 바, 원고의 상태에 비하면 산업재해보상보험법 및 동 시행령을, 무시한 결정이라 할 것이며, 따라서 피고의 결정처분 역시 위법하므로 청구취지와 같은 판결을 바라옵고 신체감정에 따라 결정되기를 바라와 본소에 이른 것입니다.

입 증 방 법

1. 갑 제1호증	심사결정서송부공문
1. 갑 제2호증	결정서등본
1. 갑 제3호증	주민등록등본

첨 부 서 류

1. 위 입증방법	각 1통
1. 소장부본	1통
1. 송달료납부서	1통

20○○. ○. ○.

위 원고 ○ ○ ○ (서명 또는 날인)

○○행정법원 귀중

⑤ **준비서면(장해등급처분 취소)**

준 비 서 면

사   건   20○○구 ○○○호   장해등급처분취소
원   고   ○ ○ ○
피   고   근로복지공단

위 사건에 관하여 원고는 다음과 같이 변론합니다.

다   음

1. 이 사건 처분의 경위 및 전심절차 경유
   (1) 원고가 20○○. ○. ○. ☆☆청 청량리 사무소 소속 공공근로 자로 근로하던 중 재해가 발생하여 상병명 뇌동맥류파열, 지주 막하뇌출혈 등으로 약 1년 동안 요양하다 치료 종결하고 장해 보상청구를 하였으나 20○○. ○. ○. 근로복지공단 서울북부 지사에서 장해등급 제5급 8호로 결정하였습니다.
   (2) 그리하여 원고는 산업재해보상보험심사위원회에 이에 불복하여 재심사를 청구하였으나 20○○. ○. ○. 이를 기각하는 재결이 있었고 이 재결 결정문이 20○○. ○. ○. 원고에게 송달되었 습니다.

2. 이 사건 재해의 경위
   (1) 원고는 서울 망우역 부근에서 철길 근처에서 08:30에 출근하 여 17:30까지 근무를 해야 하며 그 곳에서 잡초도 정리하고 자갈을 고르는 등의 공공근로를 하는데 작업하는 장소에는 그 늘이 없고 마땅한 휴식 공간이 없을 뿐더러 휴식 시간도 따로 정해지지 않았으며 당시는 여름의 무더운 기운이 남아 있던 터라 작업을 하는 철로의 주위는 철로의 영향으로 주변의 기 온이 40~45℃ 정도이어서 작업을 하기에 무척 힘든 상황이었 는데 더구나 피고인은 공공근로작업반에서 반장의 역할을 맡고 있어서 하루 일정량의 작업을 마쳐야 하는 상황이었으므로 반

장 밑에서 일하는 15~16명 작업자들보다 2~3배 정도는 더 열심히 일해야 했습니다.

(2) 그러다가 원고는 20○○. ○. ○. 14:00경에서 15:00경 사이에 서울 망우역 부근에서 작업을 하는 중 그 동안의 과도한 업무와 일정량의 작업을 마쳐야 하는 스트레스로 인하여 작업 도중 작업 현장에서 쓰러지게 된 것입니다. 이 시각의 철로 주변의 온도는 52℃까지 이르는 등 작업하기에는 무척 힘든 상황이었습니다. (갑 제5호증 진술서 참고)

(3) 결국 원고는 열악한 작업 환경, 과도한 업무, 반장으로서의 작업량 달성을 이루어야 한다는 스트레스 등으로 인하여 작업 도중 이 사건과 같은 업무상 재해를 입게 된 것입니다.

3. 신체감정의 신청

원고와 피고 간의 주된 쟁점이 이 사건 원고에 대한 장해등급이 3급 제3호에 해당하느냐, 5급 제8호에 해당하느냐는 것이므로 이에 대한 정확한 판단을 위하여 원고에 대한 신체감정이 필요하다고 사료되오니 신체감정을 신청합니다.

입 증 방 법

1. 갑 제5호증   진술서

첨 부 서 류

1. 위 입증방법
1. 준비서면 부본
1. 서증인부서
1. 신체감정신청서

20○○.　○.　○.

위 원고　○ ○ ○ (서명 또는 날인)

○ ○ 행 정 법 원 행정○단독 귀중

8. 요양연기 불승인처분 취소

■ 청구취지

1. 피고가 ○○○○. ○○. ○○. 원고에 대하여 한 요양연기 불승인처분을 취소한다.
2. 소송비용은 피고가 부담한다.
라는 판결을 구합니다.

9. 평균임금 결정처분 취소

■ 청구취지

1. 피고가 ○○○○. ○○. ○○. 원고에 대하여 한 평균임금 결정처분을 취소한다.
2. 소송비용은 피고가 부담한다.
라는 판결을 구합니다.

■ 소장 작성례

● 평균임금 결정처분 취소청구의 소

소   장

원   고   ○ ○ ○(주민등록번호)
　　　　　　○○시 ○○구 ○○길 ○○ (우편번호 ○○○○○)
피   고   근로복지공단
　　　　　　○○시 ○○구 ○○길 ○○ (우편번호 ○○○○○)
　　　　　　대표자 이사장 △△△

평균임금 결정처분 취소청구

청 구 취 지

1. 피고가 20○○. ○. ○. 원고에 대하여 한 평균임금 결정처분을 취소한다.
2. 소송비용은 피고의 부담으로 한다.
라는 판결을 구합니다.

청 구 원 인

1. 처분의 경위
　가. 원고는 20○○. ○. ○. 소외 합자회사 ☆☆☆콜택시회사(이하 소외 회사라고만 합니다)에 입사하여 영업용 택시기사로 근무하던 중 20○○. ○. ○. 업무상재해를 당하여 산재요양을 하면서 20○○. ○. ○. 피고에게 휴업급여청구를 하였습니다.
　나. 이에 피고는 원고의 운송수입금 중 사납금을 공제한 수입금을 평균임금 산정에서 제외하고 고정적으로 지급되는 통상월급만을 산입하는 방법으로 원고의 평균임금을 금○○○원으로 결정하여 20○○. ○. ○. 치료종결시까지 총 ○○○원의 휴업급여를 지급하였습니다.

다. 위 결정에 대하여 원고는 피고에게 소외회사에 납입하는 사납금을 제외한 개인별 초과 운송수입금도 평균임금산정에 포함시켜 달라는 취지의 심사청구를 하였으나 피고는 20○○. ○. ○. 이를 기각하였습니다(갑제1호증의 1, 2:심사결정서, 갑제2호증:장애인증명서 사본).

2. 처분의 적법여부

가. 원고가 소속된 소외회사는 원고를 포함한 소속 운전사들로부터 하루의 운송수입금 중 일정액(운행하는 차종에 따라 일일 금 ○○○원과 금 ○○○원)을 사납금으로 납입 받고, 이를 재원으로 하여 매월 일정액을 기본급 등 명목으로 소속 운전사들에게 지급하여 왔습니다.

나. 원고를 포함한 소외 회사의 운전사들은 위 사납금을 제외한 나머지 운송수입금을 소외 회사에 납부하지 아니하였고, 회사에서도 그 납부를 요구하지도 아니하여 이는 사실상 운전사 개인 수입으로 하여 자유로운 처분에 맡겨져 왔고, 이 사건 재해 당시 소외 회사의 택시운전사들은 사납금을 제외한 운송수입금으로 월 평균 금 ○○○원 내외의 수입금을 개인의 수입으로 하고 있었습니다(갑제3호증 : 가계부, 갑제4호증의 1 내지 6 : 각 확인서).

다. 일반적으로 운송회사가 그 소속 택시운전사들에게 매월 실제 근로일수에 따른 일정액의 급료를 지급하는 외에 하루 운송수입금에게 사납금을 공제한 나머지 수입금을 운전사 개인의 수입으로 하여 자유로운 처분에 맡겨 온 경우에는 운전사 개인의 수입으로 되는 위 사납금을 공제한 나머지 부분은 영업용 택시운전사의 근로형태의 특수성과 계산의 편의 등을 고려하여 근로의 대가를 지급한 것이라고 할 것이어서 이 역시 임금에 해당하므로 산업재해보상보험법상 보험급여의 기준이 되는 평균임금을 산정함에 있어서는 위 사납금을 공제한 나머지 수입금 역시 이에 포함되어야 할 것입니다.

라. 결국 피고가 원고의 개인 수입으로 된 운송수입 부분을 임금

에 포함시키지 아니한 채 원고의 소외 회사로부터 직접 지급 받은 급료만을 기초로 하여 평균임금을 산정한 다음 이를 기준으로 하여 휴업급여 등 보험급여를 지급한 이 사건 처분은 위법한 처분으로 취소되어야 한다고 판단되어 이 사건 청구에 이르게 된 것입니다.

입 증 방 법

1. 갑 제1호증의 1	심사결정서 표지
1. 갑 제1호증의 2	심사결정서
1. 갑 제2호증	장애인증명서 사본
1. 갑 제3호증	가계부
1. 갑 제4호증의 1 내지 6	확인서

첨 부 서 류

1. 위 입증방법	각 1통
1. 법인등기사항증명서	1통
1. 소장부본	1통
1. 납부서	1통

20○○. ○. ○.

위 원 고 ○ ○ ○ (서명 또는 날인)

○ ○ 행 정 법 원   귀 중

10. 평균임금정정 불승인등 처분 취소

■ 청구취지

1. 피고가 ○○○○. ○○. ○○. 원고에 대하여 한 평균임금정정 불승인 및
   보험급여차액 부지급처분을 취소한다.
2. 소송비용은 피고가 부담한다.
라는 판결을 구합니다.

11. 장해급여 부지급처분 취소

■ 청구취지

1. 피고가 ○○○○. ○○. ○○. 원고에 대하여 한 장해급여 부지급처분을
   취소한다.
2. 소송비용은 피고가 부담한다.
라는 판결을 구합니다.

12. 휴업급여 부지급처분 취소

■ 청구취지

1. 피고가 ○○○○. ○○. ○○. 원고에 대하여 한 휴업급여 부지급처분을
   취소한다.
2. 소송비용은 피고가 부담한다.
라는 판결을 구합니다.

13. 요양급여 불승인처분 취소

■ 청구취지

1. 피고가 ○○○○. ○○. ○○. 원고에 대하여 한 요양급여 불승인처분은 이를 취소한다.
2. 소송비용은 피고가 부담한다.
라는 판결을 구합니다.

① 요양급여 불승인처분 취소청구의 소(근로자)

소　　　　장

원　고　○　○　○(주민등록번호)
　　　　○○시 ○○구 ○○길 ○○ (우편번호 ○○○○○)
피　고　근로복지공단
　　　　○○시 ○○구 ○○길 ○○ (우편번호 ○○○○○)
　　　　대표자 이사장 △△△

요양급여불승인처분취소 청구의 소

청　구　취　지

1. 피고가 20○○. ○. ○. 원고에 대하여 한 요양급여 불승인 처분은 이를 취소한다.
2. 소송비용은 피고의 부담으로 한다.
라는 판결을 구합니다.

청　구　원　인

1. 당사자 관계
　원고는 소외 ☆☆버스 주식회사에 소속되어 근무해온 자로서 20○○. ○. ○. 위 회사에서 실시하는 정기건강 진단을 받고 옷을 갈아

입다가 쓰러져 재해를 입은 자이고 소외 ☆☆버스 주식회사는 피고
가 관리하는 산업재해보상보험에 가입하였습니다.

2. 전심절차

원고는 피고의 △△북부지사에 요양급여를 청구하는 등 전심절차를
적법하게 이행하여 재결서를 20○○. ○. ○. 자로 수령하였습니다.

3. 보상책임

(1) 원고는 19○○년도에 위 회사의 모체인 ☆☆버스 번영회에 입
사하여 근무해오다가 위 회사가 법인으로 바뀌고 나서 원고는
20○○. ○. ○. 위 마을버스 주식회사에 재입사형식을 취하였
는데 원고가 담당해 온 일은 버스세차 및 주차장 주변청소 등
으로서 20○○. ○. ○. 16:40경 위 회사에서 실시하는 정기건
강진단을 받고 옷을 갈아입다가 쓰러져 ★★신경외과에서 입원
치료를 받고 ○○대학교 의과대학 부속병원으로 옮겨 입원치료
를 해왔으나 더 이상 호전되지 않아 20○○. ○. ○. 퇴원하여
집에서 요양 중에 있습니다.

(2) 위 병원에서 진단된 원고의 병명은 고혈압성 뇌출혈, 뇌기저핵
혈증(우), 좌반신마비, 뇌동맥경화증으로서, 원고의 근무기간은
08:00부터 18:00까지 였는데 오전 시간은 회사내 주차장 등
청소와 버스세차 등으로 일이 집중되고 원고 혼자서 감당하기
에는 무리였으므로 오전시간에는 과로하였던 것이고 특히 위
회사의 대표이사가 김□□으로 바뀌면서 위 김□□의 성격이
까다로워서 직원들이 근무하기 힘들어했고 나이든 원고는 해고
의 불안감에 스트레스를 받아왔던 것입니다.

(3) 또한 피고의 재결서에도 명시된 바와 같이 요양신청서상 주치
의는 원고 병명의 업무상 인과관계 여부에 대하여 과로 및 근
무중 스트레스 등에 의해 갑작스런 혈압상승에 의한 출혈을
일으켰다고 사료됨으로 되어 있습니다.

4. 결 론

(1) 대법원은 재해가 업무와 직접 관련이 없는 기존의 질병이라도
업무상 질병과 겹쳐서 질병을 악화시킨 경우에도 재해와 업무

간의 인과관계를 인정하고 있으며, 평소에 정상적인 근무가 가능한 질병이 업무의 과중으로 악화된 경우도 포함한다고 하고 있습니다. 또한, 기존질병과 업무간에 직접적인 관련이 없다고 하더라도 업무상 과로로 인하여 악화된 경우에는 업무상 재해에 해당한다는 점을 분명히 밝히고 있습니다.

(2) 따라서 원고의 재해는 위와 같이 누적된 업무상의 과로와 스트레스에 기인한 것으로 업무와 상당인과관계가 있음이 명백하므로, 피고가 원고의 재해는 기존질환으로 판단될 뿐 업무상 질병으로 인정할 만한 의학적 소견이 없다는 이유로 원고의 요양급여청구를 불승인한 처분은 위법 부당한 처분이므로 마땅히 취소되어야 할 것입니다.

입 증 방 법

1. 갑 제1호증	진단서
1. 갑 제2호증	재결서

첨 부 서 류

1. 위 입증방법	각 1통
1. 소장부본	1통
1. 납 부 서	1통

20○○. ○. ○.

위 원고 ○ ○ ○ (서명 또는 날인)

○ ○ 행 정 법 원 귀 중

② 요양급여 불승인처분 취소청구의 소(마을버스 기사)

소　　장

원　　고　　○○○(주민등록번호)

　　　　　　○○시 ○○구 ○○길 ○○(우편번호 ○○○○○)

　　　　　　전화·휴대폰번호:

　　　　　　팩스번호, 전자우편(e-mail)주소:

피　　고　　근로복지공단

　　　　　　○○시 ○○구 ○○길 ○○(우편번호 ○○○○○)

　　　　　　대표자 이사장 □□□

요양급여불승인처분 취소청구의 소

청　구　취　지

1. 피고의 원고에 대한 요양급여불승인처분은 이를 취소한다.
2. 소송비용은 피고의 부담으로 한다.

라는 판결을 구합니다.

청　구　원　인

1. 당사자 관계

　　원고는 소외 마을버스 주식회사에 소속되어 근무해온 자로서 20○
　　○. ○○. ○○. 위 회사에서 실시하는 정기건강 진단을 받고 옷을
　　갈아입다가 쓰러져 재해를 입은 자이고, 소외 마을버스 주식회사는
　　피고가 관리하는 산업재해보상보험에 가입하였습니다.

2. 전심절차

　　원고는 피고의 서울 ●●지사에 요양급여를 청구하는 등 전심절차
　　를 적법하게 이행하여 재결서를 20○○. ○○. ○○. 자로 수령하였
　　습니다.

3. 보상책임

---

(1) 원고는 19○○년도에 위 회사의 모체인 마을버스 번영회에 입사하여 근무해오다가 위 회사가 법인으로 바뀌고 나서, 원고는 20○○. ○○. ○○. 위 마을버스 주식회사에 재 입사 형식을 취하였는데, 원고가 담당해온 일은 버스세차 및 주차장 주변 청소 등으로서 20○○. ○○. ○○.경 위 회사에서 실시하는 정기건강진단을 받고 옷을 갈아입다가 쓰러져, ◆◆신경외과에서 입원치료를 받고 △△대 의과대학 부속병원인 △△의료원으로 옮겨 입원치료를 해왔으나, 더 이상 호전되지 않아 20○○. ○○. ○○. 퇴원하여 집에서 요양 중에 있습니다.

(2) 위 병원에서 진단된 원고의 병명은 고혈압성 뇌출혈, 뇌기저핵혈증(우), 좌반신마비, 뇌동맥경화증으로서, 원고의 근무시간은 ○○:○○부터 ○○:○○까지 였는데, 오전시간은 회사내 주차장 등 청소와 버스세차 등으로 일이 집중되어 원고 혼자서 감당하기에는 무리였으므로 오전시간에는 과로하였던 것이고, 특히 위 회사의 대표이사가 □□□으로 바뀌면서 위 □□□의 성격이 까다로와서 직원들이 근무하기 힘들어하였고, 나이 든 원고는 해고될지도 모른다는 불안감에 스트레스를 받아왔던 것입니다.

(3) 또한 피고의 재결서에도 명시된 바와 같이 요양신청서상 주치의는 원고의 병명의 업무상 인과관계여부에 대하여 과로 및 근무중 스트레스 등에 의해 갑작스런 혈압상승에 의한 출혈을 일으켰다고 사료됨으로 되어 있습니다.

4. 결론

(1) 대법원은 재해가 업무와 직접 관련이 없는 기존의 질병이라도 업무상 질병과 겹쳐서 질병을 악화시킨 경우에도 재해와 업무간의 인과관계를 인정하고 있으며, 평소에 정상적인 근무가 가능한 질병이 업무의 과중으로 악화된 경우도 포함된다고 하고 있습니다. 또한, 기존질병과 업무간에 직접적인 관련이 없었다고 하더라도 업무상 과로로 인하여 악화된 경우에는 업무상재해에 해당된다는 점을 분명히 밝히고 있는 것입니다.

(2) 따라서 원고의 재해는 위와 같이 누적된 업무상과로와 스트레스에 기인한 것으로 업무와 상당인과 관계가 있음이 명백한 것이므로, 피고가 원고의 재해는 기존질환으로 판단될 뿐 업무상 질병으로 인정할만한 의학적 소견이 없다는 이유로 원고의 요양급여청구를 불승인한 처분은 위법 부당한 처분이므로, 마땅히 취소되어져야 할 것입니다.

입 증 방 법

1. 갑 제1호증　　　　　　　　　　진단서
1. 갑 제2호증　　　　　　　　　　재결서
1. 갑 제3호증　　　　　　　　주민등록등본

첨 부 서 류

1. 위 입증방법　　　　　　　　　각 1통
1. 소장부본　　　　　　　　　　　1통
1. 송달료납부서　　　　　　　　　1통

20○○.　　○.　　○.

위 원고 ○ ○ ○　(서명 또는 날인)

○○행정법원 귀중

14. 요양불승인처분 취소

■ 청구취지

1. 피고가 ○○○○. ○○. ○○. 원고에 대하여 한 요양불승인처분을 취소한다.
2. 소송비용은 피고가 부담한다.
라는 판결을 구합니다.

■ 소장 작성례

① 요양불승인처분 취소청구의 소(근로자)

소   장

원　고　○ ○ ○(주민등록번호)
　　　　　○○시 ○○구 ○○길 ○○ (우편번호 ○○○○○)
피　고　근로복지공단
　　　　　○○시 ○○구 ○○길 ○○ (우편번호 ○○○○○)
　　　　　대표자 이사장 △△△

요양불승인처분취소 청구의 소

청 구 취 지

1. 피고가 20○○. ○. ○. 원고에게 한 산업재해보상보험요양신청에 대한 불승인처분을 취소한다.
2. 소송비용은 피고의 부담으로 한다.
라는 판결을 구합니다.

청 구 원 인

1. 원고는 ○○시 ○○구 ○○길 ○○ 염색공업사에서 19○○. ○.부터 20○○. ○.까지 근무한 바 있습니다.

2. 그러던 중 원고는 20○○. ○.경부터 심근경색으로 입원하게 되어 피고에게 요양신청을 하였으나 피고는 병명과 업무간 인과관계가 없다는 이유로 요양을 불승인하였습니다.

3. 그러나 이는 부당한 처분으로 염색업에 종사하는 경우 심근경색이 있을 수 있는 바 인과관계가 충분히 있다고 사료되어 피고가 원고에게 한 요양불승인처분의 취소를 구하고자 이 건 청구에 이른 것입니다.

입 증 방 법

1. 갑 제1호증   요양신청서
1. 갑 제2호증   재결서
1. 갑 제3호증   진단서

첨 부 서 류

1. 위 입증방법   1통
1. 소장부분   1통
1. 요양신청서 사본   1통
1. 진단서 사본   1통
1. 납부서   1통

20○○. ○. ○.

위 청구인   ○ ○ ○ (서명 또는 날인)

○ ○ 행 정 법 원   귀중

② 요양불승인처분 취소청구의 소(건설현장 근로자)

소   장

원   고   ○ ○   ○(주민등록번호)

　　　　　　 ○○시 ○○구 ○○길 ○○ (우편번호 ○○○○○)

피   고   근로복지공단

　　　　　　 ○○시 ○○구 ○○길 ○○ (우편번호 ○○○○○)

　　　　　　 대표자 이사장 △△△

요양불승인처분취소청구의 소

청 구 취 지

1. 피고가 19○○. ○. ○. 원고에게 한 요양불승인처분은 이를 취소한다.
2. 소송비용은 피고의 부담으로 한다.

라는 판결을 구합니다.

청 구 원 인

1. 원고는 ☆☆건설주식회사에 입사하여 위 회사가 시공중인 판교도로 건설현장소장으로 근무하던 중 19○○. ○. ○. 11:30경 사무실에서 직원들과 작업에 관한 논의를 하다가 졸도하여 ★★병원으로 이송하여 치료를 받고 있는바, 위 병원의 진찰결과 뇌졸중(뇌간경색)으로 판명이 되었습니다.

   그리하여 원고는 위 뇌졸중이 업무집행상의 과로로 인하여 발병된 것이므로 요양급여를 청구하였으나 피고는 19○○. ○. ○. 위 뇌졸중은 기존질병으로서 업무상 질병으로 볼 수 없다는 이유로 요양불승인처분을 하였습니다.

2. 그런데 위 도로공사는 소외 토지개발공사가 분당신도시 입주자들을 위하여 세곡동과 판교인터체인지 사이 및 시흥동과 여수동 사이의 기존도로를 확장포장하는 공사로서 당초 19○○. ○. ○. 착공하여

분당신도시 입주개시일인 19○○. ○. ○. 까지 15개월 동안에 완공하게 되어 있었으나 용지보상과 지장물철거지연으로 인하여 설계상의 절대공사기간 중 5-6개월을 허비한 후에 본공사를 착수함으로써 완공예정일인 19○○. ○. ○. 말 현재 전체 공정의 85퍼센트밖에 완료하지 못하였습니다.

원고는 현장책임자로서 용지보상과 지장물철거가 지주의 이기주의적인 대응으로 계속 늦어지는데다 착공 4개월동안에 3-4개소의 도로횡단배수흄관 일부와 여수교 교량 확장부의 기초공사 정도만 수행하는 등 초기에 과다한 비용의 투입에도 불구하고 공사진척상황은 매우 지지부진하였으므로 회사에 대하여 심리적으로 부담감을 느껴오고 있었습니다.

더군다나 원고는 19○○. ○. 부터는 동절기임에도 무리하게 공사를 추진할 수 밖에 없었고 휴일에도 제대로 쉬지 못하고 매일 07:00부터 21:00까지 현장에 매달려 격무에 시달리면서 기업체 간부로서의 책임감 때문에 잠시도 긴장감과 압박감에서 벗어나지 못함으로써 1년 이상 정신적, 육체적 과로가 축적된 나머지 완공 1개월을 앞둔 19○○. ○. ○. 07:00경 현장에 출근하여 작업을 지시하고 10:00경 사무실로 돌아와 직원들과 작업에 관한 논의를 하던 중 갑자기 뇌졸중을 일으켜 쓰러졌습니다.

한편 대법원판례(1991. 4. 12. 선고 91누476판결)에 의하면 산업재해보상보험법 제4조 제1항에서 말하는 업무상의 재해라 함은 근로자가 업무수행 중 그 업무에 기인하여 발생한 근로자의 부상, 질병, 신체장애 또는 사망을 뜻하는 것이므로 업무와 재해발생 사이에 인과관계가 있어야 하지만, 그 재해가 업무와 직접 관련이 없는 기존의 질병이더라도 업무상의 과로가 질병의 주된 발생원인에 겹쳐서 질병을 유발 또는 악화시켰다면 그 인과관계가 있다고 보아야 할 것이고, 또한 과로로 인한 질병에는 평소에 정상적인 근무가 가능한 기초질병이나 기존질병이 업무의 과중으로 급속히 악화된 경우까지도 포함된다고 보고 있습니다.

3. 따라서 원고의 뇌졸중이 업무상질병이 아님을 전제로 한 피고의

이 사건 요양불승인처분은 위법하여 취소를 면할 수 없습니다.
이에 청구취지와 같은 판결을 구하기 위하여 이 사건 청구에 이르
게 되었습니다.

입 증 방 법

1. 갑 제1호증   심사청구서
1. 갑 제2호증   재심사청구서

첨 부 서 류

1. 위 입증방법   각 1통
1. 소장부본   1통
1. 납 부 서   1통

2000.   ○.   ○.

원 고 ○ ○ ○ (서명 또는 날인)

○ ○ 행 정 법 원 귀중

③ 요양불승인처분 취소청구의 소(택시기사)

소　　장

원　고　○○○(주민등록번호)
　　　　○○시 ○○구 ○○길 ○○ (우편번호 ○○○○○)
피　고　근로복지공단
　　　　○○시 ○○구 ○○길 ○○ (우편번호 ○○○○○)
　　　　대표자 이사장 △△△

요양불승인처분 취소청구의 소

청　구　취　지

1. 피고가 20○○. ○. ○. 원고에 대하여 한 요양불승인 처분을 취소
한다.
2. 소송비용은 피고의 부담으로 한다.
라는 판결을 구합니다.

청　구　원　인

1. 전심절차
　원고는 청구취지 기재 처분에 대하여 심사청구 및 재심사청구를
　하였으나 모두 기각되었습니다.
2. 처분의 경위
　가. 원고는 19○○. ○. ○. 소외 ☆☆운수주식회사(이후 "소외회사
　　　"라 합니다)에 입사하여 영업용택시 운전기사로 일해 오다가
　　　20○○. ○. ○. 14:00 경 소외회사에 출근하여 운전을 나가려
　　　고 하다가 뇌경색증으로 인해 쓰러져 입원치료를 하면서 같은
　　　해 ○. ○. 피고에게 요양신청을 하였습니다.
　나. 이에 피고는 20○○. ○. ○. 원고의 작업환경이나 작업내용이
　　　급격히 변화하여 일상업무와 다른 업무를 수행한 사실이 없고,
　　　특별히 과로하였다고 인정할 만한 사실이 없었다는 이유로 요

양 불승인 통보(이하 "이 사건처분"이라 한다)하였습니다.

3. 처분의 위법

이 사건처분은 다음과 같은 점에서 위법합니다.

(1) 근무형태

위 원고는 19○○. ○. ○. 소외회사에 입사하여 영업용택시기사로 일하여 오면서 근무일 14:00경 출근하여 같은 날 24:00경 퇴근하거나 02:00경 출근하여 같은 날 13:00경 퇴근하는 1일 2교대의 근무형태로 일하고 5일 근무후 1일 휴무하여 왔으며, 위 근무기간중 식사시간과 휴식시간을 가졌으나 업무의 특성상 그 시간이 불규칙하여 식사시간이 일정하지 못했습니다

(2) 병력 및 건강상태

위 원고는 20○○. ○.월부터 같은 해 11월까지 고혈압치료를 받은 적은 있으나 비교적 건강하여 결근한 일이 없었습니다 그러나 19○○. ○. ○. 교통사고가 일어나 경추염좌로 고생하다가 같은 해 4. 20부터 출근하였는데 이때부터는 하루 사납금인 70,000원을 입금하지 못하고 평균 60,000원 정도만을 겨우 사납하였습니다.

(3) 과로 및 스트레스

위 원고는 19○○. ○. ○. 출근 후에는 5일 근무한 후에도 6일째 날에도 근무를 해왔고, 안양시내의 차량증가 및 도로공사 등 교통사정이 날로 악화되는 가운데 매우 나쁜 조건에서 근무하다가 육체적인 피로가 늘어 결국 사납금 완수에도 상당한 스트레스를 받아왔습니다

(4) 뇌경색의 발병원인

뇌경색은 심장질환, 외상, 당뇨병, 동맥경화성 병변등이 발병원인으로 작용하는데 고혈압, 고지혈증, 적혈구 상승 등은 그 주원인으로 알려져 왔고 평소 건강하여도 갑자기 생길 수 있는 병입니다.

(5) 위 사실관계에 따르면, 위 원고는 평소 고혈압 증세를 가지고 있었는데 영업용 택시기사로 일하면서 악화된 도로사정으로

과로로 정신적인 스트레스가 누적되었다고 볼 것이며, 뇌경색은 위험인자인 고혈압은 스트레스로 인해 매우 악화되어 뇌경색증을 발병시킬 수 있으므로 위 소외인의 뇌경색은 업무로 말미암아 과로와 스트레스가 누적되어 고혈압을 악화시켜서 발병되었다 할 것입니다.

따라서 위 소외인의 뇌경색은 업무상 재해라고 할 것임에도 불구하고 이를 업무상 재해가 아니라고 판단한 이 사건 처분은 위법하여 취소되어야 할 것입니다.

입 증 방 법

1. 갑 제1호증   요양신청서
1. 갑 제2호증   재결서
1. 갑 제3호증   진단서

첨 부 서 류

1. 위 입증방법   1통
1. 소장부본   1통
1. 요양신청서 사본   1통
1. 재결서사본   1통
1. 진단서 사본   1통
1. 납부서   1통

2000. 0. 00.

원고 ○○○ (서명 또는 날인)

○ ○ 행 정 법 원 귀중

§8. 보훈관련

1. 국가유공자요건 비해당결정 취소

■ 청구취지

> 1. 피고가 ○○○○. ○○. ○○. 원고에 대하여 한 국가유공자요건 비해당
>   결정을 취소한다.
> 2. 소송비용은 피고가 부담한다.
> 라는 판결을 구합니다.

■ 소장 작성례

● 국가유공자 비해당결정처분 취소청구의 소

소   장

원   고   ○○○(주민등록번호)

              ○○시 ○○구 ○○길 ○○(우편번호 ○○○○○)

              전화·휴대폰번호:

              팩스번호, 전자우편(e-mail)주소:

피   고   ○○지방보훈청장

              ○○시 ○○구 ○○길 ○○(우편번호 ○○○○○)

국가유공자비해당결정처분 취소청구의 소

청 구 취 지

1. 피고가 19○○. ○. ○. 소외 망 ◇◇◇에 대하여 한 국가유공자비
   해당결정처분을 취소한다.
2. 소송비용은 피고의 부담으로 한다.
라는 판결을 구합니다.

청 구 원 인

1. 소외 망 ◇◇◇은 1945년 해방직후부터 ◎◎경찰서 사찰계에서 '경사'직급으로 근무하다가, 19○○년경에는 ◆◆경찰서 △△지서장으로 근무하였습니다.

2. 1950년 6. 25사변이 일어난 후, 전북 ○○군 ○○읍을 점령하였던 인민군이 후퇴하면서 1950. ○. ○○. ○○군 일대의 사회지도층 인사들을 전북 ○○군 ○○읍 ○○길 소재 ○○산으로 끌고 가서 모두 총살하였습니다. 망 나□□도 인민군에 체포되어 사회지도층 인사들과 같이 위 ○○산으로 끌려가서 총살을 당했습니다.

3. 위 망 나□□의 아들인 원고는 경찰청장의 '국가유공자등록절차 안내'에 따라 20○○. ○. 중순경 ▽▽경찰서장의 '국가유공자등요건관련사실확인서'를 발급 받아 국가보훈처에 국가유공자등록신청을 하였습니다. 그런데 국가보훈처 보훈심사위원회는 위 망 나□□이 경찰관으로 근무한 사실과 1950. ○. ○○. 인민군에 의해 총살되어 순직하였다는 사실을 입증할 자료가 없는 이유로 20○○. ○. ○. 국가유공자등예우및지원에 관한 법률 제4조 제1항 제3호의 요건에 해당되지 아니한다'는 내용의 의결을 하였으며, 피고는 20○○. ○. ○. 자로 위 보훈심사위원회의 의결에 따라 위 망 나□□이 국가유공자에 해당하지 아니한다는 결정을 하여 원고에게 송달하였습니다.

4. 국가는 국가공무원에 대한 인사사항, 경력사항 및 상벌사항 등을 기록하는 '인사기록부'를 작성하여 보관 및 보존하여야할 의무가 있는 것입니다. 위 망 나□□이 소속되어 있던 ◆◆경찰서도 망 나□□이 ◆◆경찰서에서 근무한 사실을 인정하면서도 위 나□□에 대한 인사기록부인 '사령원부'를 보관하고 있던 중, 6. 25사변으로 1950. ○. ○.이후 근무자 들에 대한 기록만 보관하고 있고 이전에 사령원부는 소각하였으므로 위 나□□에 대한 공부상의 기록을 발견할 수 없다는 것입니다.

5. 국가의 인사기록부에 해당하는 '사령원부가 비록 천재지변에 해당하는 6. 25.사변 중에 소실되었다면 그 '사령원부'의 소실에 따르

는 불이익은 사령원부의 보관 및 보존의 책임이 있는 국가가 받아야 함이 마땅합니다. 위 망 나□□의 아들인 원고는 위 '사령원부'가 6. 25. 사변 중에 소실되었다는 사실을 확인하고 나□□의 근무사실 및 총살사실을 목격한 사람 및 그 사실을 알고 있는 사람들의 확인서를 수집하여 ▽▽경찰서를 통하여 경찰청에 제출하여 경찰청장 명의의 '국가유공자등요건 관련사실확인서'를 발급 받아 국가보훈처에 제출하였습니다. 그럼에도 불구하고, 위 '사령원부' 보관 및 보존의 책임이 있는 국가가 위 '사령원부'를 보관하지 못하였는데 그 '사령원부'가 없음으로 인한 불이익을 국민인 원고에게 돌려 위 망 나□□에 대한 국가유공자비해당결정처분을 하는 것은 위법하다 할 것이므로, 위와 같은 위법처분의 취소를 구하기 위하여 이 건 소송에 이르렀습니다.

6. 원고는 20○○. ○. ○.자 국가유공자(요건)비행당 결정통보를 20○○. ○. ○.경 송달 받았으며, 20○○. ○. ○.자 국가유공자요건 재심의 결과통보를 20○○. ○. ○. 송달 받았습니다.

입 증 방 법

1. 갑 제1호증   국가유공자요건 재심의 결과통보
1. 갑 제2호증   국가유공자(요건)비해당 결정통보
1. 갑 제3호증   심의의결서
1. 갑 제4호증   각 사실확인서

첨 부 서 류

1. 위 입증방법   각 1통
1. 소장부본   1통
1. 송달료납부서   1통

20○○.   ○.   ○.

위 원고   ○○○   (서명 또는 날인)

○○행정법원 귀중

2. 국가유공자유족 비해당결정 취소

■ 청구취지

1. 피고가 ○○○○. ○○. ○○. 원고에 대하여 한 국가유공자유족 비해당
   결정을 취소한다.
2. 소송비용은 피고가 부담한다.
라는 판결을 구합니다.

3. 상이등급결정 취소

■ 청구취지

1. 피고가 ○○○○. ○○. ○○. 원고에 대하여 한 상이등급결정을 취소한
   다.
2. 소송비용은 피고가 부담한다.
라는 판결을 구합니다.

4. 고엽제후유(의)증환자 비해당결정 취소

■ 청구취지

1. 피고가 ○○○○. ○○. ○○. 원고에 대하여 한 고엽제후유(의)증환자 비
   해당결정을 취소한다.
2. 소송비용은 피고가 부담한다.
라는 판결을 구합니다.

5. 고엽제후유(의)증환자 장애등급결정 취소

■ 청구취지

1. 피고가 ○○○○. ○○. ○○. 원고에 대하여 한 고엽제후유(의)증환자 장애등급결정을 취소한다
2. 소송비용은 피고가 부담한다.
라는 판결을 구합니다.

§9. 과징금, 시정명령 등

1. 과징금납부명령 취소

■ 청구취지

> 1. 피고가 ○○○○. ○○. ○○. 원고에 대하여 의결 제○○○○-○○호로
>   한 별지 목록 기재 과징금납부명령을 취소한다.
> 2. 소송비용은 피고가 부담한다.
> 라는 판결을 구합니다.

2. 과징금 부과처분 취소

■ 청구취지

> 1. 피고가 ○○○○. ○○. ○○. 원고에 대하여 한 과징금 ○○원의 부과처
>   분을 취소한다.
> 2. 소송비용은 피고가 부담한다.
> 라는 판결을 구합니다.

3. 시정명령 취소

■ 청구취지

> 1. 피고가 ○○○○. ○○. ○○. 원고에 대하여 의결 제○○○○-○○호로
>   한 별지 목록 기재 시정명령을 취소한다.
> 2. 소송비용은 피고가 부담한다.
> 라는 판결을 구합니다.

4. 시정명령과 과징금납부명령 취소

■ 청구취지

1. 피고가 ○○○○. ○○. ○○. 원고에 대하여 의결 제○   ○○○-○
   ○호로 한 별지 목록 기재 시정명령과 과징금납   부명령을 각 취소
   한다.
2. 소송비용은 피고가 부담한다.
라는 판결을 구합니다.

§10. 징계관련

1. 파면처분 취소

■ 청구취지

> 1. 피고가 ○○○○. ○○. ○○. 원고에 대하여 한 파면처분을 취소한다.
> 2. 소송비용은 피고가 부담한다.
> 라는 판결을 구합니다.

■ 소장 작성례

● 파면처분 취소청구의 소

소   장

원   고   ○○ ○(주민등록번호)
         ○○시 ○○구 ○○길 ○○ (우편번호 ○○○○○)
피   고   △△지방경찰청장
         ○○시 ○○구 ○○길 ○○ (우편번호 ○○○○○)

파면처분 취소청구의 소

청 구 취 지

1. 피고가 20○○. ○. ○. 원고에 대하여 한 파면처분을 취소한다.
2. 소송비용은 피고의 부담으로 한다.
라는 판결을 구합니다.

청 구 원 인

1. 원고는 19○○. ○. ○. 순경으로 임용되어 경찰공무원으로 재직한
   이래 19○○. ○. ○. 부터는 ◎◎파출소에서 파출소장으로 재직하
   고 있던 중 19○○. ○. ○. 12:00 위 경찰청 앞 ☆☆식당에서 어

떠한 명목으로든지 관내 유지나 업소로부터 금품을 수수하지 말라는 국무총리 지시사항을 어기고 방범자문위원회 위원장인 전□□에게서 자율방범대원의 야식비 명목으로 금 500,000원을 받았다는 혐의로 피고로부터 20○○. ○. ○. 자로 파면처분을 받았습니다.

2. 파면처분의 위법성

  가. 원고가 위와 같이 위 전□□으로부터 금 500,000원을 받은 사실은 이를 인정합니다.

  나. 원고가 받은 위 금원은 원고가 사적으로 사용하기 위하여 받은 것이 아니며, 관내 유지나 업소로부터 금품을 수수하지 말라는 국무총리의 지시 역시 뇌물을 수수하지 말라는 취지인 것이지, 이 사건과 같이 방범자문위원을 대신하여 파출소장이 자율방범대원에게 야식을 사주라고 주는 금품을 수수하지 말라는 것은 아니므로 피고의 원고에 대한 파면처분은 그 징계이유가 없는 처분으로써 위법하다 할 것입니다.

  다. 설혹 원고의 위 금품 수수가 국무총리의 지시에 위반된 것이라고 하더라도, 원고가 받은 금원은 자율방범대원의 야식비로 모두 지출하였지 원고의 사적인 용도로 사용한 것이 아니고, 원고는 경찰로 재직한 30여년 간 한 번도 징계처분을 받은 바 없이 모범적인 경찰공무원 생활을 하였으며, 오히려 국무총리 표창을 한 번 받은 외에 총 20여회의 표창을 받은 사실에 비추어 볼 때, 피고의 원고에 대한 위 파면처분은 그 재량을 일탈한 위법한 처분이라 할 것입니다.

3. 결론

피고의 원고에 대한 위 파면처분은 원고에게 파면의 사유가 없음에도 이루어진 처분으로써 위법하므로 이는 취소되어야 할 것이며, 설혹 형식적으로는 징계의 사유가 있다고 하더라도, 원고가 수수한 금원의 액수, 원고의 30여년 간의 모범적인 경찰로서의 생활, 금원의 소비용도 등에 비추어 볼 때 피고의 위 파면처분은 그 재량을 일탈한 위법한 처분이므로 이는 취소되어야 합니다.

입 증 방 법

1. 갑 제1호증   행정처분서
1. 갑 제2호증의 1~21   각 표창장 사본
1. 갑 제3호증   진술서(○○○)

첨 부 서 류

1. 위 입증서류   각 1통
1. 소장부본   1통
1. 납부서   1통

2000. ○. ○.

원 고 ○○○ (서명 또는 날인)

○ ○ 행 정 법 원   귀 중

2. 해임처분 취소

■ 청구취지

1. 피고가 ○○○○. ○○. ○○. 원고에 대하여 한 해임처분을 취소한다.
2. 소송비용은 피고가 부담한다.
라는 판결을 구합니다.

■ 소장 작성례

● 해임처분 취소청구의 소

소　　　장

원　고　○　○　○(주민등록번호)
　　　　○○시 ○○구 ○○길 ○○ (우편번호 ○○○○○

피　고　△△지방경찰청장
　　　　○○시 ○○구 ○○길 ○○ (우편번호 ○○○○○)

해임처분 취소청구의 소

청 구 취 지

1. 피고가 20○○. ○. ○. 원고에 대하여 한 해임처분은 이를 취소한다.
2. 소송비용은 피고의 부담으로 한다.
라는 판결을 구합니다.

청 구 원 인

1. 원고는 19○○. ○. ○. 경찰공무원으로 임용되어 19○○. ○. ○.
부터 ○○지방경찰청 ○○경찰서 ○○파출소장으로 근무하여 왔는
데, 피고는 원고가 ○○시 ○○구 ○○길 ○○ 소재에 있는 ☆☆주
점의 업주 소외 양□□과 친분관계가 있음을 기화로 20○○. ○.
○. 위 업소가 퇴폐영업으로 단속되자 관할 파출소장인 원고에게

"사건을 잘 처리해 달라"고 청탁하였다는 이유로 원고의 이와 같은 행위는 국가공무원법 제56조, 제57조, 제63조에 위배되어 같은 법 제78조 제1항 각 호 소정의 징계사유에 해당한다고 하여 보통징계위원회의 의결을 거쳐 20○○. ○. ○. 원고를 해임처분 하였습니다.

2. 원고는 위 청탁사실은 인정하나, 원고는 ☆☆주점 업주 소외 양□□을 입건 조치하였고, 원고는 19○○. ○. ○. 순경으로 임용된 후 19○○. ○. ○. 경장으로 19○○. ○. ○. 경사로 19○○. ○. ○. 경위로 승진하는 등 경찰관으로서 약 19년 동안 성실히 근무하여 오면서 치안본부장 표창 2회 충북지방경찰청 표창 5회(이상은 경찰공무원징계양정등에관한규칙 제9조 제1항 제2호 단서에 의하여 경감 이하인 경찰공무원인 원고의 경우 징계감경사유가 될 수 있다)등을 포함하여 20여회에 걸쳐 각종표창을 받은 사실, 원고는 재직 중인 19○○. ○.경 당시 ○○세의 나이에 ○○대학교를 입학하여 19○○. ○.경 졸업한 점 등 정상참작사유와 이 사건 행위에 이르게 된 동기와 경위, 청탁의 결과, 징계절차가 개시된 경위 등을 고려하면 위와 같은 징계사유만으로 원고를 해임한 이 사건 처분은 징계처분에 있어서 재량권의 범위를 일탈하였거나 남용한 것이라고 아니할 수 없습니다.

3. 따라서 원고는 피고가 원고에 대하여 한 20○○. ○. ○.자 해임처분의 취소를 구하기 위해 본 소에 이른 것입니다.

입 증 방 법

1. 갑 제1호증	징계의결서 1통
1. 갑 제2호증	표창장 7부

첨 부 서 류

1. 위 입증방법	각 1통
1. 소장부본	1통
1. 납 부 서	1통

```
                              20○○.   ○.   ○.
                  원   고   ○  ○  ○ (서명 또는 날인)

            ○ ○ 행 정 법 원    귀중
```

3. 강등처분 취소

■ 청구취지

> 1. 피고가 ○○○○. ○○. ○○. 원고에 대하여 한 강등처분을 취소한다.
> 2. 소송비용은 피고가 부담한다.
> 라는 판결을 구합니다.

4. 정직처분 취소

■ 청구취지

> 1. 피고가 ○○○○. ○○. ○○. 원고에 대하여 한 정직 ○월의 처분을 취
>   소한다.
> 2. 소송비용은 피고가 부담한다.
> 라는 판결을 구합니다.

5. 감봉처분 취소

■ 청구취지

1. 피고가 ○○○○. ○○. ○○. 원고에 대하여 한 감봉 ○월의 처분을 취소한다.
2. 소송비용은 피고가 부담한다.
라는 판결을 구합니다.

■ 소장 작성례

● 감봉처분 취소청구의 소

소　　　　장

원　　고　　○○○(주민등록번호)
　　　　　　○○시 ○○구 ○○길 ○○ (우편번호 ○○○○○)
피　　고　　△△시장
　　　　　　○○시 ○○구 ○○길 ○○ (우편번호 ○○○○○)

감봉처분 취소청구의 소

청　구　취　지

1. 피고가 20○○. ○. ○. 원고에 대하여 한 감봉 2월의 징계처분을 취소한다.
2. 소송비용은 피고의 부담으로 한다.
라는 판결을 구합니다.

청　구　원　인

1. 처분의 경위
　　가. 원고는 지방직 8급 공무원으로 △△시 회계과에서 근무하면서

퇴직자에 대한 퇴직금지급등의 업무를 수행하고 있습니다.

나. 그런데 소외 윤□□이 20○○. ○. ○.에 일용직 영양사로 고용되어 시청식당에서 노무를 제공하던 중 같은 해 ○. ○.에 퇴사하게 되었는데 1년 미만 근무하였으므로 퇴직금 지급규정이 적용되지 않음에도 원고가 퇴직금지급 규정을 잘못 알고 20○○. ○. ○.에 퇴직금 금500,000원을 지급하였습니다.

다. 이후 20○○. ○. ○.에 원고는 소외 윤□□에 대한 퇴직금지급이 잘못된 것임을 알고 소외 윤□□에게 조속한 시일내에 퇴직금을 반환해줄 것을 전화상으로 수차례에 걸쳐 요구하였으나 윤□□이 차일피일 미루며 퇴직금을 반환하지 않았습니다.

라. 그러던 중 20○○. ○. ○.에 △△시청의 자체 감사에서 윤□□에 대한 퇴직금이 잘못 지급되었음이 지적되었습니다.

마. 감사실에서는 원고가 윤□□과 고등학교 동기로 절친한 친구사이로서 근무 기간이 1년 미만이므로 퇴직금이 지급되지 않음에도 불구하고 퇴직금을 지급하였고, 원고가 소외 윤□□에 대한 퇴직금환수 노력을 태만히 하였다는사유로 인사위원회에 징계의결을 요구하였고 인사위원회는 20○○. ○. ○. 지방공무원법 제69조 제1항 제2호에 해당한다고 보아 원고에 대하여 감봉 2월의 징계처분을 하였습니다.

2. 징계처분의 위법

가. 원고는 19○○. ○. ○.에 △△시청 9급 공무원으로 채용된 이래 교통과에서 근무하여 오던중 20○○. ○. ○.에 회계과로 발령 받아 퇴직자에 대한 퇴직금지급 업무를 맡게 되었으며 소외 윤□□에 대한 퇴직금을 지급할 당시에는 업무 파악이 되지 않아 단순 실수로 인하여 윤□□에게 퇴직금을 지급하게 된 것입니다.

나. 원고는 20○○. ○. ○.에 소외 윤□□에 대한 퇴직금이 잘못 지급된 것임을 알았고 이후 소외 윤□□에게 전화상으로 퇴직금을 조속히 반환하도록 요구하였으나 소외 윤□□이 사정이 어렵다며 차일피일 미루곤 하였습니다.

다. 원고는 소외 윤□□이 고등학교 동기로 친구사이여서 법적 조
   치를 취하지는 못 하였으나 퇴직금을 환수받기 위해서 수십차
   례에 걸쳐 전화로 독촉하고 소외 윤□□의 집에까지 찾아가 독
   촉한 바가 있습니다.

라. 원고가 소외 윤□□에게 퇴직금을 지급한 것은 원고와 소외
   윤□□이 친구사이여서 이득을 주기 위해서 한 것이 아니라 퇴
   직금 규정을 미처 파악하지 못한 상태에서 단순 실수로 인하
   여 퇴직금을 지급한 것입니다.

마. 소외 윤□□은 원고가 자신의 일로 감봉처분을 받은 것을 알
   고는 퇴직금을 즉시 반납하였습니다.

3. 결론

원고가 규정을 잘못 알고 퇴직금을 지급한 것은 사실이나 이는 오
로지 단순 실수로 인한 것이고 소외 윤□□과의 친분에 의하여 이
득을 주기 위한 것이 아니었고, 소외 윤□□이 퇴직금을 반납하였
으므로 원고에 대한 징계처분은 징계권의 범위에서 벗어난 남용에
해당한다 할 것이므로 원고에 대한 감봉처분은 취소되어야 할 것
입니다.

입 증 방 법

1. 갑 제 1호증   퇴직금반납확인서

첨 부 서 류

1. 위 입증방법   1부
1. 소장부본   1부
1. 납 부 서   1부

2000.   ○.   ○.

원 고   ○○○(서명 또는 날인)

○ ○ 행 정 법 원   귀 중

6. 견책처분 취소

■ 청구취지

1. 피고가 ○○○○. ○○. ○○. 원고에 대하여 한 견책처분을 취소한다.
2. 소송비용은 피고가 부담한다.
라는 판결을 구합니다.

■ 소장 작성례

[서식 예] 견책처분 취소청구의 소

소   장

원   고   ○ ○ ○(주민등록번호)
            ○○시 ○○구 ○○길 ○○ (우편번호 ○○○○○)
피   고   △ △ 시장
            ○○시 ○○구 ○○길 ○○ (우편번호 ○○○○○)

견책처분 취소청구의 소

청 구 취 지

1. 피고가 20○○. ○. ○. 원고에 대하여 한 견책처분은 이를 취
   소한다.
2. 소송비용은 피고의 부담으로 한다.
라는 판결을 구합니다.

청 구 원 인

1. 당사자의 관계
   원고는 공무원 경력 10년의 ○○시 소속 7급 직원으로 민원담당
   부서에서 근무하고 있으며 피고는 원고에게 견책처분이라는 징계를
   한 행정청입니다.

2. 원고는 평소 공무원으로서 긍지와 사명감을 가지고 그 직분을 충실히 수행해온 성실한 직원입니다. 그러나 민원부서에서 각양, 각색의 민원들을 접하다보니 나름대로의 원칙과 소신을 견지할 필요가 있었고 이로 인해 차가운 사람이라는 평을 듣는 경우도 있었습니다.

3. 200○. ○월경 ○○시의 지방세 부과처분에 대해 이의를 가지고 있던 납세의무자 소외 정□□이 원고에게 찾아와 잘 부탁한다면서 제3의 장소에서 한번 만나줄 것을 거듭 요구하였습니다. 평소 성실하며 업무처리 면에서 만큼은 소신을 뚜렷이 하던 원고에게 민원인의 요구는 청탁을 하겠다는 의사로 비추어졌기에 그 자리에서 단호한 거절의 의사표시를 하였습니다. 원고의 단호한 거절에 당황한 민원인은 원고의 민원처리 태도에 불만을 토로하기 시작했으며 급기야 시장에게 원고를 징계해달라는 취지의 민원을 내기에 이르렀습니다. 당시 민원인은 숙박업소 협의회 회장이라는 감투를 가지고 있었으며 이러한 그의 배경이 민선자치단체장에게는 암암리에 압력으로 작용했는지 다음날 즉시 원고에게 질책이 내려졌습니다. 누구보다 친절해야할 민원부서 공무원이 오히려 민원을 야기했다는 이유였습니다.

4. 이 일로 인해 원고는 견책처분을 받았고, 소청까지 했으나 받아들여지지 않았습니다. 비록 원고가 본의 아니게 민원인에게 고지식하게 굴어 불친절한 인상을 주었다고 하나 이는 민원인 측에서 업무에 관한 청탁을 하겠다는 인상을 주었기에 발단이 된 것이고, 민원서의 내용도 진위파악이 되지 않은 상태이기에 평소 원고의 성실함을 고려한다면 단순한 주의 조치로도 시정이 가능했으리라 판단되는데 공무원으로서 승진 및 승급에 제한이 따르는 견책처분은 사회통념상 현저하게 타당성을 잃어 징계권자에게 주어진 재량권을 남용했다고 판단됩니다.

5. 따라서 원고는 청구취지와 같은 판결을 구하고자 이건 청구에 이른 것입니다.

입 증 방 법

1. 갑 제1호증   견책처분통고서

첨 부 서 류

1. 위 입증방법 사본   1통
1. 소장부본   1통
1. 납부서   1통

20○○.   ○.   ○.

원고 ○ ○ ○ (서명 또는 날인)

○ ○ 행 정 법 원 귀 중

7. 경고처분 취소

■ 청구취지

1. 피고가 ○○○○. ○○. ○○. 원고에 대하여 한 경고처분을 취소한다.
2. 소송비용은 피고가 부담한다.
라는 판결을 구합니다.

§11. 건축등 관련

1. 건축 불허가처분 취소

■ 청구취지

> 1. 피고가 ○○○○. ○○. ○○. 원고에 대하여 한 건축불허가처분은 이를 취소한다.
> 2. 소송비용은 피고가 부담한다.
> 라는 판결을 구합니다.

■ 소장 작성례

● 건축 불허가처분 취소청구의 소

소　　　　　장

원　　고　　○　○　○(주민등록번호)
　　　　　　○○시 ○○구 ○○길 ○○ (우편번호 ○○○○○)
피　　고　　△△시 △△구청장
　　　　　　○○시 ○○구 ○○길 ○○ (우편번호 ○○○○○)

건축불허가처분 취소청구의 소

청　구　취　지

1. 피고가 20○○. ○. ○. 원고에 대하여 한 건축불허가처분은 이를 취소한다.
2. 소송비용은 피고의 부담으로 한다.
라는 판결을 구합니다.

청　구　원　인

1. 원고는 20○○. ○. ○. ○○시 ○○구 ○○동 ○○ 대 150㎡를 구입한 후 그 위에 여관건물을 짓기 위하여 건축허가신청을 한 사실

이 있습니다. 이에 대하여 피고는 20○○. ○. ○.자로 국토의계획 및이용에관한법률 제76조, 동법시행령 제71조, ○○도 도시계획조례 등을 들어 건축허가가 불가하다는 처분을 하였습니다.

2. 불허가처분의 위법, 부당한 사유

   가. 이 사건 대지의 지역 및 지구

       피고의 불허가처분의 근거는 이 사건 대지가 속한 인근은 19○○년 경부터 ○○시장의 도시계획에 의하여 녹지지역으로 구분되어 있으므로 그 안에서는 건물을 신축할 수 없다는 것입니다.

   나. 그러나 불허가의 근거가 된 위 도시계획은 20○○. ○. ○.경 다시 변경되어 이 사건 대지가 속한 인근은 근린 상업지구로 변경된 바 있으나 관계공무원이 이를 간과하고 만연히 과거의 기준으로 가지고 이 사건 건축 불허가처분을 하였던 것입니다.

   다. 한편 근린 상업지구로 변경된 현재로서 숙박시설을 건축하는 것은 도시계획법 및 동법 시행령상 하등의 문제가 없으므로 이 사건 대상인 처분은 위법 부당하여 취소되어야 할 것입니다.

입 증 방 법

1. 갑 제1호증   행정처분결과통지서
1. 갑 제2호증   경기 도시계획결정조례
1. 갑 제3호증   건축허가신청서

첨 부 서 류

1. 위 입증방법   각 1통
1. 소장부본   1통
1. 납부서   1통

20○○년 ○월 ○일

원 고 ○ ○ ○ (서명 또는 날인)

○ ○ 행 정 법 원

2. 건축허가신청 반려처분 취소

■ 청구취지

1. 피고가 ○○○○. ○○. ○○. 원고에 대하여 한 건축허가신청 반려처분을 취소한다.
2. 소송비용은 피고가 부담한다.
라는 판결을 구합니다.

3. 건축허가처분 취소

■ 청구취지

1. 피고가 ○○○○. ○○. ○○. □□에 대하여 한 건축허가처분을 취소한다.
2. 소송비용은 피고가 부담한다.
라는 판결을 구합니다.

4. 건축허가취소처분 취소

■ 청구취지

1. 피고가 ○○○○. ○○. ○○. 원고에 대하여 한 건축허가취소처분을 취소한다.
2. 소송비용은 피고가 부담한다.
라는 판결을 구합니다.

5. 건축공사 중지명령처분 취소

■ 청구취지

1. 피고가 ○○○○. ○○. ○○. 원고에 대하여 한 건축공사중지명령처분을
   취소한다.
2. 소송비용은 피고가 부담한다.
라는 판결을 구합니다.

■ 소장 작성례

● 건축공사 중지명령처분 취소청구의 소

<h2 align="center">소　　　　　장</h2>

원　　고　　○　○　○(주민등록번호)

　　　　　　○○시 ○○구 ○○길 ○○ (우편번호 ○○○○○)

피　　고　　△△시 △△구청장

　　　　　　○○시 ○○구 ○○길 ○○ (우편번호 ○○○○○)

공사중지명령처분 취소청구의 소

<h3 align="center">청　구　취　지</h3>

1. 피고가 20○○. ○. ○. 원고에 대하여 한 ○○시 ○○구 ○○동 ○
   ○ 지하3층, 지상10층 건물의 신축공사에 대한 공사중지 명령처분
   을 취소한다.
2. 소송비용은 피고의 부담으로 한다.
라는 판결을 구합니다.

<h3 align="center">청　구　원　인</h3>

1. 소외 □□□는 원고에게 위 건물의 신축공사를 도급주어 원고는 위
   공사에 지하1층의 골조공사까지 마쳤는바, 피고는 인접건물의 건물

주들의 민원이 있자 이건 건축공사를 중지하라고 하였습니다.

2. 그러나 피고의 위 공사중지 명령처분에는 다음과 같은 잘못이 있습니다.

　가. 원고는 이건 신축건물을 시공함에 있어 피고가 허가한 설계도 및 허가조건에 맞추어 굴착공사 및 지하1층 골조공사를 마쳤습니다. 그런데 인접건물의 건물주들이 그들의 건물에 균열이 발생하였다는 진정서를 제출하자, 피고는 자세한 조사도 없이 중지명령을 내렸습니다.

　나. 원고는 이건 건물을 시공함에 있어 건축법의 어느 규정에도 위반한 바 없었고, 한국건설기술협회의 지시대로 안전조치까지 한 상태이므로 피고는 원고에게 책임을 문의할 수 없다 할 것입니다.

3. 그렇다면 피고의 이 사건 중지명령 처분은 재량권의 범위를 크게 일탈하였거나 재량권을 남용한 것이어서 위법하다 할 것이므로 그 취소를 구하기 위하여 이 사건 청구에 이른 것입니다.

2000년　O월　O일

원　고　○ ○ ○ (서명 또는 날인)

○ ○ 행 정 법 원 귀 중

6. 건축 이행강제금 부과처분 취소

■ 청구취지

1. 피고가 ○○○○. ○○. ○○. 원고에 대하여 한 이행강제금 ○○원의 부과처분을 취소한다.
2. 소송비용은 피고가 부담한다.
라는 판결을 구합니다.

7. 건축사 업무정지처분 취소

■ 청구취지

1. 피고가 ○○○○. ○○. ○○. 원고에 대하여 한 건축사업무정지 ○○일
   명령처분을 취소한다.
2. 소송비용은 피고가 부담한다.
라는 판결을 구합니다.

■ 소장 작성례

● 건축사 업무정지처분 취소청구의 소

소 장

원 고   ○ ○ ○(주민등록번호)

　　　　○○시 ○○구 ○○길 ○○ (우편번호 ○○○○○)

피 고   △△시 △△구청장

　　　　○○시 ○○구 ○○길 ○○ (우편번호 ○○○○○)

건축사업무정지처분 취소청구의 소

청 구 취 지

1. 피고가 20○○. ○. ○. 원고에 대하여 한 건축사업무정지 61일(20
   ○○. ○. ○. - 20○○. ○. ○.) 명령처분을 취소한다.
2. 소송비용은 피고의 부담으로 한다.
라는 판결을 구합니다.

청 구 원 인

1. 피고는, 원고가 ○○시 ○○구 ○○동 ○○ 대지상에 ○○○의 근린
   생활시설 및 주택건축공사 등을 감리함에 있어서 옥외주차장폭이
   2.3m이어야 하는데도 2.1m만 확보하는 등의 위반사항이 발생하였

음에도 시정지시와 보고를 하지 아니하는 등 건축법에 의한 공사감리자로서의 의무를 이행하지 아니하였다는 이유로 건축사법 제28조, 동법시행령 제29조의 2에 의거하여 2월간의 건축사업무정지명령을 하였습니다.

2. 그러나, 원고는 지적도상 그 주차장 너비가 2.3m 이상이었기 때문에 준공처리를 하여 주었던 것이고, 피고의 지적에 따라 실측하여 본 결과 그 주차장 대부분의 너비가 2.3m이상이었으나 단지 입구쪽의 일부분만이 그 인접 건물 담장과의 거리가 2.1m임을 알게되었습니다. 이에 원고는 대한지적공사에 의뢰하여 재측량하여 본 결과 그 지적도상의 너비는 분명 2.3m이상이고 그 인접건물담장이 위 건물대지쪽으로 20㎝ 침범하여 축조한 탓으로 인접 건물 담장과의 거리가 2.1m로 된 것임이 판명되었습니다. 그렇다면 원고로서는 그 감리상의 성실의무에 위반된바가 없는 것이므로 위 처분은 위법함을 면치 못할 것입니다.

3. 가사, 주차장 입구쪽의 현황상 너비가 2.1m인 것을 조사하지 아니한 것이 성실의무위반으로 의율된다 하더라도 그것은 주차장의 극히 일부분에 지나지 아니하는 점, 그로 인해 승용차 출입에 전혀 지장이 없는 점, 20cm가 부족하게 된 원인은 인접 건물의 침범으로 인한 것인 점 등을 참작할 때, 위와 같은 이유로 원고에 대하여 업무정지 61일의 처분을 함은 너무나 가혹한 것으로서 재량권의 일탈 내지 남용에 해당한다 할 것입니다.

4. 따라서, 피고가 원고에 대하여 한 건축사업무정지명령처분을 취소해 주시기 바랍니다.

입 증 방 법

1. 갑 제1호증   위반건축사 행정처분서
1. 갑 제2호증   건축사업무정지 명령서
1. 갑 제3호증   행정심판접수증

첨 부 서 류

1. 위 입증방법   각 1통
1. 소장부본   1통
1. 납부서   1통

20○○년 ○월 ○일
원 고   ○ ○ ○ (서명 또는 날인)

○ ○ 행 정 법 원 귀중

8. 개발부담금 부과처분 취소

■ 청구취지

> 1. 피고가 ○○○○. ○○. ○○. 원고에 대하여 한 개발부담금 ○○원의 부과처분을 취소한다.
> 2. 소송비용은 피고가 부담한다.
> 라는 판결을 구합니다.

■ 소장 작성례

● 개발부담금 부과처분 취소청구의 소

소   장

원   고   ○○○(주민등록번호)

　　　　　○○시 ○○구 ○○길 ○○ (우편번호 ○○○○○)

피   고   △△시 △△구청장

　　　　　○○시 ○○구 ○○길 ○○ (우편번호 ○○○○○)

개발부담금부과처분 취소청구의 소

청 구 취 지

1. 피고가 20○○. ○. ○. 원고에 대하여 한 개발부담금 금○○○원의 부과처분은 이를 취소한다.
2. 소송비용은 피고의 부담으로 한다.
라는 판결을 구합니다.

청 구 원 인

1. 이 사건 처분경위

　　가. 원고는 20○○. ○. ○. ○○시 ○○구 ○○동 ○○ 임야

1,000제곱미터 등 3필지 토지에 골프연습장을 건설하기 위하여 그 소유자인 소외 양□□로부터 임차기간은 3년 임료는 연 1,000,000원으로 정하여 임차하였고 20○○. ○월 ○○구청으로부터 운동시설(골프연습장)로 건축허가와 형질변경허가 등을 포함한 사업인가를 받고 같은 해 ○월 위 공사에 착공하여 20○○. ○. ○. 이를 준공하였습니다.

나. 이에 피고는 20○○. ○. ○. 위 사업시행자인 원고에게 금○○○원 상당의 개발이익이 귀속되었다고 하여 같은 해 ○. ○. 금○○○원의 개발부담금을 부과하는 처분을 하였습니다.

2. 이 사건 처분의 위법성

가. 개요

이 사건 개발이익이 위 개발사업으로 인하여 원고에게 귀속되었다고 할 수 없어 이 사건 처분은 위법하다 할 것입니다.

나. 개발이익의 귀속여부에 대하여

토지가액의 증가로 인한 이익은 특별한 사정이 없으면 그 소유자에게 귀속된다고 봄이 상당한 반면에, 임차인은 임차기간이 끝나면 토지 소유자에게 그 토지를 반환하여야 할 것이어서 그 임차기간 중에 토지가액의 증가로 인한 이익을 누렸다는 점이 인정되지 않는 한, 그 개발이익이 임차인에게 귀속한다고 보기 어렵기 때문에 타인의 토지를 임차하여 사업을 시행하는 경우에는 비록 정상지가상승분을 초과하는 토지가액의 증가분이 있다고 하더라도 특별한 사정이 없는 한 사업시행자에게 위 토지가액 증가분이 귀속된다고 볼 수 없을 것입니다. 따라서 위 토지가액 증가로 인한 이익이 원고에게 귀속되었다는 전제하에 부가한 피고의 처분은 위법하다 할 것입니다.

3. 결론

결국 원고가 이 사건 토지를 그 소유자로부터 3년간이라는 길지 않은 기간동안 임차하여 위 건설사업을 한 이 사건의 경우에는 원고에게 이 사건 개발이익이 귀속되었다고 할 수 없는 것이어서, 원고에게 이사건 개발이익이 귀속되었음을 전제로 하는 이 사건 처분은 위법하다 할 것이며 이를 취소하고자 이 사건 소를 제기하게 되었습니다.

입 증 방 법

1. 갑 제1호증　　　　　　임대차계약서 사본
1. 갑 제2호증　　　　　　사업인가서 사본

첨 부 서 류

1. 위 각 입증방법　　　　　　　　1통
1. 등기사항전부증명서　　　　　　1통
1. 소장부본　　　　　　　　　　　1통
1. 납부서　　　　　　　　　　　　1통

20○○년　○월　○일

원　　고　　○ ○ ○　(서명 또는 날인)

○ ○ 행 정 법 원　귀중

9. 기타 부담금부과처분 취소

■ 청구취지

1. 피고가 ○○○○. ○○. ○○. 원고에 대하여 한 □□부담금 ○○원의 부과처분을 취소한다.
2. 소송비용은 피고가 부담한다.
라는 판결을 구합니다.

■ 소장 작성례

● 도로수익자 부담금 부과처분 취소청구의 소

소　　장

원　고　　○○○(주민등록번호)

　　　　　　○○시 ○○구 ○○길 ○○ (우편번호 ○○○○○)

피　고　　△△시 △△구청장

　　　　　　○○시 ○○구 ○○길 ○○ (우편번호 ○○○○○)

도로수익자부담금부과처분 취소청구의 소

청　구　취　지

1. 피고가 20○○. ○. ○. 원고에 대하여 한 도로수익자부담금 금 ○○○원의 부과처분은 이를 취소한다.
2. 소송비용은 피고가 부담한다.
라는 판결을 구합니다.

청　구　원　인

1. 처분의 경위

　　△△시장은 19○○. ○. ○. 복개, 확장, 포장하는 길이465.6m 폭

30m ◎◎천 복개공사를 공사금액 1,452,403,690원으로 시공하여 19○○. ○. ○. 위 공사를 준공하고서 같은 해 ○. ○. 피고에게 도로수익자 부담금 및 공사정산내역을 통보하였고, △△시장으로부터 수익자부담금의 부과징수권한을 위임받은 피고는 도로법 및 △△광역시 도로수익자부담금징수조례에 의하여 그 소정의 산출방식에 따라 원고 소유의 ○○시 ○○구 ○○동 ○○ 대지 345㎡(이하 이 사건 토지라고 한다)를 비롯한 위 도로에 접한 토지들에 대한 공사 전후의 가액을 표본조사의 방법으로 감정한 결과 이 사건 토지의 공사전인 공사시행공고 당시 ㎡당 가액이 130,000원이고 공사후인 공사준공일 현재 가액이 150,000원으로서 그동안의 ㎡당 상승가액은 20,000원인데 비해 그동안의 도매물가상승치에 상응한 ㎡당 상승가액은 700원에 불과하여 위 시가상승액이 위 도매불가상승치의 2배를 넘어 원고들이 위 공사로 인하여 현저한 이익을 받았다고 인정하여 그 차액 19,300원의 1/2인 9,650원에서 이 사건 토지가 확장도로변의 4m 이상의 고지대에 위치하게 되었다는 이유로 5할을 감액하여 이 사건 토지의 평수에 따라 산출한 1,664,625원[(20,000원-700원)×1/2]×1/2]×345㎡ 의 부담금을 원고에게 부과고지한 사실이 있습니다.

2. 처분의 위법성

가. 위 공사로 인하여 이 사건 토지가 위 확장도로변에 접하게 되었다 할지라도 4M 높이 이상의 옹벽위에 들어 얹히게 되었고 그 때문에 도로로 출입하기 위해서는 이 사건 토지의 좌우로 원거리를 우회하게끔 되었으며 또한 그 통행로도 옹벽공사로 인하여 협소하게 되어 공사전보다 통행이 더 불편하게 되었습니다.

나. 그럼에도 피고는 공사후의 이 사건 토지의 지가는 공사전의 지가와 거의 같거나 상승하였다 하더라도 극히 소폭에 불과한데도 이 사건 토지를 제외한 다른 접도토지들의 지가가 위 공사로 인하여 대폭 상승한 결과 표본조사에 의한 평균 상승지가를 적용하여 이 사건 부과처분을 함은 위법하다 할 것이며, 나아가 이 사건 토지와 같이 위 공사로 인하여 특수한 곳에

위치하게 되어 그 지가가 상승하지 않았거나 소폭으로 상승한 토지에 대하여는 피고의 이 사건 부과처분과 같이 표본조사방법에 의하여 상승폭을 인정할 것이 아니라 개별적인 필지별 가격을 조사하여 그 부담금을 결정함이 마땅하다 할 것입니다.

3. 결론

따라서 피고의 이 사건 도로수익자부담금부과처분은 위법하다 할 것이므로 피고가 20○○. ○. ○. 원고에 대하여 한 도로수익자부담금의 부과처분의 취소를 구하기 위하여 본 건 청구에 이른 것입니다.

입 증 방 법

1. 갑 제1호증   주민등록등본
1. 갑 제2호증   부동산등기사항전부증명서
1. 갑 제3호증   토지대장
1. 갑 제4호증   지적도
1. 갑 제5호증의 1내지 2   개별공시지가확인서
1. 갑 제6호증   도로수익자 부담금 및
                                  공사정산내역통보
1. 갑 제7호증   현장사진

첨 부 서 류

1. 위 입증방법   각 1통
1. 소장부본   1통
1. 납 부 서   1통

20○○년 ○월 ○일

원   고   ○ ○ ○ (서명 또는 날인)

○ ○ 행 정 법 원 귀중

10. 부당이득금 징수처분 취소

■ 청구취지

> 1. 피고가 ○○○○. ○○. ○○. 원고에 대하여 한 부당이득금 ○○원의 징
>   수처분을 취소한다.
> 2. 소송비용은 피고가 부담한다.
> 라는 판결을 구합니다.

11. 변상금 부과처분 취소

■ 청구취지

> 1. 피고가 ○○○○. ○○. ○○. 원고에 대하여 한 변상금 ○○원의 부과처
>   분을 취소한다.
> 2. 소송비용은 피고가 부담한다.
> 라는 판결을 구합니다.

■ 소장 작성례

● 변상금 부과처분 취소청구의소

> ### 소   장
>
> 원   고   ○○주식회사
>
>   ○○시 ○○구 ○○길 ○○ (우편번호 ○○○○○)
>
>   대표이사 ○ ○ ○
>
> 피   고   △ △ 시장
>
>   ○○시 ○○구 ○○길 ○○ (우편번호 ○○○○○)
>
> **변상금부과처분 취소청구의소**
>
> ### 청 구 취 지

1. 피고가 20○○. ○. ○. 원고에 대하여 한 변상금부과처분을 취소한다.
2. 소송비용은 피고의 부담으로 한다.

라는 판결을 구합니다.

청 구 원 인

1. 원고는 종래 폐천부지였던 이 사건 토지에 대하여 19○○년 이후 부터 피고의 점용허가를 얻어 원고 회사의 공장요지의 일부로 점유해 오면서 공유수면 관리 및 매립에 관한 법률에 따른 점용료를 피고에게 납부했습니다. 19○○. ○. ○.까지 3회에 걸쳐 계속 점용허가를 연장해 오던 중 19○○. ○. ○.에 이르러 피고가 이 사건 토지가 용도폐지 대상토지라는 이유로 점용허가의 연장을 거절하였는바 이에 원고는 그 허가를 받지 못한 상태에서 19○○. ○. ○.부터 20○○. ○. ○.까지 계속 점유 사용하여 왔습니다.

2. 이에 대하여 피고는 국유재산법 제72조 제1항 본문의 규정을 적용하여 20○○. ○. ○. 원고에 대하여 변상금 3,790,000원의 부과처분을 하였습니다. 그러나 국유재산법 제72조 제1항은 이 법 또는 다른 법률에 의하여 국유재산의 대부 또는 사용·수익허가 등을 받지 아니하고 국유재산을 점유하거나 이를 사용·수익한 자에 대하여는 대통령령이 정하는 바에 의하여 당해 재산에 대한 대부료 또는 사용료의 100분의 120에 상당하는 변상금을 징수한다고 규정하고 있는바, 이는 국유재산에 대한 점유나 사용수익의 개시 그 자체가 법률상 아무런 권원없이 이루어진 경우에는 정상적인 대부료 또는 사용료를 징수할 수 없으므로 그 대부료나 사용료 대신에 변상금을 징수한다는 취지인바 이 사건에 있어서와 같이 당초에는 국가로부터 대부받거나 유상사용허가를 받아 점유 사용하였으나 그 계약기간이 만료된 후 새로운 계약을 체결함이 없이 이를 계속 사용한 경우에는 그 적용이 없다 할 것입니다. 따라서 피고의 변상금부과처분은 위법하여 취소되어야 할 것입니다.

입 증 방 법

1. 갑 제1호증   점용허가서
1. 갑 제2호증   변상금부과처분통지서

첨 부 서 류

1. 위 입증방법   각 1통
1. 소장부본   1통
1. 납부서   1통

20○○.   ○.   ○.

원 고   ○ ○ ○ (서명 또는 날인)

○ ○ 행 정 법 원   귀중

12. 점용료 부과처분 취소

■ 청구취지

1. 피고가 ○○○○. ○○. ○○. 원고에 대하여 한 점용료 ○○원의 부과처분을 취소한다.
2. 소송비용은 피고가 부담한다.
라는 판결을 구합니다.

13. 개발행위 불허가처분 취소

■ 청구취지

1. 피고가 ○○○○. ○○. ○○. 원고에 대하여 한 개발행위 불허가처분을 취소한다.
2. 소송비용은 피고가 부담한다.
라는 판결을 구합니다.

14. 농지전용 불허가처분 취소

■ 청구취지

1. 피고가 ○○○○. ○○. ○○. 원고에 대하여 한 농지전용 불허가처분을 취소한다.
2. 소송비용은 피고가 부담한다.
라는 판결을 구합니다.

■ 소장 작성례

● 농지전용 허가신청불허처분 취소청구의 소

소　　　　장

원　　고　　○　○　○(주민등록번호)
　　　　　　○○시 ○○구 ○○길 ○○ (우편번호 ○○○○○)
피　　고　　△ △ 시장
　　　　　　○○시 ○○구 ○○길 ○○ (우편번호 ○○○○○)

농지전용허가신청불허처분 취소청구의 소

청 구 취 지

1. 피고가 20○○. ○. ○. 원고에 대하여 제234호로 한 농지전용허가신청불허처분은 이를 취소한다.
2. 소송비용은 피고의 부담으로 한다.
라는 판결을 구합니다.

청 구 원 인

1. ○○시 ○○구 ○○동 ○○ 전 7,789㎡는 원고가 19○○년부터 고추 등 경작을 해온 토지로 20○○년 토지를 개토하는 과정에서 지하에 상당량의 건축자재용 토석이 매장되어 있다는 사실을 알게 되었습니다.

2. 이에 원고는 20○○. ○. ○. 피고에게 건축자재용 토석 채취 및 생산을 위한 시설물을 설치하고자 농지전용허가신청을 하였으나 피고는 20○○. ○. ○. 농지가 절대농지라는 이유로 이를 불허하는 처분을 하였습니다.

3. 그러나 비록 원고의 위 토지가 절대농지이기는 하나 토지에 매장된 건축자재용 토석은 상당량이 매장되어 있고, 그에 따르는 경제적 가치가 크다할 것이며 따라서 피고는 단순히 위 토지가 절대농지라는 이유만으로 원고의 신청을 불허할 것이 아니라 사암의 품질이나 매장량을 보다 확실하게 밝혀 경제성을 판단하여 농지전용허가에 대한 허부를 결정하여야 합니다.

4. 따라서 피고의 농지전용허가불허처분은 재량권을 일탈하여 마땅히 취소되어야 하는 위법한 처분으로 원고는 그 취소를 구하고자 본소 청구에 이른 것입니다. (원고는 농지전용허가불허취소처분은 20○○. ○. ○. 우편송달로 알게 되었습니다.)

입 증 방 법

1. 갑 제1호증	개토사업자의 확인서
1. 갑 제2호증	토석감정결과서
1. 갑 제3호증	지적도
1. 갑 제4호증	토지대장
1. 갑 제5호증	부동산등기사항전부증명서

첨 부 서 류

1. 위 입증방법	각 1통
1. 소장부본	1통
1. 납부서	1통

20○○년 ○월 ○일

원 고 ○ ○ ○ (서명 또는 날인)

○ ○ 행 정 법 원 귀중

15. 도시관리계획결정 취소

■ 청구취지

1. 피고가 ○○○○. ○○. ○○. □□ 고시 제○○○○-○○호로 고시한 도시관리계획결정을 취소한다.
2. 소송비용은 피고가 부담한다.
라는 판결을 구합니다.

16. 산지전용 불허가처분 취소

■ 청구취지

1. 피고가 ○○○○. ○○. ○○. 원고에 대하여 한 산지전용 불허가처분을 취소한다.
2. 소송비용은 피고가 부담한다.
라는 판결을 구합니다.

17. 주택건설사업계획승인 취소처분 취소

■ 청구취지

1. 피고가 ○○○○. ○○. ○○. 원고에 대하여 한 주택건설사업계획승인 취소처분을 취소한다.
2. 소송비용은 피고가 부담한다.
라는 판결을 구합니다.

18. 지목변경신청 반려처분 취소

■ 청구취지

1. 피고가 ○○○○. ○○. ○○. 원고에 대하여 한 지목변경신청 반려처분을 취소한다.
2. 소송비용은 피고가 부담한다.
라는 판결을 구합니다.

§12. 영업정지 등 행정처분 관련

1. 영업정지처분 취소

■ 청구취지

> 1. 피고가 ○○○○. ○○. ○○. 원고에 대하여 한 영업정　지 ○월의 처분을 취소한다.
> 2. 소송비용은 피고가 부담한다.
> 라는 판결을 구합니다.

■ 소장 작성례

① 영업정지처분 취소청구의 소(노래방)

소　　장

원　　고　　○○○(주민등록번호)

　　　　　　○○시 ○○구 ○○길 ○○(우편번호 ○○○○○)

　　　　　　전화휴대폰번호:

　　　　　　팩스번호, 전자우편(e-mail)주소:

피　　고　　서울특별시 ◇◇구청장

　　　　　　○○시 ○○구 ○○길 ○○(우편번호 ○○○○○)

　　　　　　소송수행자 □□□

영업정지처분 취소청구의 소

청 구 취 지

1. 피고가 20○○. ○. ○. 원고에 대하여 한 영업정지처분을 취소한다.
2. 소송비용은 피고의 부담으로 한다.
라는 판결을 구합니다.

청 구 원 인

1. 처분의 경위

피고는 서울 ○○구 ○○길 ○○○의 ○○ 소재 건물 1층에서 "◎◎노래방"이라는 상호로 노래연습장을 경영하고 있던 원고가 200 ○. ○○. ○. 접대부 ◆◆◆, △△△를 고용하였다는 이유로 200 ○. ○○. ○. 원고에 대하여 3개월 간(200○. ○○. ○○.~200 ○. ○. ○○) 영업정지처분을 하였습니다.

2. 처분의 위법성

가. ▲▲▲, ▽▽▽는 약 1년 전 서울 ○○구 ○○길 소재 ●●나이트클럽에서 만나 평소 알고 지내던 ◆◆◆, △△△와 200 ○. ○○. ○. ○○:○○경 위 ●●나이트클럽 앞에서 만나 ◎◎ 노래방에 들어갔습니다.

나. ▲▲▲ 일행이 위 ◎◎노래방 ○○호실에 입실하여 약 10분간 저알콜 음료를 마시며 노래를 부르고 있을 때, ○○구 경찰서 ○○길 파출소 소속 단속반 7, 8명이 위 ◎◎노래방에 들어와 ▲▲▲, ▽▽▽, ◆◆◆, △△△를 서로 다른 방으로 데려가 접 대부 고용 여부에 관하여 조사를 하였습니다.

다. 당시 ◆◆◆, △△△는 자신들이 접대부가 아니라며 강력히 항의하여 단속반원들이 요구하는 진술서를 작성하지 아니하였으나, ▲▲▲, ▽▽▽는 집으로 전화를 하여 여자들과 함께 있었던 사실을 알리겠다는 단속반원들의 말에 가정불화가 생길 것을 두려워하여, 단속반원들이 미리 작성한 "시간당 1만원씩 주기로 하고 ▲▲▲, ▽▽▽를 불렀다"는 취지의 진술서에 서명을 하였습니다.

라. 피고의 이 사건 처분은 사실을 오인한 처분으로서 위법하다 할 것입니다.

3. 결 론

이에 이 사건 처분을 취소하기 위하여 본 건 소를 제기합니다.

입 증 방 법

1. 갑 제1호증   행정처분통지서
1. 갑 제2호증   노래방등록증
1. 갑 제3호증   사업자등록증
1. 갑 제4호증   사실확인서
1. 갑 제5호증   영업소내부사진

첨 부 서 류

1. 위 입증방법   각 1통
1. 소장부본   1통
1. 송달료납부서   1통

20○○. ○. ○.

위 원고   ○○○   (서명 또는 날인)

○○행정법원 귀중

② 영업정지처분 취소청구의 소(주류반입 묵인)

소   장

원   고   ○ ○ ○(주민등록번호)
　　　　　○○시 ○○구 ○○길 ○○ (우편번호 ○○○○○)
피   고   △△시 △△구청장
　　　　　○○시 ○○구 ○○길 ○○ (우편번호 ○○○○○)

영업정지처분 취소청구의 소

청 구 취 지

1. 피고가 20○○. ○. ○. 원고에 대하여 한 20○○. ○. ○.부터 같은 해 ○. ○까지(2개월)의 영업정지처분은 이를 취소한다.
2. 소송비용은 피고의 부담으로 한다.
라는 판결을 구합니다.

청 구 원 인

1. 처분의 경위
   원고는 20○○. ○월경 ○○시 ○○구 ○○길 ○○소재 지하실 "☆☆노래방"이라는 상호의 노래방을 인수하여 영업의 승계인 신고를 하여 피고로부터 갱신등록증을 득한 후 경영해 왔는데, 피고는 원고가 20○○. ○. ○. 21:00경 위 노래방에 주류를 반입을 묵인하였다는 이유로 20○○. ○. ○.자로 원고에 대하여 20○○. ○. ○.부터 같은 해 ○. ○까지 2개월 간 위 노래방의 영업을 정지할 것을 명하는 처분을 하였습니다.
2. 처분의 위법성
   이 사건 처분은 다음과 같은 점에서 위법하므로 취소되어야 합니다.
   가) 음악산업진흥에관한법률상 노래연습장업자의 준수사항으로 "주류를 판매·제공하지 아니할 것"라고 규정하고 있는바, 원고의 업소에서는 노래방 이용손님에게 주류를 판매·제공한 사실이

없습니다. 이 사건의 경우는 30대 중반 남자 김□□외 4명이 위 노래방에 들어와 1시간동안 노래를 부르고 가겠다고 하여 1시간대실료 금 13,000원을 받고 노래기기에 음악을 제공한 사실은 있었으나 음악산업진흥에관한법률 제22조 제1항 제3호에 정한 "주류를 판매·제공"한 행위에 해당하지 아니한다 할 것입니다.

나) 이 사건 당일 21:00경 위 30대 남자 안□□외 일행 4명이 만취상태에서 노래방에 들어와 1시간만 노래를 부르고 가겠다고 하여 201호를 대실한 사실이 있으나 위 손님 중에 1명이 품속에 캔맥주 5개를 노래방종사자 모르게 반입하여 5명이 201호 내에서 나누어 마신 후 빈 캔을 휴지통에 버린 것을 피고의 소속 단속공무원이 원고가 주류반입을 묵인한 것으로 오인하여 위 같은 처분한 것으로 사료됩니다.

3. 처분의 부당성

원고는 위와 같다면 노래방 종사자로 내방 손님이 품속에 주류를 숨겨 반입하는 것까지 이를 막을 방법이 없다할 것입니다. 가사 원고가 주류반입을 알고 있었다고 하더라도 만취한 손님에게 주류반입을 금지할 경우 손님이 이에 응할 손님이 거의 없는 현실에서 단순히 소극적으로 이를 제지하지 아니하였다는 이유로 원고에게 생계수단인 노래방 영업정지처분은 가혹하고 부당하다할 것입니다. 따라서 위 같은 사정에 비추어 원고를 비난하기 어렵고, 이 사건의 실체에 비추어 볼 때 이 사건처분은 지나치게 형식에만 치우쳐 그 처분으로 달성하려는 원래 목적에서 일탈하는 결과에 이르게 될 것인 바, 그렇다면 이 사건 처분은 원고에게 과도한 것으로 부당하다고 아니할 수 없어 마땅히 취소를 면키 어렵다고 할 것입니다.

입 증 방 법

1. 갑 제1호증   행정처분 통지서
1. 갑 제2호증   노래방 등록증
1. 갑 제3호증   사업자등록증

1. 갑 제4호증   사실확인서

첨 부 서 류

1. 위 입증방법   각 1통
1. 소장부본   1통
1. 납부서   1통

20○○년 ○월 ○일

원   고   ○ ○ ○ (서명 또는 날인)

○ ○ 행 정 법 원 귀중

③ 영업정지처분 취소청구의 소(대중음식점)

소　　　장

원　　고　　○○○(주민등록번호)
　　　　　　○○시 ○○구 ○○길 ○○ (우편번호 ○○○○○)
피　　고　　△△시 △△구청장
　　　　　　○○시 ○○구 ○○길 ○○ (우편번호 ○○○○○)

영업정지처분 취소청구의 소

청　구　취　지

1. 피고가 20○○. ○. ○. 원고에 대하여 한 영업정지처분은 취소한
　 다.
2. 소송비용은 피고의 부담으로 한다.
라는 판결을 구합니다.

청　구　원　인

1. 원고는 20○○. ○. ○. 피고로부터 일반음식점 허가를 받아 ○○
　 시 ○○구 ○○길 ○○ ◎◎빌딩 3층에 ☆☆맥주라는 상호로 경양
　 식 호프음식점업을 경영하여 오던 중 피고는 원고가 20○○. ○.
　 ○. 미성년자에게 주류를 제공하였다는 사유로 같은 해 ○. ○. 자
　 로 원고에 대하여 영업정지 2개월을 명하는 처분을 하였습니다.
2. 그러나 위 영업정치처분은 위반행위에 이르게 된 경위 및 원고의
　 생계에 비추어 보아 너무 가혹하여 재량권의 범위를 일탈 또는 남
　 용한 것으로 위법한 처분이라고 할 것입니다.
3. 관계법령
　 식품위생법 제44조 (영업자 등의 준수사항)
　 ② 식품접객영업자는 「청소년 보호법」 제2조에 따른 청소년(이하
　 이 항에서 "청소년"이라 한다)에게 다음 각 호의 어느 하나에 해당
　 하는 행위를 하여서는 아니 된다.

1. 청소년을 유흥접객원으로 고용하여 유흥행위를 하게 하는 행위

2. 「청소년 보호법」제2조제5호가목3)에 따른 청소년출입·고용 금지
   업소에 청소년을 출입시키거나 고용하는 행위

3. 「청소년 보호법」제2조제5호나목3)에 따른 청소년고용금지업소에
   청소년을 고용하는 행위

4. 청소년에게 주류(酒類)를 제공하는 행위

같은 법 제75조(허가취소 등) ① 식품의약품안전처장 또는 특별자
치도지사·시장·군수·구청장은 영업자가 다음 각 호의 어느 하나에
해당하는 경우에는 대통령령으로 정하는 바에 따라 영업허가 또는
등록을 취소하거나 6개월 이내의 기간을 정하여 그 영업의 전부
또는 일부를 정지하거나 영업소 폐쇄(제37조제4항에 따라 신고한
영업만 해당한다. 이하 이 조에서 같다)를 명할 수 있다.

13. 제44조제1항·제2항 및 제4항을 위반한 경우

4. 이 사건의 경위

원고는 사건 당일 소외 홍□□과 정□□이 다른 남자 1사람 및 여
자 3사람과 같이 위 음식점에서 자신들이 대학생인데 신분증을 가
져오지 않았다고 하면서 양주1병과 호프 6잔, 안주 등을 주문하여
마시고는 그 다음날 02:00경 계산을 하지 아니한 채 도망하려고
하자 원고가 그들을 붙잡으려고 하다가 오히려 폭행을 당하게 되
어 112로 신고를 하였습니다.

원고는 이 사건 전에 동종의 위반경력이 전혀 없습니다.

5. 결론

그러므로 원고가 미성년자들이 스스로 속이고 들어왔으며 원고가
112에 신고를 해서 본 건이 문제화되었다는 점등을 참작하면 피고
의 이 사건 영업정지처분은 재량권을 일탈한 위법한 처분으로 취
소되어야 할 것입니다.

입 증 서 류

1. 갑 제1호증   영업정지처분서
1. 갑 제2호증   확인서

1. 갑 제3호증   사건발생보고서
1. 갑 제4호증   진술서
1. 갑 제5호증   탄원서
1. 갑 제6호증   주민등록증사본
1. 갑 제7호증   영업허가증

첨 부 서 류

1. 위 입증방법   각 1부
1. 소장부본   1부
1. 납부서   1부

20○○년 ○월 ○일

원   고   ○ ○ ○   (서명 또는 날인)

○ ○ 지 방 법 원 귀 중

④ **영업허가취소처분 취소청구의 소(유흥음식점)**

소　　　　　장

원 고　　○ ○ ○(주민등록번호)
　　　　　○○시 ○○구 ○○길 ○○ (우편번호 ○○○○○)
피 고　　△△시 △△구청장
　　　　　○○시 ○○구 ○○길 ○○ (우편번호 ○○○○○)

영업허가취소처분 취소청구의 소

신 청 취 지

1. 피고가 원고에 대하여 한 20○○. ○. ○.자로 20○○. ○. ○.부
   유흥음식점허가를 취소한 처분은 이를 취소한다.
2. 소송비용은 피고의 부담으로 한다.
라는 판결을 구합니다.

신 청 이 유

1. 원고는 ○○시 ○○구 ○○길 ○○ 소재에서 "☆☆"이라는 상호로
   유흥주점영업을 하여 오던 중, 위 주점에서 시간외 영업을 하였다
   는 이유로 적발되자 피고는 원고가 위와 같이 시간외 영업을 하였
   다는 사유로 식품위생법 제43조 제1항 및 같은 법 제75조 제1항
   에 의하여 20○○. ○. ○.자로 원고에 대하여 20○○. ○. ○.부터
   같은 해 ○. ○.까지 1달간 영업정지를 명하는 처분에 대해 원고는
   동 명령을 충실히 이행하였습니다.
2. 처분의 위법성
   이 사건 처분은 너무 가혹하여 재량권의 범위를 일탈한 위법이 있
   다 할 것입니다.
   가) 원고는 20○○. ○. ○. 피고로부터 유흥주점 영업허가를 받아
   　　○○시 ○○구 ○○길 ○○ 약 80평의 실내에 룸 10개를 설치
   　　하고 "☆☆"이라는 상호로 유흥주점영업을 해 왔습니다.

나) 원고는 동 명령을 준수하기 위하여 관리인인 소외 김□□을 시켜 패문관리를 철저히 하고 있던 중 원고가 부재중 원고의 아들인 소외 홍□□가 절친한 친구가 군에 입대한다고 20○○. ○. ○. 밤20:00부터 동 주점에서 10여명이 모여 송별회를 한다고 맥주 3박스 등을 구입하여 회합을 가진바가 있습니다.

다) 그런데 피고는 이를 원고가 영업정지 중에 영업을 한 것이라고 오인을 하고 원고에 대하여 20○○. ○. ○자로 같은 해 ○. ○부로 영업허가를 취소한다는 처분을 하였으나 원고는 영업을 한 사실이 없고 이 사건처분으로 인하여 원고가 입을 불이익 등에 비추어 볼 때 이 사건 처분은 지나치게 무거운 것입니다

따라서 위 처분은 위법하며 취소되어야 할 것입니다.

입 증 방 법

1. 갑 제1호증　　　　　　영업허가취소통지서
1. 갑 제2호증　　　　　　행정처분(영업정지)
1. 갑 제3호증　　　　　　사업자등록증

첨 부 서 류

1. 위 입증방법　　　　　　　　각 1통
1. 소장부본　　　　　　　　　　1통
1. 납부서　　　　　　　　　　　1통

20○○년 ○월 ○일

원　고　○○○　(서명 또는 날인)

○ ○ 행 정 법 원 귀중

⑤ 영업정지처분 취소청구의 소(접대부 고용 오인)

소　　장

원　　고　　○○○(주민등록번호)

　　　　　　　○○시 ○○구 ○○길 ○○(우편번호 ○○○○○)

피　　고　　서울특별시 ◇◇구청장

　　　　　　　○○시 ○○구 ○○길 ○○(우편번호 ○○○○○)

영업정지처분 취소청구의 소

청 구 취 지

1. 피고가 20○○. ○. ○. 원고에 대하여 한 3개월 간의 영업정
지처분(20○○. ○. ○. ~ 20○○. ○. ○.)을 취소한다.
2. 소송비용은 피고의 부담으로 한다.

라는 판결을 구합니다.

청 구 원 인

1. 처분의 경위

피고는 서울 ○○구 ○○길 ○○ - ○ 소재 건물 1층에서 "◎◎노
래방"이라는 상호로 노래연습장업을 경영하고 있던 원고가 20○○.
○. ○. 접대부 임△△, 이▲▲를 고용하였다는 이유로 20○○. ○.
○. 원고에 대하여 3개월 간(20○○. ○. ○. ~ 20○○. ○. ○.)
영업정지처분을 하였습니다.

2. 처분의 위법성

임△△, 이▲▲는 문▽▽, 김▼▼와 함께 노래방에 들어온 손님이지
접대부가 아니었으므로 이 사건 처분은 사실을 오인한 위법한 처
분입니다.

3. 결론

위와 같이 피고가 원고에 대하여 한 처분은 위법하므로 이에 본건
소를 제기합니다.

입 증 방 법

1. 갑 제1호증   영업정지명령서
1. 갑 제2호증   노래방등록증
1. 갑 제3호증   사업자등록증
1. 갑 제4호증   사실확인서

첨 부 서 류

1. 위 입증방법   각 1통
1. 소장부본   1통
1. 송달료납부서   1통

20○○. ○. ○.

위 원고   ○○○ (서명 또는 날인)

○○행정법원 귀중

⑥ **영업정지처분 취소청구의 소(숙박업)**

소　　　　장

원　고　○○○(주민등록번호)

　　　　　○○시 ○○구 ○○길 ○○(우편번호 ○○○○○)

피　고　△△시 △△구청장

　　　　　○○시 ○○구 ○○길 ○○ (우편번호 ○○○○○)

영업정지처분 취소청구의 소

청　구　취　지

1. 피고가 20○○. ○. ○. 원고에 대하여 한 20○○. ○. ○.부터 같은 해 ○. ○.까지(2개월)의 숙박업영업정지처분은 이를 취소한다.
2. 소송비용은 피고의 부담으로 한다.

라는 판결을 구합니다.

청　구　원　인

1. 처분의 경위

　원고는 19○○. ○.경 ○○시 ○○구 ○○길 ○○번지 소재 ☆☆이라는 상호의 여관을 인수하여 피고로부터 숙박업 허가를 득한 후 경영해 왔는바, 피고는 원고가 20○○. ○. ○. 21 : 00경 위 여관에 미성년자를 혼숙하게 하였다는 이유로, 20○○. ○. ○. 자로 원고에 대하여 20○○. ○. ○.부터 같은 해 ○. ○.까지 2개월간 위 여관의 영업을 정지할 것을 명하는 처분을 하였습니다.

2. 처분의 위법성

　이 사건 처분은 다음과 같은 점에서 위법하므로 취소되어야 합니다.

　가. 청소년보호법상 "청소년을 남녀 혼숙하게 하는 등 풍기를 문란하게 하는 영업행위를 하거나 이를 목적으로 장소를 제공하는 행위"를 금지하고 있고, 공중위생관리법에서는 "시장·군수·구청장은 공중위생영업자가 이 법 또는 이 법에 의한 명령에 위반

하거나 또는 「성매매알선 등 행위의 처벌에 관한 법률」, 「풍속 영업의 규제에 관한 법률」, 「청소년 보호법」, 「의료법」에 위반하여 관계행정기관의 장의 요청이 있는 때에는 6월 이내의 기간을 정하여 영업의 정지 또는 일부 시설의 사용중지를 명하거나 영업소폐쇄등을 명할 수 있다"고 규정하고 있으나, 원고의 업소에서는 청소년을 남녀혼숙하게 한 사실이 없습니다.

이 사건의 경우는 김□□라는 30대 중반의 남자와 이□□라는 18세의 여자가 위 여관에 다른 목적을 가지고 잠시 들어왔을 뿐으로, 그들은 성관계를 갖거나 잠을 잔 적이 없으므로, 청소년보호법 제30조 제8호에 정한 "청소년을 남녀 혼숙하게 하는 등 풍기를 문란하게 하는 영업행위를 하거나 이를 목적으로 장소를 제공하는 행위"에 해당하지 아니한다 할 것입니다.

나. 이 사건 당일 21 : 00경 위 김□□라는 30대 중반의 남자가 20대 초반으로 보이는 이□□라는 여자를 데리고 대실을 요구하여 원고가 여자에게 주민등록증을 요구하였던 바, 위 김□□는 "사람을 그렇게 믿지 못하느냐, 미성년자가 아니니 걱정 말라."고 하면서 화를 내었고, 이에 원고가 "숙박계라도 기재하라."고 요구하자 "잠시 쉬어 갈텐데 무슨 숙박계를 쓰느냐."고 화를 내므로 하는 수 없이 동 여관 308호실로 안내하였습니다.

3. 처분의 부당성

설령 위 행위가 명목상 청소년보호법에 반하는 것이라고 하더라도 위와 같은 사정에 비추어 원고를 비난하기 어렵고, 이 사건의 실체에 비추어 볼 때, 이 사건 처분은 지나치게 형식에만 치우쳐 그 처분으로 달성하려는 원래의 목적에서 일탈하는 결과에 이르게 될 것인 바, 그렇다면 이 사건 처분은 원고에게 과도한 것으로 부당하다고 아니할 수 없어 마땅히 취소를 면키 어렵다고 할 것입니다. 따라서 위 처분은 위법하고 부당하므로 취소되어야 할 것입니다.

입 증 방 법

1. 갑 제1호증의 1 청소년보호법 위반업소 행정처분

1. 갑 제1호증의 2   행정처분(영업정지)
1. 갑 제2호증   숙박업 신고증
1. 갑 제3호증   사업자 등록증

첨 부 서 류

1. 위 입증방법   각 1통
1. 소장부본   1통
1. 납부서   1통

2000년 ○월 ○일

원   고   ○ ○ ○   (서명 또는 날인)

○ ○ 행 정 법 원 귀중

2. 영업허가 취소처분 취소

■ 청구취지

> 1. 피고가 ○○○○. ○○. ○○. 원고에 대하여 한 영업허가 취소처분을 취
>   소한다.
> 2. 소송비용은 피고가 부담한다.
> 라는 판결을 구합니다.

■ 소장 작성례

① 영업허가취소처분 취소청구의 소(일반음식점)

소　　　　　장

원　고　　○　○　○(주민등록번호)

　　　　　　○○시 ○○구 ○○길 ○○ (우편번호 ○○○○○)

피　고　　△△시 △△구청장

　　　　　　○○시 ○○구 ○○길 ○○ (우편번호 ○○○○○)

영업허가취소처분 취소청구의 소

청　구　취　지

1. 피고가 20○○. ○. ○. 원고에 대하여 한 영업허가취소(영업소 폐
   쇄명령) 처분을 취소한다.
2. 소송비용은 피고가 부담한다.
라는 판결을 구합니다.

청　구　원　인

1. 처분의 경위
   원고는 20○○. ○. ○. 피고에게 일반음식점 영업신고를 한 후 ○

○시 ○○구 ○○길 ○○ 소재 건물 1층에서 "☆☆"이라는 상호로 일반음식점 영업을 해 왔는데, 피고는 소외 박□□이 위 장소에서 일반음식점 영업을 해 오다가 20○○. ○. ○. 청소년인 소외 김□□에게 주류를 제공하다가 적발되자 폐업을 가장하여 행정처분을 면탈하려는 목적으로 폐업신고를 하였다는 이유로 같은 해 ○. ○. 위 폐업신고의 수리를 철회하고, 원고에 대한 영업허가를 취소한다는 처분을 하였습니다.

2. 처분의 위법

원고는 전영업자인 이□□로부터 위 일반음식점을 양수할 때에 전영업자가 청소년에게 주류 판매한 사실을 전혀 고지 받지 못해 이를 전혀 모르고 있었고, 이 사건 처분은 원고에게 행정제재처분을 면탈할 의사가 없음에도 불구하고 그러한 의사가 있는 것으로 사실을 오인하였을 뿐만 아니라 아무런 법적 근거없는 위법한 처분으로서 취소되어야 할 것입니다.

<h2 style="text-align:center">입 증 방 법</h2>

1. 갑 제1호증　　　　　　　영업취소통지서
1. 갑 제2호증　　　　　　　사업자등록증

<h2 style="text-align:center">첨 부 서 류</h2>

1. 위 입증방법　　　　　　　각 1통
1. 소장부본　　　　　　　　1통
1. 납부서　　　　　　　　　1통

20○○년　○월　○일

원　고　○ ○ ○　(서명 또는 날인)

<h3 style="text-align:center">○ ○ 행 정 법 원　귀중</h3>

3. 영업소폐쇄처분 취소

■ 청구취지

> 1. 피고가 ○○○○. ○○. ○○. 원고에 대하여 한 영업소 폐쇄처분을 취소한다.
> 2. 소송비용은 피고가 부담한다.
> 라는 판결을 구합니다.

4. 어업정지처분 취소

■ 청구취지

> 1. 피고가 ○○○○. ○○. ○○. 원고에 대하여 한 어업정 지 ○월의 처분을 취소한다.
> 2. 소송비용은 피고가 부담한다.
> 라는 판결을 구합니다.

5. 업무정지처분 취소

■ 청구취지

1. 피고가 ○○○○. ○○. ○○. 원고에 대하여 한 업무정　지 ○월의 처분을 취소한다.
2. 소송비용은 피고가 부담한다.
라는 판결을 구합니다.

■ 소장 작성례

● 건축사 업무정지처분 취소청구의 소

소　　　　장

원　　고　○　○　○(주민등록번호)
　　　　　　○○시 ○○구 ○○길 ○○ (우편번호 ○○○○○)
피　　고　△△시 △△구청장
　　　　　　○○시 ○○구 ○○길 ○○ (우편번호 ○○○○○)

건축사업무정지처분 취소청구의 소

청　구　취　지

1. 피고가 20○○. ○. ○. 원고에 대하여 한 건축사업무정지 61일(20○○. ○. ○. - 20○○. ○. ○.) 명령처분을 취소한다.
2. 소송비용은 피고의 부담으로 한다.
라는 판결을 구합니다.

청　구　원　인

1. 피고는, 원고가 ○○시 ○○구 ○○동 ○○ 대지상에 ○○○의 근린생활시설 및 주택건축공사 등을 감리함에 있어서 옥외주차장폭이

2.3m이어야 하는데도 2.1m만 확보하는 등의 위반사항이 발생하였음에도 시정지시와 보고를 하지 아니하는 등 건축법에 의한 공사 감리자로서의 의무를 이행하지 아니하였다는 이유로 건축사법 제28조, 동법시행령 제29조의 2에 의거하여 2월간의 건축사업무정지 명령을 하였습니다.

2. 그러나, 원고는 지적도상 그 주차장 너비가 2.3m 이상이었기 때문에 준공처리를 하여 주었던 것이고, 피고의 지적에 따라 실측하여 본 결과 그 주차장 대부분의 너비가 2.3m이상이었으나 단지 입구 쪽의 일부분만이 그 인접 건물 담장과의 거리가 2.1m임을 알게 되었습니다. 이에 원고는 대한지적공사에 의뢰하여 재측량하여 본 결과 그 지적도상의 너비는 분명 2.3m이상이고 그 인접건물담장이 위 건물대지쪽으로 20㎝ 침범하여 축조한 탓으로 인접 건물 담장과의 거리가 2.1m로 된 것임이 판명되었습니다. 그렇다면 원고로서는 그 감리상의 성실의무에 위반된바가 없는 것이므로 위 처분은 위법함을 면치 못할 것입니다.

3. 가사, 주차장 입구쪽의 현황상 너비가 2.1m인 것을 조사하지 아니한 것이 성실의무위반으로 의율된다 하더라도 그것은 주차장의 극히 일부분에 지나지 아니하는 점, 그로 인해 승용차 출입에 전혀 지장이 없는 점, 20cm가 부족하게 된 원인은 인접 건물의 침범으로 인한 것인 점 등을 참작할 때, 위와 같은 이유로 원고에 대하여 업무정지 61일의 처분을 함은 너무나 가혹한 것으로서 재량권의 일탈 내지 남용에 해당한다 할 것입니다.

4. 따라서, 피고가 원고에 대하여 한 건축사업무정지명령처분을 취소해 주시기 바랍니다.

입 증 방 법

1. 갑 제1호증   위반건축사 행정처분서
1. 갑 제2호증   건축사업무정지 명령서
1. 갑 제3호증   행정심판접수증

첨 부 서 류

```
1. 위 입증방법                          각 1통
1. 소장부본                             1통
1. 납부서                               1통

                              20〇〇년  〇월 〇일
                   원  고   〇〇〇   (서명 또는 날인)

          〇 〇 행 정 법 원  귀중
```

6. 조업정지처분 취소

■ 청구취지

1. 피고가 〇〇〇〇. 〇〇. 〇〇. 원고에 대하여 한 조업정지 〇월의 처분을
   취소한다.
2. 소송비용은 피고가 부담한다.
라는 판결을 구합니다.

§13. 선거관련

1. 대통령선거 무효

■ 청구취지

> 1. ○○○○. ○○. ○○. 실시된 제○○대 대통령선거를 무효로 한다.
> 2. 소송비용은 피고가 부담한다.
> 라는 판결을 구합니다.

2. 국회의원선거 무효

■ 청구취지

> 1. ○○○○. ○○. ○○. 실시된 □□ 선거구의 제□□대 지역구국회의원선
>   거를 무효로 한다.
> 2. 소송비용은 피고가 부담한다.
> 라는 판결을 구합니다.

3. 시·도지사선거 무효

■ 청구취지

> 1. ○○○○. ○○. ○○. 실시된 제○회 전국동시지방선거 중 □□선거를
>   무효로 한다.
> 2. 소송비용은 피고가 부담한다.
> 라는 판결을 구합니다.

4. 대통령당선 무효

■ 청구취지

> 1. ○○○○. ○○. ○○. 실시된 대통령선거에서 중앙선거 관리위원회가 □
>   □□에 대하여 한 대통령당선인 결정이 무효임을 확인한다.
> 2. 소송비용은 피고가 부담한다.
> 라는 판결을 구합니다.

5. 국회의원당선 무효

■ 청구취지

> 1. ○○○○. ○○. ○○. □□ 선거구에서 실시된 지역구 국회의원선거에서
>   □□선거관리위원회가 □□□에 대하여 한 지역구국회의원당선인 결정이
>   무효임을 확인한다.
> 2. 소송비용은 피고가 부담한다.
> 라는 판결을 구합니다.

6. 시·도지사당선 무효

■ 청구취지

> 1. ○○○○. ○○. ○○. □□ 선거구에서 실시된 □□선거에서 □□선거관
>   리위원회가 □□□에 대하여 한 □□당선인결정이 무효임을 확인한다.
> 2. 소송비용은 피고가 부담한다.
> 라는 판결을 구합니다.

7. 국민투표 무효

■ 청구취지

1. ○○○○. ○○. ○○. 실시한 □□ 국민투표를 무효로 한다.
2. 소송비용은 피고가 부담한다.
라는 판결을 구합니다.

8. 자치구/시/군의장선거 무효

■ 청구취지

1. ○○○○. ○○. ○○. □□ 선거구에서 실시된 □□선거를 무효로 한다.
2. 소송비용은 피고가 부담한다.
라는 판결을 구합니다.

§14. 면허관련

1. 개인택시 운송사업면허 거부취소

■ 청구취지

1. 피고가 ○○○○. ○○. ○○. 원고에 대하여 한 개인택시 운송사업면허를 거부한 처분을 취소한다.
2. 소송비용은 피고가 부담한다.
라는 판결을 구합니다.

■ 소장 작성례

● 개인택시 운송사업면허 거부 취소청구의 소

소　　　장

원　　고　　○　○　○(주민등록번호)
　　　　　　○○시 ○○구 ○○길 ○○ (우편번호 ○○○○○)
피　　고　　△ △ 시장
　　　　　　○○시 ○○구 ○○길 ○○ (우편번호 ○○○○○)

개인택시운송사업면허거부 취소청구의 소

청 구 취 지

1. 피고가 20○○. ○. ○. 원고에 대하여 개인택시 운송사업면허를 거부한 처분을 취소한다.
2. 소송비용은 피고의 부담으로 한다.
라는 재판을 구합니다.

청 구 원 인

1. 원고는 개인택시운송사업면허를 받고자 하는 자로서 ○○시가 20

○○. ○. ○. 공고한 개인택시운송사업면허공고일정에 따라 20○
○. ○. ○. 면허신청을 한 사실이 있습니다.

2. 원고는 개인택시면허신청자동차운수사업법시행규칙 제13조 제1항
   의 규정에 의한 시설등의 기준외, 개인택시면허신청공고일로부터
   기산하여 과거 6년간 ○○시에서 미군, 군속 및 그 가족 등만을 대
   상으로 하여 영업을 하도록 면허를 받은 택시회사 소속 운전원으
   로 위 같은 기간 무사고로 운전한 경력이 있습니다. 따라서 원고는
   개인택시 운송사업 면허를 득하는데 아무런 결격사유가 없습니다.

3. 그런데 피고는 원고가 근무하였던 위 택시회사의 운임의 결정방법
   이나 처우조건이 일반택시와 다르다는 사실만으로 원고의 자격을
   불리하게 산정하여, 원고는 개인택시운송사업면허를 거부당하게 되
   었습니다.

4. 그러나 위와 같은 ○○시 행위는 합리적인 이유가 없는 재량권 일
   탈행위이므로 원고는 본 청구에 이른 것입니다.

입 증 방 법

    1. 갑 제1호증   재직증명서

첨 부 서 류

    1. 위 입증방법   1통
    1. 소장부본   1통
    1. 납부서   1통

20○○년 ○월 ○일

원 고 ○ ○ ○ (서명 또는 날인)

○ ○ 행 정 법 원 귀중

2. 등록취소처분 취소

■ 청구취지

1. 피고가 ○○○○. ○○. ○○. 원고에 대하여 한 등록취소처분을 취소한다.
2. 소송비용은 피고가 부담한다.
라는 판결을 구합니다.

3. 의사 면허자격정지처분 취소

■ 청구취지

1. 피고가 ○○○○. ○○. ○○. 원고에 대하여 한 의사면허자격정지 ○월
   의 처분을 취소한다.
2. 소송비용은 피고가 부담한다.
라는 판결을 구합니다.

4. 자동차 운전면허 정지처분 취소

■ 청구취지

> 1. 피고가 ○○○○. ○○. ○○. 원고에 대하여 한 자동차 운전면허정지 ○
>   월의 처분을 취소한다.
> 2. 소송비용은 피고가 부담한다.
> 라는 판결을 구합니다.

■ 소장 작성례

● 자동차 운전면허정지처분 취소청구의 소(21년 무사고)

소　　　　장

원　고　　○　○　○(주민등록번호)

　　　　　　○○시 ○○구 ○○길 ○○ (우편번호 ○○○○○)

피　고　　○○지방경찰청장

　　　　　　○○시 ○○구 ○○길 ○○ (우편번호 ○○○○○)

자동차운전면허정지처분 취소청구의 소

청 구 취 지

1. 피고가 20○○. ○. ○. 원고에게 한 20○○. ○. ○.부터 같은 해
   ○. ○까지의 자동차운전면허정지처분은 이를 취소한다.
2. 소송비용은 피고가 부담한다.
라는 판결을 구합니다.

청 구 원 인

1. 원고는 19○○년 서울 ○○-○○○○○○-○○호로 운전면허를 취
   득하여 현재까지 오직 운전만을 하여 왔습니다. 원고는 21년간 운
   전을 하면서 타 운전사들의 모범이 되어 왔고 별다른 사고 없이

착실하게 운전업무에 종사하였습니다.

2. 원고가 음주운전을 하게 된 동기

원고는 20○○. ○. ○. 영업을 하다 가까운 친척인 소외 김□□의 장남 결혼식에 참석한 후 친지들과 피로연을 위 소외인의 집에서 하게되어 자신의 개인택시를 운전하여 골목길 집 앞에 주차한 후 오랜만에 만난 친지들과 어울려 자신의 처지를 이야기하며 평소에 잘 마시지 않던 술을 마시게 되었습니다. 그러던 중 같은 날 17:30경 원고의 차 뒤에 주차해 있던 사람이 차도로 나가기 위하여 원고의 차를 빼달라고 하여 원고는 비록 술을 마셨지만 차도로 운행하는 것도 아니고 골목길에서 다른 차의 통행을 위하여 원고의 차를 차도로 빼내는 것인 것만큼 설마하는 생각에 운전하다 마침 ◎◎극장 방면에서 ◎◎길 방면으로 가던 영업용 택시와 가벼운 접촉사고가 있어 경찰관들의 단속을 받게 되었고 그 과정에서 음주측정을 하게 된 것으로서

3. 원고가 운전한 거리가 차도가 아닌 주택가 좁은 골목길이고 차도로 운행을 위하여 운전한 것도 아니고 단지 원고의 차 뒤에 주차한 차의 통행을 위하여 빼내는 과정에서 빚어진 것으로서 원고가 음주한 채 운전한 거리가 불과 10여 미터 정도로 차도로의 운행을 위하여 운전한 것은 절대로 아니었습니다.

4. 원고는 21년 동안 아무런 사고 없이 모범운전사로 관계기관으로부터 표창까지 받은 사실이 여러 번 있으며 좁은 골목길에서 다른 차의 통행을 위하여 불과 10여 미터 운전한 것이 범법행위를 한 것이라면 벌금은 낼 정도일지는 모르지만 생계수단인 운전면허가 180일간 정지되리라고는 상상조차 할 수 없었습니다.

5. 원고는 21년여 동안 운전만을 하여 오면서 어렵게 취득한 개인택시 운송사업 면허가 180일간 정지된다면 당장 가족들의 생계마저 위협을 당하게 됩니다.

이상과 같이 원고는 단지 주차된 원고의 차를 다른 차의 통행을 위하여 다른 장소로 옮기는 과정에서 짧은 순간 술을 마신 채 운전하였으며 10여미터 정도 운전을 한 것은 사실이나 원고가 그 날

운전하게된 동기, 원고의 연령, 원고가 처한 가정환경 등 기타 제반 정상을 참작할 때 이러한 한가지 사정만으로 원고의 운전면허를 상기와 같이 장기간동안 정지하는 것은 피고가 재량권을 남용하거나 일탈한 행위로 여겨집니다.

6. 따라서 원고는 청구취지와 같은 판결을 구하고자 이건 청구에 이른 것입니다.

입 증 방 법

1. 갑 제1호증   자동차 운전면허 정지통지서
1. 갑 제2호증   자동차등록증
1. 갑 제3호증   사업자등록증
1. 갑 제4호증   청첩장
1. 갑 제5호증   사실확인서
1. 갑 제6호증   본인진술서

첨 부 서 류

1. 위 입증방법   1통
1. 재결서   1통
1. 소장부본   1통
1. 납부서   1통

20○○년 ○월 ○일

원 고 ○ ○ ○ (서명 또는 날인)

○ ○ 행 정 법 원   귀중

5. 자동차 운전면허취소처분 취소

■ 청구취지

> 1. 피고가 ○○○○. ○○. ○○. 원고에 대하여 한 자동차 운전면허 취소처
>   분을 취소한다.
> 2. 소송비용은 피고가 부담한다.
> 라는 판결을 구합니다.

■ 소장 작성례

① 자동차 운전면허취소처분 취소청구의 소(개인택시)

<table>
<tr><td colspan="2" align="center">소　　　　　　장</td></tr>
<tr><td>원　　고</td><td>○　○　○(주민등록번호)
○○시 ○○구 ○○길 ○○ (우편번호 ○○○○○)</td></tr>
<tr><td>피　　고</td><td>△△시 지방경찰청장
○○시 ○○구 ○○길 ○○ (우편번호 ○○○○○)</td></tr>
</table>

자동차운전면허취소처분 취소청구의 소

청 구 취 지

1. 피고가 20○○. ○. ○. 원고에 대하여 한 제1종 보통 자동차 운전
   면허 취소처분은 이를 취소한다.
2. 소송비용은 피고가 부담한다.
라는 판결을 구합니다.

청 구 원 인

1. 원고는 19○○년 □□지방경찰청장으로부터 면허번호 서울 ○○-○
   ○○○○- ○○호로 운전면허를 취득하여 22년여 동안 오직 운전
   만을 하여 왔습니다.

2. 원고는 수십년간 운전을 하면서 타 운전사들의 모범이 되어 왔고 모범 운전사로 선정되어 20○○. ○. ○. ○○시장으로부터 개인택시 운송사업면허를 발급받아 별다른 사고 없이 착실하게 운전업무에 종사하였습니다.

3. 그런데 원고는 19○○년 상처를 하여 재혼하지도 않고 원고가 운전을 하면서 5남매를 키우고 아이들의 교육과 아울러 뒷바라지를 하면서도 남들보다 더 열심히 살아왔으며, 가족들의 생계를 위하여 참고 개인택시를 운전하여 왔습니다.

4. 원고가 음주운전을 하게 된 동기

   가. 원고는 200○○. ○. ○. 영업을 하다 가까운 친척인 소외 김 □□의 장남 결혼식에 참석한 후 친지들과 위 소외인의 집에서 피로연을 하게되어 원고는 자신의 개인택시를 운전하여 골목길 (차량이 교행을 할 수 없는 길로서 뒷차가 차도로 나가려면 앞차를 차도까지 빼내야만 나올 수 있는 주택가의 좁은 길임) 집 앞에 주차한 후 오랜만에 만난 친지들과 어울려 평소에 잘 마시지 않던 술을 마시게 되었습니다.

   나. 그러던 중 같은 날 17:30경 원고의 차 뒤에 주차해 있던 사람이 차도로 나가기 위하여 원고의 차를 빼달라고 하여 원고는 비록 술을 마셨지만 차도로 운행하는 것도 아니고 골목길에서 다른 차의 통행을 위하여 원고의 차를 차도로 빼내는 것인 만큼 설마하는 생각에 운전하다가 마침 골목길을 지나가던 영업용 택시와 가벼운 접촉사고가 있어 경찰관들의 단속을 받게 되었고 그 과정에서 음주측정을 하게 되었습니다.

   다. 원고가 운전한 장소는 차도가 아닌 주택가 좁은 골목길이었고, 원고는 차도로 운행하기 위하여 운전한 것이 아니고 단지 원고의 차뒤에 주차한 차의 통행을 위하여 차를 빼내기 위해 운전한 것이었으며, 원고가 음주한 채 운전한 거리는 불과 2미터 정도에 불과하였습니다.

5. 원고는 23년여 동안 아무런 사고 없이 모범운전사로 관계기관으로부터 표창까지 받은 사실이 여러 번 있으며 좁은 골목길에서 다른

차의 통행을 위하여 불과 2미터 정도 운전한 것이 범법행위를 한 것이라면 벌금은 낼 정도인지는 모르지만 생계 수단인 운전면허가 취소되리라고는 상상조차 할 수 없었습니다.

6. 원고는 운전면허증이 취소된다면 23년여 동안 오직 운전만을 하여 오면서 어렵게 취득한 개인택시운송사업 면허마저도 취소될 위기에 처해 당장 가족들의 생계마저 위협당할 처지에 놓이게 될 것입니다.

7. 이상과 같이 원고는 단지 주차된 원고의 차를 다른 차의 통행을 위하여 다른 장소로 옮기는 과정에서 짧은 순간 술을 마신 채 운전하였으며, 운전면허증을 발급받은 이후 지금까지 23년여 동안 아무런 사고 없이 운전하여 왔고, 모범운전사로서 개인택시 운송사업 면허까지 발급 받아 개인택시를 운전해 왔습니다.

따라서 원고가 술을 마신 채 2미터 정도 운전을 한 것은 사실이나 원고가 그 날 운전하게된 동기, 원고의 연령, 원고가 처한 가정환경 등 기타 제반 정상을 참작할 때 이러한 한가지 사정만으로 원고의 운전면허를 취소까지 한 것은 피고가 재량권을 남용하거나 일탈한 행위로 여겨집니다.

8. 따라서 원고는 청구취지와 같은 판결을 구하기 위하여 이건 청구에 이른 것입니다.

입 증 방 법

1. 갑 제1호증	행정심판 접수증
1. 갑 제2호증	자동차 운전면허 취소통지서
1. 갑 제3호증	자동차 등록증
1. 갑 제4호증	사업자 등록증
1. 갑 제5호증	청첩장(혼주 ○○○)
1. 갑 제6호증	본인 진술서
1. 갑 제7호증	사실확인서(혼주 및 친지들)
1. 갑 제8호증의 1, 2	주민등록등본
1. 갑 제9호증	제적등본(원고의 처)

(2008. 1. 1. 이후 사망한 경우 기본증명서)

1. 갑 제10호증   가족관계증명서
1. 갑 제11호증   표창장(○○택시)
1. 갑 제12호증   표창장(○○시장)
1. 갑 제13호증   개인택시운송사업면허취소에
                              따른청문실시

첨 부 서 류

1. 위 입증서류   각 1통
1. 소장부본   1통
1. 납부서(송달료)   1통

2000년 ○월 ○일

원   고   ○ ○ ○   (서명 또는 날인)

○ ○ 행 정 법 원   귀중

② 자동차 운전면허취소처분 취소청구의 소(대형, 특수면허)

소   장

원   고   ○ ○ ○(주민등록번호)

           ○○시 ○○구 ○○길 ○○ (우편번호 ○○○○○)

피   고   △△시 지방경찰청장

           ○○시 ○○구 ○○길 ○○ (우편번호 ○○○○○)

자동차운전면허취소처분 취소청구의 소

청 구 취 지

1. 피고가 20○○. ○. ○. 원고에 대하여 한 자동차운전면허 취소처분을 취소한다.
2. 소송비용은 피고가 부담한다.

라는 판결을 구합니다.

청 구 원 인

1. 처분의 경위

   원고는 20○○. ○. ○. 23:00경 ○○시 ○○구 ○○동 ○○ ☆☆주유소 앞 교차로에서 서울 ○바 ○○○○호 트레일러 유조차를 알콜농도 0.15%의 술에 취한 상태로 운전하였는바, 피고는 이러한 원고의 음주운전을 이유로 20○○. ○. ○. 원고에 대하여 원고의 제1종 보통, 제1종 대형, 제1종 특수면허를 모두 취소하는 내용의 처분을 하였습니다.

2. 처분의 위법

   원고는 위 일시, 장소에서 술을 마신 상태에서 운전한 것은 사실입니다. 그러나원고가 운전한 트레일러는 제1종 특수면허로는 운전이 가능하지만, 제1종 보통면허나 대형면허로는 운전 할 수 없으므로 원고의 제1종 보통면허나 대형면허는 위 트레일러 운전과 전혀 관련이 없다 할 것입니다.

따라서 원고의 위와 같은 운전행위는 특수면허에 대한 취소사유로는 될 수 있어도 제1종 대형면허, 제1종 보통면허의 취소사유에는 해당된다고 할 수 없으므로 원고의 제1종 보통면허 및 제1종 대형면허를 취소한 것은 위법한 처분으로서 취소되어야 할 것입니다.

입 증 방 법

1. 갑 제1호증　　　　　　　운전면허취소통지서
1. 갑 제2호증　　　　　　　차량등록증

첨 부 서 류

1. 위 입증방법　　　　　　　각 1통
1. 소장부본　　　　　　　　　1통
1. 납부서　　　　　　　　　　1통

20○○년　○월　○일

원　　고　○ ○ ○　(서명 또는 날인)

○ ○ 행 정 법 원　귀중

③ 자동차 운전면허취소처분 취소청구의 소(회사원)

소　　　장

원　　고　　○○○(주민등록번호)

　　　　　　○○시 ○○구 ○○길 ○○ (우편번호 ○○○○○)

피　　고　　△△지방경찰청장

　　　　　　○○시 ○○구 ○○길 ○○ (우편번호 ○○○○○)

자동차운전면허취소처분 취소청구의 소

청 구 취 지

1. 피고가 20○○. ○. ○. 원고에 대하여 한 자동차운전면허(제2종 보통 경기 ○○-○○○○○-○○) 취소처분을 취소한다.
2. 소송비용은 피고의 부담으로 한다.

라는 판결을 구합니다.

청 구 원 인

1. 원고는 19○○년 제2종 자동차운전면허(제1종 보통 경기 ○○-○○○○○-○○)를 취득하였습니다.

2. 그런데 원고는 20○○. ○. ○. 01:56 경 ○○시 ○○구 ○○길 ○○호텔 앞에서 음주운전단속을 하고 있던 경찰관으로부터 음주측정 요구를 받게 되어 이에 응하게 되었는데 그 결과 원고의 혈중알콜 농도가 0.11%가 나왔습니다. 그리하여 피고는 같은 해 ○. ○. 위 운전면허를 취소하는 처분을 하였습니다.

3. 그러나 피고의 위 행정처분은 다음에서 보는 이유와 같이 원고에게 너무나 가혹하여 재량권을 일탈하거나 남용한 처분으로서 위법한 처분입니다.

　　가. 원고는 ○○시 ○○구 소재 ☆☆회사에서 경리직원으로 근무하는 직원인바 사건 전날 ○○시 ○○구 소재한 거래처인 ★★회사의 사장의 아버지가 심근경색으로 사망하자 위 ☆☆회사의

사장 김□□이 원고에게 부의금을 주면서 직접 전달하라고 하여 이에 원고는 자신의 소유인 서울 ○○거 ○○○○ 승용차량을 운전하여 20:00경 ○○으로 내려갔습니다.

그리하여 ○○○에 위치한 ○○○ 부속병원에 21:50 경 도착하여 부조금을 건네주고 문상을 드린 후 잠시 앉아 있자 마침 우연히 ○○에 있던 지사에서 회사동기인 신□□이 문상을 드리러 와서 반가운 마음에 만나서 소주를 1병정도 나누어 먹었습니다.

○○시로 올라와야 했기 때문에 한시간 가량 있은 후 서울로 출발하여 사건 당일 1:30경 ○○시로 들어 왔습니다. 그리하여 집으로 향하던 중 음주단속에 걸리게 된 것입니다.

나. 원고가 개인적인 일로서 대전에 간 것이 아니었으며 업무상 상관의 지시로 내려가서 둘이서 소주 1병을 마셨는데 어찌된 연유인지 혈중알콜농도가 0.1%가 넘었던 것입니다. 상가에 문상을 가서 술을 몇 잔 정도 먹었던 것이었으나 원고가 장시간 운전을 하고 피곤한 상태이었기 때문에 알콜이 미쳐 다 분해되지 못하였던 점도 있다고 할 것입니다.

다. 원고는 이제 30살의 나이로서 직장에 입사한 지 1년 반밖에 되지 아니하며 신입사원으로서 차량을 운전해야 할 일이 많은 관계로 운전면허가 취소된다면 회사에서 퇴직해야 할 수도 있습니다.

4. 원고가 여태까지 아무런 음주와 관련한 전력이 없는데다가 회사의 일로 인하여 어쩔 수 없이 문상을 갔다 오던 중에 본 건 음주운전이 있었던 점 등을 고려하면 피고가 이 사건 운전면허처분취소를 한 것은 재량권을 남용하거나 일탈한 위법한 처분이라고 할 것이어서 이의 취소를 구하기 위하여 본 소송을 제기합니다.

입 증 방 법

1. 갑 제1호증   주취운전자 적발내용
1. 갑 제2호증   자동차운전면허취소결정통지서

1. 갑 제3호증	임시운전증명서
1. 갑 제4호증	사업자등록증
1. 갑 제5호증	재 직 증 명 서
1. 갑 제6호증	진 술 서
1. 갑 제7호증	탄 원 서
1. 갑 제8호증	주민등록증사본

첨 부 서 류

1. 위 입증방법	각 1부
1. 소장부본	1부
1. 납부서	1부

20○○년 ○월 ○일

원 고 ○ ○ ○ (서명 또는 날인)

○ ○ 행 정 법 원 귀 중

§15. 기타 행정관련

1. 교원소청심사위원회 결정취소

■ 청구취지

1. 피고가 ○○○○. ○○. ○○. 원고와 □□ 사이의 제○　○○○-○○
   호 사건에 관하여 한 결정을 취소한다.
2. 소송비용은 피고가 부담한다.
라는 판결을 구합니다.

2. 수강료조정명령 취소

■ 청구취지

1. 피고가 ○○○○. ○○. ○○. 원고에 대하여 한 수강료　조정명령을 취
   소한다.
2. 소송비용은 피고가 부담한다.
라는 판결을 구합니다.

3. 이사취임 승인취소처분 취소

■ 청구취지

1. 피고가 200○. ○. ○자로 원고에 대하여 소외 학교법인 ○○학원의 이사취임 승인을 취소한 처분과 같은 날짜로 소외 김□□을 위 학교법인의 각 임시이사로 선임한 처분을 취소한다.
2. 소송비용은 피고가 부담한다.
라는 판결을 구합니다.

■ 소장 작성례

● 이사취임 승인취소처분 등 취소청구의 소

소　　　장

원　고　　○○○(주민등록번호)

　　　　　○○시 ○○구 ○○길 ○○ (우편번호 ○○○○○)

피　고　　△△시 교육위원회 교육감

　　　　　○○시 ○○구 ○○길 ○○ (우편번호 ○○○○○)

이사취임승인취소처분 등 취소청구의 소

청　구　취　지

1. 피고가 200○. ○. ○자로 원고에 대하여 소외 학교법인 ○○학원의 이사 취임 승인을 취소한 처분과 같은 날짜로 소외 김□□을 위 학교법인의 각 임시이사로 선임한 처분을 취소한다.
2. 소송비용은 피고의 부담으로 한다.
라는 판결을 원합니다.

청　구　원　인

1. 원고는 190○. ○. ○. 법률상 학교법인 ○○학원의 이사로서 취

임하여 그 직무상의무를 성실히 수행해오던 중, 19○○. ○. ○. 발생한 교내 교수의 부당해직결정과 그로 인한 학생들의 분규등에 대한 조속한 해결의 시정권고를 피고가 원고에게 요구한 사실이 있으며, 그로부터 8일이 지난 19○○. ○. ○. 피고는 원고의 이사직을 해임하는 처분을 하였습니다.

2. 법률상 학교법인에게 학내문제의 시정을 요구한 날로부터 15일이내에 이에 응하지 아니하면 이사장 등의 취임처분을 취소할 수 있도록 돼있지만 시정요구한지 8일만에 해임조치를 한 위 피고의 행위는 재량을 넘은 위법한 처분이며, 또한 원고가 소외 김□□ 총장이 퇴임한 뒤 신임총장과 형식적인 종합시정방안을 마련하는 등 학교정상화에 소극적으로 임했다는 피고의 해임사유도 인정근거가 없는 등 사실에 부합하지 아니하므로 위법한 처분이라고 할 수밖에 없습니다.

3. 이에 원고는 청구취지 기재와 같이 피고의 이사취임승인취소처분을 취소하고 소외 ○○○에 대한 임시이사선임처분 취소를 구하고자 본 소를 청구하는 바입니다.

첨 부 서 류

1. 법인등기사항증명서	1통
1. 행정처분공문	1통
1. 정관	1통
1. 소장부본	1통
1. 납부서	1통

20○○.   ○.   ○.

원 고   ○○○   (서명 또는 날인)

○ ○ 행 정 법 원 귀중

4. 재임용거부처분 취소

■ 청구취지

1. 피고가 ○○○○. ○○. ○○. 원고에 대하여 한 재임용 거부처분을 취소한다.
2. 소송비용은 피고가 부담한다.
라는 판결을 구합니다.

5. 금지행위 및 시설해제신청거부처분 취소

■ 청구취지

1. 피고가 ○○○○. ○○. ○○. 원고에 대하여 한 학교환경위생 정화구역 내 금지행위 및 시설 해제신청 거부처분을 취소한다.
2. 소송비용은 피고가 부담한다.
라는 판결을 구합니다.

6. 토지수용 재결처분 취소

■ 청구취지

1. 피고 중앙토지수용위원회가 20○○. ○. ○.자 원고에 대하여 한 별지목록 기재 토지에 대한 이의재결처분 중 보상금증액신청을 기각한 부분을 취소한다.
2. 피고 △△시 △△구는 원고에게 금 50,000,000원을 지급하라.
3. 소송비용은 피고가 부담한다.
라는 판결을 구합니다.

■ 소장 작성례

● 토지수용 재결처분 취소등청구의 소

소　　　　　장

원　고　○　○　○(주민등록번호)
　　　　　○○시 ○○구 ○○길 ○○ (우편번호 ○○○○○)
피　고　1. △△토지수용위원회
　　　　　　○○시 ○○구 ○○길 ○○ (우편번호 ○○○○○)
　　　　　　위원장　△　△　△
　　　　2. △△시 △△구
　　　　　　법률상 대표자 △△△구청장
　　　　　　○○시 ○○구 ○○길 ○○ (우편번호 ○○○○○)

토지수용재결처분 취소등 청구의 소

청　구　취　지

1. 피고 중앙토지수용위원회가 20○○. ○. ○.자 원고에 대하여 한 별지목록 기재 토지에 대한 이의재결처분 중 보상금증액신청을 기각한 부분을 취소한다.

2. 피고 △△시 △△구는 원고에게 금 50,000,000원을 지급하라.

3. 소송비용은 피고들의 부담으로 한다.

라는 판결을 원합니다.

청 구 원 인

1. 기초사실

　가. △△시장은 19○○. ○. ○. 국토의 계획 및 이용에 관한 법률 제88조, 제91조에 따라 도시계획사업인 '○○ - ○○동 도로확장공사'의 실시계획을 인가 고시함으로써, 원고 소유 별지기재 토지(이하 '이 사건 토지')가 위 도시계획사업지역에 편입되었다.

　나. 피고 ○○구는 위 도시계획사업의 시행자로서 이 사건 토지를 취득하기 위하여 원고와 협의를 하였으나 협의가 성립되지 않아 ○○특별시지방토지수용위원회에 이 사건 토지의 수용을 위한 재결을 신청하였고, 동 위원회는 19○○. ○. ○. 위 사업 시행을 위하여 피고 성북구가 이 사건 토지를 수용하되 그 손실보상금을 　　　　100,000,000원[총평수(10,000평)×평당단가(10,000원)], 수용시기를 19○○. ○. ○.로 정하여 토지수용재결을 하였습니다.

　다. 이에 원고는 보상금을 증액하여 달라는 이의신청을 하였고, 이에 피고 중앙토지수용위원회는 19○○. ○. ○. 원고의 보상금증액신청을 기각하는 이의재결(이하 '이 사건 재결')을 하였습니다.

2. 이 사건 재결의 위법성

　가. 피고 중앙토지수용위원회의 위 재결은 공익사업을 위한 토지 등의 취득 및 보상에 관한 법률 제70조 제1항의 산정방법을 위배한 것으로서 내용상 흠이 있어 위법하므로 취소되어야 할 것입니다.

　나. 이 사건 토지는 표준지가가 선정되어 있지 않고, 또한 인접지역에 소재하는 표준지 중에는 이 사건 토지와 동일하거나 유사한 지목의 표준지도 없습니다.

　다. 그럼에도 서울특별시지방토지수용위원회 또는 피고 중앙토지수용위원회는, 인접지역의 표준지의 기준시가를 기준으로 손실보상액을 산정한 소외 토지평가사합동사무소의 판단을 기초로 하여 토지수용재결 및 이 사건 재결을 발하였던 것입니다.

라. 그러나 앞서 본 바와 같이 이 사건 토지에는 표준지가 선정되어 있지 않을 뿐 아니라, 더 나아가 이 사건 토지와 동일하거나 유사한 지목도 없으므로 결국 공익사업을 위한 토지 등의 취득 및 보상에 관한 법률 제67조 제1항의 일반조항에 의하여 보상액을 산정하였어야 할 것입니다. 만약 이에 의한다면 이 사건 토지에 대한 보상액은 최소한 금 150,000,000원[총평수(10,000평)×평당단가(15,000원)]에 이를 수 있었을 것입니다.

3. 결론

그렇다면 피고 중앙토지수용위원회의 이 사건 재결 중 보상금증액신청을 기각한 부분은 내용상 하자가 있어 위법하여 취소되어야 할 것이며, 피고 ○○시 ○○구는 이미 지급한 보상금과 위 정당한 보상액과의 차액인 금 50,000,000원을 원고에게 추가 지급하여야 할 것입니다.

입 증 방 법

1. 갑 제1호증의 1   재결서정본송부
1. 갑 제1호증의 2   재결서
1. 갑 제2호증   이의신청서
1. 갑 제3호증   도면
1. 갑 제4호증   확인서

첨 부 서 류

1. 위 입증방법   각 1통
1. 소장사본   1통
1. 납 부 서   1통

2000년 ○월 ○일

원   고 ○ ○ ○   (서명 또는 날인)

○ ○ 행 정 법 원 귀 중

[별지]

부 동 산 의 표 시

○○시 ○○구 ○○동 ○○
대 10,000평방미터. 끝.

---

7. 조례안 재의결무효 확인

■ 청구취지

1. 피고가 ○○○○. ○○. ○○. 한 □□ 조례안에 관한 재의결이 무효임을 확인한다.
2. 소송비용은 피고가 부담한다.
라는 판결을 구합니다.

8. 강제퇴거명령 취소

■ 청구취지

1. 피고가 ○○○○. ○○. ○○. 원고에 대하여 한 강제퇴거명령을 취소한다.
2. 소송비용은 피고가 부담한다.
라는 판결을 구합니다.

9. 국적신청 불허가처분 취소

■ 청구취지

1. 피고가 ○○○○. ○○. ○○. 원고에 대하여 한 국적신청 불허가처분을 취소한다.
2. 소송비용은 피고가 부담한다.
라는 판결을 구합니다.

10. 사증발급거부처분 취소

■ 청구취지

1. 피고가 ○○○○. ○○. ○○. 원고에 대하여 한 사증발급거부처분을 취소한다.
2. 소송비용은 피고가 부담한다.
라는 판결을 구합니다.

11. 체류기간연장등 불허가처분 취소

■ 청구취지

1. 피고가 ○○○○. ○○. ○○. 원고에 대하여 한 체류기간연장 불허가처분을 취소한다.
2. 소송비용은 피고가 부담한다.
라는 판결을 구합니다.

12. 출국금지처분 취소

■ 청구취지

1. 피고가 ○○○○. ○○. ○○. 원고에 대하여 한 출국금지처분을 취소한다.
2. 소송비용은 피고가 부담한다.
라는 판결을 구합니다.

13. 출국명령처분 취소

■ 청구취지

1. 피고가 ○○○○. ○○. ○○. 원고에 대하여 한 출국명령을 취소한다.
2. 소송비용은 피고가 부담한다.
라는 판결을 구합니다.

14. 계고처분 취소

■ 청구취지

1. 피고가 ○○○○. ○○. ○○. 원고에 대하여 한 계고처분을 취소한다.
2. 소송비용은 피고가 부담한다.
라는 판결을 구합니다.

■ 소장 작성례

① 건물철거 대집행계고처분 취소청구의 소

소   장

원   고   ○ ○   ○(주민등록번호)
　　　　　○○시 ○○구 ○○길 ○○ (우편번호 ○○○○○)
피   고   △ △ 시장
　　　　　○○시 ○○구 ○○길 ○○ (우편번호 ○○○○○)

건물철거대집행계고처분 취소청구의 소

청 구 취 지

1. 피고가 20○○. ○. ○. 원고에 대하여 한 원고 소유인 ○○시 ○
   ○구 ○○동 ○○ 소재 부속건물 ○○조 평가건 점포 1동 건평 ○
   ○평 ○○홉에 대한 건물철거대집행계고처분은 이를 취소한다.
2. 소송비용은 피고부담으로 한다.
라는 판결을 구합니다.

청 구 원 인

1. 피고는 20○○. ○. ○. 원고 소유인 ○○시 ○○구 ○○동 ○○번
   지 부속건물 ○○조 평가건 점포 1동 건평 ○○평 ○○홉이 불법
   건축한 건물이라고 하여 건축법 및 행정대집행법의 관련규정에 의

하여 20○○년 ○월 ○일까지 철거하라고 건물철거대집행계고처분을 하였습니다.

2. 그러나 위 건물이 건축법에 위반하여 건축한 건물이라 하더라도, 그 철거의무를 대집행하기 위한 계고처분을 하려면 다른 방법으로는 그 이행의 확보가 어렵고, 그 불이행을 방치함이 심히 공익을 해하는 경우이어야 하는 것이 타당하며 이 사건과 같이 허가 없이 건축물을 축조한 사실을 행정관청이 묵인 내지 용인한 경우 및 이건 건축물의 면적과 그 사용용도, 위치, 규모 등을 감안할 때 철거를 함으로써 얻는 공익의 보호가치와 계고처분의 취소로 인한 공익의 보호가치 중 후자가 크고 원고에게 중대한 손해를 가져올 우려가 있어 이 건 소송에 이른 것입니다.

입 증 방 법

1. 갑 제1호증	계고서
1. 갑 제2호증	사실확인서

첨 부 서 류

1. 위 입증방법	각1통
1. 접수증 사본	1통
1. 영수증(취득세)사본	1통
1. 소장부본	1통
1. 납 부 서	1통

20○○년 ○월 ○일

원   고   ○ ○ ○   (서명 또는 날인)

○ ○ 행 정 법 원 귀중

② 담장철거 대집행계고처분 취소청구의 소

소　　　장

원　　고　○○○(주민등록번호)

　　　　　○○시 ○○구 ○○길 ○○ (우편번호 ○○○○○)

피　　고　△△시 △△구청장

　　　　　○○시 ○○구 ○○길 ○○ (우편번호 ○○○○○)

담장철거대집행계고처분 취소청구의 소

청　구　취　지

1. 피고가 20○○. ○. ○. 원고에 대하여 한 ○○시 ○○구 ○○동 ○
   ○ 지상의 담장등 철거대집행 계고처분을 취소한다
2. 소송비용은 피고의 부담으로 한다.

라는 재판을 구합니다.

청　구　원　인

1. 원고는 19○○년경 ○○시 ○○구 ○○동 ○○ 대지와 그 지상의
   주택을 매수하여 거주하였는데, 그 서쪽에 접한 소외 정□□ 소유
   의 같은 동 ○○의 ○ 대지(이하 이 사건 토지라 한다)의 일부도
   위 주택의 부지로서 함께 점유 사용하였고, 그 둘레에는 담장과 쪽
   문이 설치되어 있었으며, 원고의 대지 남쪽에 접한 같은 동 ○○의
   ○○ 대지의 소유자인 소외 조□□도 원고와 같이 이 사건 토지의
   일부를 점유 사용하였습니다.
2. 원고는 19○○. ○. ○.경 기존의 주택을 철거하고 지하 1층, 지상
   2층의 주택을 신축함에 있어 이 사건 토지를 도로로, 그 경계선으
   로부터 0.2m 후퇴한 선을 건축선으로 각 표시한 설계도면을 첨부
   하여 건축허가를 받고 이에 기하여 위 주택을 건축하였으며, 그 후
   위 조□□도 기존의 주택을 철거하고 지하 1층, 지상 2층의 다가
   구주택을 신축하면서 위와 같이 이 사건 대지를 도로로 하여 건축

허가를 받고 이에 기하여 건축하였습니다.

3. 원고와 위 정□□는 동쪽에 위치한 같은 동 ○○의 ○와 같은 동 ○○의 ○○ 대지 사이의 현황도로에 접하여 대문을 설치하고 이를 이용하여 공로에 출입하였고, 위 정□□의 대지 남쪽에 접한 같은 동 ○○의 ○○ 대지의 소유자인 소외 조□□도 동쪽의 다른 현황도로를 이용하여 출입하여 왔는데, 위 소외인들이 각기 그 대지상에 다세대주택을 신축하면서 현황도로의 대지 소유자가 도로를 폐쇄하고 담장을 설치하는 등으로 통행을 방해하고 위 현황도로가 다세대주택의 건축시 요구되는 도로로서의 요건을 충족하지 아니하자 19○○년경 피고에게 원고가 도로인 이 사건 토지 상에 담장과 가설물을 설치하여 통행을 방해한다는 이유로 이를 배제하여 달라는 민원을 제기하였으며, 이에 피고는 19○○. ○. ○. 위 담장이 약 21년 전에 설치된 것이고 가설물은 지하실 출입구의 차면용 시설로서 단속 제외대상이라고 회시하였습니다.

4. 그런데, 위 소외인들이 피고에게 위와 같은 민원을 계속 제기하자, 피고는 19○○. ○. ○. 원고에 대하여 위 담장 등이 도로인 이 사건 토지 상에 건축된 위법건축물이라는 이유로 건축법 제11조와 행정대집행법 제2조, 제3조 제1항을 적용하여 위 담장 등을 14일 이내에 자진철거할 것을 명하고, 원고가 그때까지 이 사건 건물을 자진철거하지 아니하면 행정대집행할 것임을 계고하는 처분(이하 이 사건 처분이라 한다)을 하고, 이를 원고에게 고지하였습니다.

5. 이 사건 처분의 적법 여부

가. 피고처분의 위법성

피고는, 이 사건 토지가 도로용도로 분할되었고, 그후 원고가 주택을 신축하면서 건축법 제2조 제11호, 같은 법 시행령 제3조 제4항 제2호에 규정에 의한 3m의 도로폭을 확보하기 위하여 이 사건 토지를 도로로 인정하고 그 경계선에서 0.2m 후퇴한 선을 건축선으로 하여 건축허가를 받았으므로 이 사건 토지는 시장, 구청장 등이 지정한 건축법상 도로에 해당함에도 원고가 그 지상에 담장 등을 설치하여 인근주민을 방해하고 있음을 들어 이 사건 처분이 적법하다고 주장하고 있습니다.

이에 대하여 원고는, 이 사건 토지가 일반주거지역의 대지로서 원고가 그 일부를 소유자의 승낙하에 20여년간 대지의 일부로서 사용하여 왔고 원고와 인근 주민들이 다른 곳에 개설된 사실상의 도로를 이용하여 왔으며 피고가 이를 도로로 지정한 바가 없으므로 건축법상의 도로에 해당하지 아니할 뿐만 아니라, 이 사건 대집행계고서상 그 목적물의 소재지가 이 사건 토지가 아닌 원고의 대지로 기재되어 집행목적물이 특정되지 아니하여 그 효력이 발생할 수 없으므로 이 사건 처분은 어느 모로 보나 위법하여 취소되어야 합니다

나. 관계법령

구 건축법(1991. 5. 31. 법률 제4381호로 전문개정되기 전의 것) 제2조는 이 법에서 사용하는 용어의 정의는 다음과 같다고 하면서 제15호에서 도로라 함은 보행 및 자동차통행이 가능한 너비 4미터 이상의 도로(지형적 조건 또는 지역의 특수성으로 인하여 자동차 통행이 불가능한 도로와 막다른 도로의 경우에는 대통령령이 정하는 구조 및 폭의 도로)로서 다음에 게기하는 것의 하나에 해당하는 도로 또는 그 예정도로를 말한다고 규정하고, 그 가.목은 도시계획법 도로법 사도법 기타 관계법령에 의하여 신설 또는 변경에 관한 고시가 된 것을, 그 나.목은 건축허가시 시장(서울특별시장 직할시장을 포함한다, 이하 같다) 또는 군수가 그 위치를 지정한 도로를 각 들고 있고, 제30조는 건축선은 도로의 경계선으로 한다. 다만 제2조 제15호의 규정에 의한 소요폭에 미달되는 폭의 도로인 경우에는 그 중심선으로부터 당해 소요폭의 2분의 1에 상당하는 수평거리를 후퇴한 선을 건축선으로 한다고 규정하며, 또한 같은 법 시행령(1992. 5. 30. 대통령령 제13655호로 전문개정되기 전의 것) 제64조 제1항은 법 제2조 제15호 나목의 규정에 의하여 시장 군수가 도로를 지정하고자 하는 경우에는 당해 도로에 대하여 이해관계를 가진 자의 동의를 얻어야 하며, 도로를 지

정한 때에는 그 도로의 구간 연장 폭 및 위치를 기재한 건설
교통부령이 정하는 도로대장을 작성 비치하여야 한다고 규정하
고, 제62조 제1항은 법 제2조 제15호의 규정에 의한 막다른
도로의 폭은 도로의 길이가 10m 이상 35m 미만인 경우 3m
이상이어야 한다고 규정하고 있습니다.

6. 결 론
그렇다면 이 사건 처분은 위법하다 할 것이므로 그 처분은 취소되
어야 할 것입니다.

입 증 방 법

1. 갑 제1호증   증여계약서
1. 갑 제2호증   인증서
1. 갑 제3호증   부동산등기사항전부증명서

첨 부 서 류

1. 위 입증방법   각 1통
1. 법인등기사항전부증명서   1통
1. 소장부본   1통
1. 납 부 서   1통

20○○년 ○월 ○일

원   고   ○ ○ ○ (서명 또는 날인)

○ ○ 행 정 법 원   귀중

15. 현역병입영처분 취소

■ 청구취지

1. 피고가 ○○○○. ○○. ○○. 원고에 대하여 한 현역병입영처분을 취소
   한다.
2. 소송비용은 피고가 부담한다.
라는 판결을 구합니다.

16. 산업기능요원편입 취소처분 취소

■ 청구취지

1. 피고가 ○○○○. ○○. ○○. 원고에 대하여 한 산업기능요원편입 취소
   처분을 취소한다.
2. 소송비용은 피고가 부담한다.
라는 판결을 구합니다.

17. 행정정보 공개거부처분 취소

■ 청구취지

1. 피고가 ○○○○. ○○. ○○. 원고에 대하여 한 별지 목록 기재 행정정보에 관한 정보공개거부처분을 취소한다.
2. 소송비용은 피고가 부담한다.
라는 판결을 구합니다.

■ 소장 작성례

● 행정정보공개청구 거부처분 취소청구의 소

소   장

원   고   ○ ○ ○(주민등록번호)

　　　　　○○시 ○○구 ○○길 ○○ (우편번호 ○○○○○)

　　　　　대표 : ○○○

피   고   △△광역시 △△구청장

　　　　　○○시 ○○구 ○○길 ○○ (우편번호 ○○○○○)

행정정보공개청구거부처분 취소청구의 소

청 구 취 지

1. 원고에 대하여 피고가 20○○. ○. ○.자로 한 행정정보공개청구거부처분은 이를 취소한다.
2. 소송비용은 피고의 부담으로 한다.
라는 판결을 구합니다.

청 구 원 인

1. 원고의 지위
   원고는 △△지역에서 지방자치제도의 활성화와 주민들의 지방자치

참여를 목적으로 하여 결성된 시민운동단체로서 법인격 없는 사단입니다.

2. 원고의 정보공개청구

원고는 20○○. ○. ○. 공공기관의 정보공개에 관한 법률(이하 '법'이라 합니다)에 의거 피고를 상대로 행정감시를 사용목적으로 하여 별지목록기재 사항에 관하여 행정정보공개청구를 하였습니다.

3. 피고의 정보공개 거부처분

그러나, 피고는 20○○. ○. ○. 자로 "첫째 업무추진비 정보에는 영수증이나 세금계산서, 신용카드 매출전표 외에도 특정인을 식별할 수 있는 개인에 대한 정보가 기록된 행사내역서 등이 포함되어 있어 법 제9조 제1항 제6호의 비공개대상정보이며, 둘째, 20○○. ○. ○. 개최된 전국 시장·군수구청장협의회에서 대법원판결 이후에 공개하기로 하였다"는 이유로 원고의 이 사건 정보공개청구를 거부하는 처분(이하 '이 사건 거부처분'이라 합니다)을 하였습니다.

4. 피고의 이 사건 거부처분의 위법성

가. 우선 위 두 번째 이유는 법률상 정보공개거부처분의 이유가 될 수 없으므로 더 이상 언급할 가치가 없습니다.

나. 다음으로 첫 번째 이유에 관하여 살펴보겠습니다. 가사 원고가 청구한 정보속에 피고의 주장대로 특정인을 식별할 수 있는 개인에 대한 정보가 기록된 행사내역서 등이 포함되어 있어 법 제9조 제1항 제6호의 비공개대상정보에 해당되는 정보가 있다 하더라도 피고로서는 그 정보만을 제외하고 공개하여야 할 의무가 있다 할 것이므로, 원고가 청구한 정보 정부를 공개하지 아니한다는 결정을 한 원고의 처분은 위법하다 할 것입니다(참고로 △△광역시의 경우 업무추진비밀 판공비 집행내역을 공개하고, 지출결의서, 영수증 등 제반 증빙서류에 관하여는 열람만 허용한다는 결정을 한 바 있습니다).

그리고 피고의 처분이 위법함은 대개의 지출결의서나 영수증 등에 기재된 이름이나 주민등록번호만으로 개인에 관한 정보가 공개된다고 보기 어려울 뿐 아니라 이를 공개하는 것이 공익에 필요하다고 판단되는 경우가 대부분일 것이라는 점에서도 반증이 됩니다.

5. 결론

그렇다면, 원고에 대하여 피고가 20○○. ○. ○.자로 한 행정정보공개청구거부 처분은 위법하다 할 것이어서 원고는 이의 취소를 구하기 위하여 본 건 청구에 이르렀습니다.

입 증 방 법

1. 갑제1호증   정보공개청구서
1. 갑제2호증   결정통지서

첨 부 서 류

1. 소장부본   1통
1. 위 입증방법   각 1통
1. 납부서   1통

20○○. ○. ○.
원 고   ○ ○ ○ (서명 또는 날인)

○ ○ 지 방 법 원 귀 중

별 지

1. 2020, 2021년도 피고의 판공비 총액(기관운영업무추진비, 시책추진업무추진비, 특수활동비 등 그 명목을 불구하고 자치단체의 장 및 각 국과가 포괄적으로 사용할 수 있는 항목) 및 기관별(자치단체의 장 및 국장 등 직책별로 분류)총액
2. 2020, 2021년도 기지출된 판공비의 내역(일자 내역·액수별로 정리)
3. 2020, 2021년도 기지출된 판공비의 지출결의서, 영수증 등 제반 증빙서류
4. 2000년도 피고의 판공비 예산총액 및 기관별 총액. 끝.

18. 개별공시지가결정 취소

■ 청구취지

1. 피고가 ○○○○. ○○. ○○. 별지 목록 기재 토지에 관하여 한 ○○○
○. ○○. ○○. 기준 개별공시지가결정을 취소한다.
2. 소송비용은 피고가 부담한다.
라는 판결을 구합니다.

■ 소장 작성례

● 개별공시지가결정 무효확인 및 손해배상청구의 소

소　　　장

원　　고　　○　○　○(주민등록번호)

　　　　　　○○시 ○○구 ○○길 ○○ (우편번호 ○○○○○)

피　　고　　1. 서울특별시 △△구청장

　　　　　　2. 서울특별시 △△구

　　　　대표자 구청장 △△△

　　　　피고들의 주소 ○○시 ○○구 ○○길 ○(우편번호 ○○○○○)

개별공시지가결정무효확인 및 손해배상(기)청구의 소

청 구 취 지

1. 피고 1.의 20○○. ○. ○. 서울시 ○○구 ○○동 ○○○ 대 ○○○
㎡에 대한 개별공시지가결정은 무효임을 확인한다.
2. 피고 2.는 원고에게 금 1,000,000원 및 이에 대한 20○○. ○.
○.부터 이 사건 소장부본 송달일까지는 연 5%의, 그 다음날부터
다 갚는 날까지는 연 15%의 각 비율에 의한 금원을 지급하라.
3. 소송비용은 피고들이 부담한다.
4. 제2항은 가집행할 수 있다.

라는 판결을 구합니다.

청 구 원 인

1. 원고는 서울시 ○○구 ○○동 ○○○ 대 ○○○㎡(이하 '이 사건 토지'라고 합니다.)를 소유하고 있습니다.

2. 피고 1.은 20○○. ○. ○. 이 사건 토지에 대하여 원고의 의견을 듣는 절차를 거침이 없이 1,000원/㎡의 개별공시지가결정을 하였습니다.

3. 그런데 부동산 가격공시에 관한 법률 제10조 제5항은 시장, 군수 또는 구청장은 개별공시지가를 결정, 공시하기 위하여 개별 토지의 가격을 산정한 때에는 그 타당성에 감정평가업자의 검증을 받고 토지소유자 그 밖의 이해관계인의 의견을 들어야 한다고 규정하고 있습니다.

4. 따라서 피고 1.의 위 결정은 절차상 중대, 명백한 하자를 가지고 있어 당연 무효라고 할 것입니다.

5. 그리고 개별공시지가는 토지초과이득세, 양도소득세, 상속세 등 조세 산정의 기초가 되므로 이 사건 토지의 소유자인 원고는 본 건 소송에 법률상 이익이 있다고 하겠습니다.

6. 또한 원고는 피고 행정청의 위법한 위 결정으로 인해 직접 소송준비를 하는 등 심적 괴로움을 겪었는바, 위와 같은 경위 등 여러 사정을 종합하면 피고 2.는 원고에게 위자료 1,000,000원 및 이에 대한 피고 행정청의 위 결정일인 20○○. ○. ○.부터 이 사건 소장부본 송달일까지는 민법 소정의 연 5%의, 그 다음날부터 다 갚는 날까지는 소송촉진등에관한특례법 소정의 연 15%의 각 비율에 의한 금원을 지급함이 타당하다고 할 것입니다.

7. 이에 원고는 이 사건 소에 이르게 된 것입니다.

입 증 방 법

1. 갑 제1호증   부동산등기사항증명서
1. 갑 제2호증   개별공시지가표

첨 부 서 류

1. 위 입증방법   각 1통
1. 소장부본   1통
1. 납부서   1통

20○○년　○월　○일

원　고　○　○　○　(서명 또는 날인)

○ ○ 행 정 법 원　귀중

19. 부작위위법 확인

■ 청구취지

1. 원고의 ○○○○. ○○. ○○.자 □□신청에 대한 피고의 부작위가 위법함을 확인한다.
2. 소송비용은 피고가 부담한다.
라는 판결을 구합니다.

■ 소장 작성례

● 행정정보공개 부작위위법 확인의 소

소　　　장

원　　고　　○○시민연대
　　　　　　○○시 ○○구 ○○길 ○○ (우편번호 ○○○○○)
　　　　　　대표 ○　○　○
피　　고　　△△광역시　△△구청장
　　　　　　○○시 ○○구 ○○길 ○○ (우편번호 ○○○○○)

행정정보공개부작위위법 확인의 소

청 구 취 지

1. 피고가 원고의 별지목록기재 사항에 대한 행정정보를 공개하지 않은 것이 위법임을 확인한다.
2. 소송비용은 피고의 부담으로 한다
라는 판결을 구합니다.

청 구 원 인

1. 원고는 ○○지역에서 지방자치제도의 활성화와 주민들의 지방자치 참여를 목적으로 하여 결성된 시민운동단체로서 법인격 없는 사단

입니다.

2. 원고는 20○○. ○. ○. 공공기관의정보공개에관한법률에 따라 피고를 상대로 행정감시를 사용목적으로 하여 별지목록기재 사항의 행정정보공개청구를 하였습니다. 그러나 피고는 아직까지 아무런 결정을 하지 않았습니다.

3. 그러나 위 법률 제9조 제1항은 8가지 사유에 해당되지 아니한 경우에는 모든 공공기관의 정보는 공개되어야 한다고 규정하고 있는데 원고가 피고에게 정보공개를 요청한 내용은 위 8가지 사유가 해당되지 아니함에도 피고는 위법하게도 아무런 결정을 하고 있지 아니한 것입니다.

4. 따라서 피고가 아무런 결정을 하지 않은 것에 대해서 위법함을 확인하기 위하여 이 사건 청구에 이르게 된 것입니다.

첨 부 서 류

1. 소장부본	1통
1. 납부서	1통

20○○년   ○월   ○일

원   고   ○ ○ ○ (서명 또는 날인)

○ ○ 행 정 법 원 귀 중

별 지 목 록

1. 2021, 2022년도 기지출된 판공비의 내역(일자 내역 액수 별로 정리)

2. 2021, 2022년도 기지출된 판공비의 지출결의서, 영수증 등 제반 증빙서류

3. 2021년도 각 피고의 판공비 예산총액 및 기관별 총액. 끝.

20. 입찰참가자격제한처분 취소

■ 청구취지

1. 피고가 ○○○○. ○○. ○○. 원고에 대하여 한 입찰참가자격제한 ○월 의 처분을 취소한다.
2. 소송비용은 피고가 부담한다.
라는 판결을 구합니다.

21. 불합격처분 취소

■ 청구취지

1. 피고가 ○○○○. ○○. ○○. 원고에 대하여 한 □□시험 불합격처분을 취소한다.
2. 소송비용은 피고가 부담한다.
라는 판결을 구합니다.

● 불합격처분 취소청구의 소

소   장

원   고   ○ ○ ○(주민등록번호)
　　　　　○○시 ○○구 ○○길 ○○ (우편번호 ○○○○○)
피   고   법무부장관
　　　　　○○시 ○○구 ○○길 ○○ (우편번호 ○○○○○)

불합격처분 취소청구의 소

청 구 취 지

1. 피고가 20○○. ○. ○. 원고에 대하여 한 제42회 사법시험 1차시험 불합격처분을 취소한다.
2. 소송비용은 피고의 부담으로 한다.
라는 판결을 구합니다.

청 구 원 인

1. 피고의 원고에 대한 불합격처분
　가. 원고는 20○○. ○. ○. 시행된 제42회 사법시험 1차시험(이하 이 사건이라고 한다)에 응시하였는데, 피고는 이 사건 시험의 채점결과 원고의 득점이 합격점수에 미달한다는 이유로 20○○. ○. ○. 원고에 대하여 불합격하였음을 알리는 내용의 이 사건 처분을 하였습니다.
　나. 사법시험의 1차시험은 모두 6과목으로서 그중 헌법, 민법, 형법의 3과목은 필수과목이고, 나머지 3과목은 선택과목입니다. 필수과목은 각 과목당 40문제이고 1문제다 배점은 2.5점으로서 각 과목의 만점은 100점이고, 선택과목은 각 과목당 40문제이며 1문제당 배점은 2점으로서 각 과목의 만점은 80점 으

로서 총 240문제, 총점 540점(100점×3과목 + 80점×3과목)이 만점입니다.

다. 이 사건 시험의 출제는 각 문제당 제시된 5개의 답항 중 1개의 정답을 고르는 것을 전제로 출제되었고(응시자 준수사항에서도 문항의 취지에 가장 적합한 하나의 정답만을 고르도록 되어 있습니다), 출제위원이 답항 중 1개만을 그 정답으로 결정하였으나, 형사정책 과목과 노동법 과목 등 일부 과목의 경우에는 출제후 심사과정과 문제선정위원들이 정답의 이상여부를 재확인하는 과정에서 위 각 과목 중 각 1문제의 정답이 2개인 것으로 확인되어 그러한 문제에 있어서는 2개의 정답 중 어느 1개를 고른 것을 맞는 것으로 채점하였습니다.

라. 피고가 위 시험에서 합격점수로 사정한 점수는 평균 76.57점(총413.5점)으로서 그 이상의 득점을 한 사람에게는 합격처분을, 그 미만의 득점을 한 사람에게는 불합격처분을 하였는데, 피고가 사정한 원고의 점수는 " 헌법 72.5, 민법 65, 형법 82.5, 제1선택(형사정책) 68, 제2선택(노동법) 70, 제3선택(불어) 54 , 총점 412점, 평균 76.29 "입니다.

마. 원고는 이 사건 시험에서 필수과목인 헌법, 민법, 형법의 제1책형 문제지와 선택과목인 형사정책, 노동법, 불어의 제4책형 문제지를 각 배부받아 응시했는데, 그 중 헌법과목의 제5번 문제에 대하여 피고가 선정한 정답은 ④번이고 원고가 선택한 정답은 ③번이며, 형법과목의 제22번 문제에 대하여 피고가 선정한 정답은 ①번이고 원고가 선택한 정답은 ④번입니다.

2. 불합격처분의 위법성

가. 피고가 이 사건 시험에서 출제한 문제들 중 위 2문제(헌법 1문제 및 형법 1문제)에 대한 정답선정은 잘못된 것으로서 원고가 선택한 것이 정답이 되어야 하거나 또는 원고가 선택한 답과 피고가 선정한 답이 정답으로 처리되거나 또는 정답이 없어 모든 항목이 정답으로 처리되어야 하고, 그렇게 된다면 원고는 합격점수 이상을 득점한 것이 되므로 이 사건 처분은 위

법합니다.

나. 헌법 제5번 문제에 대하여

헌법 제5번 문제는 다음과 같습니다.

『 5. 기본권의 제한에 관한 설명 중 가장 옳지 않은 것은?

① 법률유보에 따른 법률의 기본권제한 내용은 예측가능하지 않으면 안된다.

② 법률유보에 의한 기본권의 제한의 경우에는 이중기준의 원칙이 적용될 수 있다.

③ 법률유보에 의한 기본권의 제한의 경우에 보호되어야 할 본질적 내용은 어떤 사안에서도 침해될 수 없는 항상 고정적인 부분은 없을 수도 있다고 할 수 있다.

④ 법률유보에 의한 기본권의 제한의 경우 기본권의 본질적 내용 침해 금지는 어떤 개인의 기본권의 전적인 제한의 금지에 가장 중요한 의미가 있다고 할 수 있다

⑤ 법률유보에 의한 기본권의 제한의 경우에 보호되어야 할 본질적인 내용은 비례의 원칙에 따라 결정되는 경우가 많다고 할 수 있다.』

위 문제에 대하여 피고는 ④번 답항을 옳지 않은 설명으로 보아 정답으로 결정하였고, ③번 답항을 옳은 설명으로 보아 정답이 아니라고 하고 있는바, 이러한 피고의 태도는 기본권의 제한에 관한 학설들 중 상대설의 입장을 따른 것입니다. 그런데 기본권의 제한에 관한 학설들 중 현재 우리나라 학계의 다수설은 절대설이고, 헌법재판소의 견해(헌법재판소 1996. 11. 28. 선고 95헌마1 결정, 헌법재판소 1998. 10. 29. 선고 97헌마345 결정)도 절대설을 지지하고 있으며, 이러한 절대설의 입장을 따를 경우, 오히려 ③번 답항이 옳지 않은 설명으로서 정답이 될 수 있고, 피고가 정답으로 처리한 ④번 답항은 옳은 내용으로서 정답이 아닌 것으로 된다고 할 것이므로, 피고가

일부 학설의 견해만을 좇아 ④번 답항만을 정답으로 결정하고, ③번 답항을 선택한 원고의 답안을 틀린 것으로 채점한 것은 잘못된 것입니다. 즉, 기본권 제한에 있어 본질적 내용 침해금지는 그 본질적 내용을 무엇으로 볼 것인지, 어떠한 기준에 의하여 침해된 여부를 판단할 것인지에 대하여 학자마다 각기 다르게 설명하고 있는 이념적이고 추상적인 문제인바, 학설에 따라서 어느 답항이 정답이 되기도 하고 아니되기도 하는 형식으로 문제를 출제하고, 어느 학설의 입장에서 정답으로 채점하는 것은 사법시험령 제10조 제2항의 규정취지에 비추어 재량권을 남용하거나 일탈한 위법이 있다고 할 것입니다. 따라서 이 문제는 피고가 정답으로 인정한 ④번 답항이 아닌 원고가 선택한 ③번 답항이 정답이거나 적어도 위 ④번 답항과 ③번 답항이 모두 정답이 되어야 할 것이므로, 결국 원고는 이 문제를 맞춘 것으로 인정된다고 할 것입니다.

다. 형법 제22번 문제에 대하여

형법 제22번 문제의 내용은 다음과 같습니다.

┏ 22. 다음의 설명 중 옳지 않은 것은?

① 행사의 목적으로 은행명의를 모용하여 무기명정기예금증서를 작성한 경우에는 유가증권위조죄가 성립한다.

② 통화위조를 목적으로 인쇄기를 구입하려고 자금을 조달한 경우 통화위조 예비죄는 성립하지 않는다.

③ 판매의 목적으로 인기탤런트의 싸인을 임의로 써넣은 사진을 만든 경우 사문서위조죄는 성립하지 않는다.

④ 부동산 소유권이전등기시에 그 원인이 증여인 것을 매매의 취지로 신고하여 부동산등기부에 그 취지를 기재시킨 경우는 공정증서원본 불실기재죄가 성립한다.

⑤ 행사의 목적으로 병원당직의사가 제멋대로 병원장인 의사명의로 진단서를 작성한 경우 허위진단서작성죄는 성립하지 않는다.┛

위 문제에 대하여 피고는 ①번을 정답으로 결정하였고 원고가 선정한 ④번은 옳은 설명으로 보아 정답이 되지 않는 것으로 하였으나, 우리 대법원의 판례에 의하면 소유권이전등기가 절차상 하자가 있거나 등기의 원인관계가 실제와 다르다고 하더라도 그 등기가 실체적 권리관계에 부합하게 하기 위한 것이거나 실체적 권리관계에 부합하는 유효한 등기인 경우 또는 당사자 사이에 합의가 있는 경우에는 공정증서원본불실기재죄가 성립하지 아니하는 것으로 판시하고 있으므로(대법원 1990. 9. 28. 선고 90도 427 판결) ④번 답항도 정답이 되어야 마땅합니다. 즉, 이 문제의 정답은 ①번 이외에 판례의 입장에 배치되는 ④번 답항도 정답으로 처리되어야 한다고 하지 않을 수 없으므로, ①번 답항만을 정답으로 한 것은 출제 및 채점에 있어서의 재량권을 남용하였거나 그 범위를 일탈한 것으로 봄이 상당합니다.

3. 결론

그렇다면, 원고가 이 사건 시험 중 헌법 제5번 문제 및 형법 제22번 문제에서 선택한 답항도 정답으로 처리되어 채점되어야 할 것이고, 따라서 원고는 이 사건 시험에서 피고가 사정한 점수보다 총점 5점(2.5×2)이 가산된 417점(평균 77.22)을 얻은 것으로 되어 피고가 합격점수로 사정한 점수보다 초과된다 할 것이므로, 이 사건 시험에서 원고를 불합격처분한 피고의 이 사건 처분은 위법합니다. 이에 원고는 피고의 원고에 대하여 한 제○○회 사법시험 1차시험 불합격처분의 취소를 구하기 위하여 이 사건 소를 제기한 것입니다.

입 증 방 법

1. 갑 제1호증   사법시험문제지
1. 갑 제2호증   사법시험답안지
1. 갑 제3호증   논문

1. 갑 제4호증　　　　헌법재판소결정문 사본
1. 갑 제5호증　　　　대법원판결문 사본

첨 부 서 류

1. 위 입증방법　　　　　　　　각 1부
1. 소장부본　　　　　　　　　　1부
1. 소송위임장　　　　　　　　　1부
1. 납부서　　　　　　　　　　　1부

200○.　　○.　　○.

원　고　○　○　○ (서명 또는 날인)

○ ○ 행 정 법 원　 귀 중

22. 옥외집회금지 통고처분 취소

■ 청구취지

1. 피고가 ○○○○. ○○. ○○. 원고에 대하여 한 옥외집회금지 통고처분을 취소한다.
2. 소송비용은 피고가 부담한다.
라는 판결을 구합니다.

23. 친일재산국가귀속결정 취소

■ 청구취지

1. 피고가 ○○○○. ○○. ○○. 원고에 대하여 한 별지 목록 기재 부동산에 관한 친일재산국가귀속결정을 취소한   다.
2. 소송비용은 피고가 부담한다.
라는 판결을 구합니다.

24. 위로금등 지급신청기각결정 취소

■ 청구취지

1. 피고가 ○○○○. ○○. ○○. 원고에 대하여 한 위로금 등 지급신청기각결정을 취소한다.
2. 소송비용은 피고가 부담한다.
라는 판결을 구합니다.

25. 보상금등 지급신청기각결정 취소

■ 청구취지

1. 피고가 ○○○○. ○○. ○○. 원고에 대하여 한 보상금 등 지급신청 기각결정을 취소한다.
2. 소송비용은 피고가 부담한다.
라는 판결을 구합니다.

Part 2.
행정심판 청구취지와
심판청구 작성례

1. 지하상가 사용료 부과처분 취소

■ 청구취지

> 피청구인이 청구인에 대하여 20○○. ○. ○.자로 한 ○○지하상가 사용료 ○○만원의 부과처분을 취소한다.
> 라는 재결을 구합니다.

■ 심판청구 작성례

● 지하상가 사용료 부과처분 취소심판 청구서

행 정 심 판 청 구

청 구 인   ○ ○ ○(주민등록번호)

　　　　　　○○시 ○○구 ○○길 ○○ (우편번호 ○○○○○)

피 신 청 인   △△시 △△구청장

재 결 청   □□시장

심판청구의 대상인 처분내용 : 피청구인이 청구인에 대하여 20○○. ○. ○. 자로 한 ○○지하상가 사용료 부과처분

처분 있음을 안 날 : 20○○. ○. ○.
처분청의 고지유무 및 내용 : 해당 없음

지하상가사용료부과처분 취소심판

청 구 취 지

피청구인이 청구인에 대하여 20○○. ○. ○.자로 한 ○○지하상가 사용료 ○○만원의 부과처분을 취소한다.
라는 재결을 구합니다.

청 구 원 인

1. 청구인은 20○○. ○. ○. 청구외 □□주식회사(이하 "위 청구외 회사"라 한다)로부터 ○○시 ○○구 ○○길 ○○번지 ○○지하상가 ○동 ○호를 ○○○만원에 임대분양 받아 의류 도·소매업을 하고 있는데, 청구인은 20○○. ○. ○.자로 피청구인으로부터 도로사용료 ○○원, 기타 자산 임대료 ○○만원 등 사용료 합계 금 ○○만원을 20○○. ○. ○. 까지 납부하라는 부과처분을 받았습니다.

2. 청구인이 위 청구외 회사로부터 분양받은 ○○지하상가는 축조 당시 위 청구외 회사가 준공 후 시설물 일체를 ○○시 ○○구청에 기부채납 하는 부관을 붙여 지하도 및 상가를 시설하는 도시계획사업시행 허가를 받고, 이를 시행하여 위 지하도 및 지하상가를 시설하여 ○○구청에 기부채납하고 20년간 위 지하상가의 무상사용권을 받은 뒤 청구인 등에게 임대분양 하였습니다.

3. 따라서 피청구인은 위 청구외 회사로부터 기부채납 받은 ○○지하상가에 대한 사용료를 20○○년부터 향후 20년간 위 청구외 회사와 동 회사로부터 상가를 분양받은 자에 대하여 청구할 수 없다고 할 것이므로, 피청구인의 청구인에 대한 이 건 지하상가사용료부과처분은 부당하므로 마땅히 취소되어야할 것입니다.

입 증 방 법

1. 소갑 제1호증   통지서사본

첨 부 서 류

1. 위 입증방법   1통
1. 심판청구서부본   1통

20○○년   ○월   ○일

위 청구인   ○ ○ ○   (서명 떠는 날인)

△ △ 구청장 귀 중

제출기관	피청구인 또는 행정심판위원회(행정심판법 23조)	청구기간	·처분이 있음을 안 날로부터 90일 ·처분이 있은 날로부터 180일(행정심판법 27조)
청 구 인	피처분자 또는 지위승계자(행정심판법 16조)	피청구인	행정처분을 한 행정청
제출부수	청구서 및 부본 각1부	관련법규	행정심판법
불복방법	·행정심판 재청구의 금지(행정심판법 51조) 　행정심판법상 행정심판의 단계는 단일화되어 있어 재결에 대한 행정심판 재청구는 할 수 없다. 다만, 국세기본법 등의 개별법에서는 다단계의 행정심판을 인정하고 있음 ·재결에 대한 행정소송(행정소송법 19조, 38조) 　재결자체에 고유한 위법이 있을 때에는 재결 그 자체에 대한 취소소송 및 무효등확인소송을 제기할 수 있음 ·다만, 청구인은 기각 재결 등 청구인의 주장이 인용되지 아니한 경우에는 원행정처분에 대하여 행정소송으로 다툴 수 있음(행정소송법 18조)		

2. 전기공사 사업면허 취소처분 취소

■ 청구취지

피청구인이 20○○. ○. ○.자로 청구인에 대하여 한 공업○○○ - ○○○
제1종 전기공사사업면허취소처분은 이를 취소한다.
라는 재결을 구합니다.

■ 심판청구 작성례

● 전기공사 사업면허 취소처분 취소심판 청구서

행 정 심 판 청 구

청 구 인   ○ ○ ○(주민등록번호)

　　　　　　○○시 ○○구 ○○길 ○○ (우편번호 ○○○○○)

피 신 청 인   △△시장

재 결 청   □□부장관

심판청구의 대상인 처분내용 : 피청구인이 20○○. ○. ○. 자로 명령한
공업○○○ - ○○○ 제1종 전기공사사업면허취소

처분 있음을 안 날 : 20○○. ○. ○.

처분청의 고지유무 및 내용 : 20○○. ○. ○. 처분 내용을 통지받았
으나 심판청구기간은 알리지 아니함.

전기공사사업면허취소처분취소

청 구 취 지

피청구인이 20○○. ○. ○.자로 청구인에 대하여 한 공업○○○ - ○○
○ 제1종 전기공사사업면허취소처분은 이를 취소한다.
라는 재결을 구합니다.

청 구 원 인

1. 청구인은 ○○시 ○○구 ○○길 ○○번지에서 ☆☆공사라는 상호로 제1종 전기공사업을 경영하고 있는데, 피청구인은 청구인이 제3자 에게 면허를 빌려주어 부당하게 영업행위를 하였다는 이유 등으로 20○○. ○. ○. 청구인의 제1종 전기공사업 면허를 취소한다는 처 분을 내렸습니다.

2. 그러나 청구인은 제3자에게 위 제1종 전기공사업면허를 대여한 사 실이 없으며, 평소 안면이 있는 제3자가 청구인의 면허증 사본을 청구인 몰래 복사하여 마치 청구인으로부터 전기공사면허를 대여 받은 것처럼 가장하여 영업을 하였으며, 청구인은 이 사실을 뒤늦 게 알고 제3자를 형사 고발하여 현재 수사 중에 있습니다.

3. 따라서 피청구인의 동 면허취소처분은 부당하므로 이에 청구인은 위 면허취소처분의 취소를 구하기 위하여 이 심판청구에 이르게 된 것입니다.

입 증 방 법

1. 소갑 제1호증	통지서사본
1. 소갑 제2호증	전기공사면허증 사본
1. 소갑 제3호증	전기공사업 면허수첩 사본
1. 소갑 제4호증	고발장
1. 소갑 제5호증	수사진행상황서

첨 부 서 류

1. 위 입증방법	각 1통
1. 심판청구서부본	1통

20○○년   ○월   ○일

위 청구인   ○ ○ ○ (서명 떠는 날인)

△△부장관   귀 중

3. 자동차 운전면허취소처분 취소

■ 청구취지

피청구인이 20○○. ○. ○.자로 음주운전을 사유로 청구인에 대하여 한 자동차운전면허 정지처분은 이를 취소한다.
라는 재결을 구합니다.

피청구인이 20○○. ○. ○. 청구인에 대하여 한 자동차운전면허 (대구 제1종 보통○-○○○○○○-○○호)의 취소처분을 취소한다.
라는 재결을 구합니다

■ 심판청구 작성례

● 자동차 운전면허취소처분 취소심판 청구서

행 정 심 판 청 구				
청 구 인	이름	○○○	주민등록 번 호	
	주 소	○○시 ○○구 ○○길 ○○		
선정대표자, 관리인 또는 대리인	○ ○ ○ (또는 대리인 변호사 ○ ○ ○) ○○시 ○○구 ○○길 ○○(우편번호)			
피 청 구 인	△△지방경찰청장		재결청	경 찰 청 장
청구대상인 처분내용 (부작위의 전제가 되는 신청내용일자)	피청구인이 20○○. ○. ○. 청구인에 대하여 한 자동차 운전면허 취소처분			
처분 있음을 안 날	20○○년 ○월 ○일			
심판청구취지 이유	별지기재와 같음			
피청구인의 행정심판 고지유무	20○○년 월 일		고지내용	자동차면허취소
증거서류	재직증명서, 경력증명서, 전세계약서, 주민등록등본 (또는 1. 별지기재와 같음)			
근거법조	행정심판법 제28조, 동법시행령 제20조			
위와 같이 행정심판을 청구합니다. 20○○년 ○월 ○일 청 구 인 ○ ○ ○ (서명 또는 날인) (또는 대리인 변호사 ○ ○ ○ ㊞) **△△ 지방경찰청장 귀하**				
첨부서류	청구서부본		수 수 료	없 음

심 판 청 구 취 지

피청구인이 20○○. ○. ○. 청구인에 대하여 한 자동차운전면허 (대구 제1종 보통○-○○○○○○-○○호)의 취소처분을 취소한다.
라는 재결을 구합니다.

심 판 청 구 원 인

1. 청구인은 1995. 6.경 ○○운전면허시험장에서 자동차운전면허(1종 보통)를 취득하고 그 뒤 계속해서 원고 소유 승용차를 스스로 운전해 오던 중 20○○. ○. ○○. 19:00경 음주운전을 하였다는 이유로 20○○. ○. ○. 피청구인에 의하여 운전면허를 취소당하였습니다.

2. 그러나 피청구인에 대한 운전면허취소처분은 피청구인이 운전을 하지 않고는 생계를 유지할 수 없는 차량을 이용하여 배달을 하는 업종에 종사하는 점에서 볼 때 너무나 과다한 처분으로 처분과 청구인의 행위와의 사이에 비례관계에 위반한 부당한 처분이라 사료되는 바 이에 대한 취소를 구하고자 이 건 청구에 이른 것입니다.

입 증 방 법

1. 소갑 제1호증　　자동차운전면허취소통지서
1. 소갑 제2호증　　　　사업자등록증 사본서
1. 소갑 제3호증　　　　　　주민등록등본

첨 부 서 류

1. 위 입증방법　　　　　　　　各 1통
1. 심판청구서부본　　　　　　　1통

20○○년　○월　○일
위 청구인　○　○　○　(서명 떠는 날인)

△△ 지방경찰청장　귀중

4. 영업허가취소처분 취소

■ 청구취지

> 피청구인이 20○○년 ○월 ○일 청구인에 대하여 한 서울 ○○구 ○○길 ○○번지에 있는 대중음식점 ○○에 대한 영업허가취소처분을 취소한다.
> 라는 재결을 구합니다.

■ 심판청구 작성례

<table>
<tr><td colspan="5" align="center">행 정 심 판 청 구</td></tr>
<tr><td rowspan="2">청 구 인</td><td>이 름</td><td>○○○</td><td>주민등록
번 호</td><td></td></tr>
<tr><td>주 소</td><td colspan="3">○○시 ○○구 ○○길 ○○</td></tr>
<tr><td>선정대표자, 관리인
또는 대리인</td><td colspan="4">○ ○ ○ (또는 대리인 변호사 ○ ○ ○)
○○시 ○○구 ○○길 ○○(우편번호　　　)</td></tr>
<tr><td>피 청 구 인</td><td colspan="2">△△시 △△구청장</td><td>재결청</td><td>□□시장</td></tr>
<tr><td>청구대상인 처분내용
(부작위의 전제가 되는
신청내용일자)</td><td colspan="4">피청구인이 20○○. ○. ○. 청구인에 대하여 한 영업
허가 취소처분</td></tr>
<tr><td>처분 있음을 안 날</td><td colspan="4">20○○년 ○월 ○일</td></tr>
<tr><td>심판청구취지 이유</td><td colspan="4">별지기재와 같음</td></tr>
<tr><td>피청구인의 행정심판
고지유무</td><td colspan="2">20○○년 　월 　일</td><td>고지내용</td><td>영업허가 취소</td></tr>
<tr><td>증거서류</td><td colspan="4">재직증명서, 경력증명서, 전세계약서, 주민등록등본
(또는 1. 별지기재와 같음)</td></tr>
<tr><td>근거법조</td><td colspan="4">행정심판법 제28조, 동법시행령 제20조</td></tr>
</table>

위와 같이 행정심판을 청구합니다.

20○○년 ○월 ○일

청 구 인   ○ ○ ○ (서명 또는 날인)

(또는 대리인 변호사 ○ ○ ○ ㉑)

△△ 시 △△ 구청장 귀하

첨부서류	청구서부본	수 수 료	없 음

[별지]

심 판 청 구 의 취 지

피청구인이 20○○년 ○월 ○일 청구인에 대하여 한 서울 ○○구 ○○길 ○○번지에 있는 대중음식점 ○○에 대한 영업허가취소처분을 취소한다. 라는 재결을 구합니다.

청 구 이 유

1. 이 사건 처분의 경위

   청구인은 20○○년 ○월 ○일 피청구인으로부터 대중음식점 영업허가를 받아 서울 ○○구 ○○길 ○○번지에서 ○○라는 상호로 대중음식점 영업을 해 오던중 20○○년 ○월 ○일 위 업소에 청소년에게 주류를 제공하였다는 이유로 ○○구청 소속 단속반원들에게 적발되었습니다.

   이에 피청구인은, 금번에 적발되기 전 20○○년 ○월 ○일과 ○○년 ○월 ○일 2차례에 걸쳐 같은 내용으로 적발되어 영업정지에 갈음한 과징금 처분을 하였고 청소년에게 주류를 제공, 식품위생법 제44조 영업자의준수사항을 위반하였다는 이유로 영업허가 취소사유에 해당 같은 법 시행규칙 제89조의 별표23에 규정된 행정처분

기준을 적용하여 20○○년 ○월 ○일 청구인에 대하여 위 대중음식점 영업허가를 취소하는 처분을 하였습니다.

2. 처분의 위법

　가. 사실오인

　　　청구인이 제3차로 적발될 당시 저녁8시 무렵 손님이 많은 관계로 청년과 청소년들을 구분하기가 쉽지 않았을 뿐만 아니라 처음에 3명의 건장한 청년들이 들어와 고기와 술을 시켜서 먹고 마시고 있었고 다음에 청소년이 들어와 자연스럽게 앉아서 고기를 먹고 있었던 터라 청구인은 전혀 의심을 하지 않았습니다. 청구인은 3명의 청년들과 같이 있는 걸로 보아 같은 또래로 착각을 할 수밖에 없었습니다. 그 당시로는 그 중에서 1명이 청소년인줄을 전혀 인식할 수 없었고 이로 말미암아 단속반들에 적발되어 영업허가를 취소 당하였는바, 그 당시 청소년이 술을 마셨는지 정확히 규명하지 아니하고 청소년에게 주류를 제공하는 행위로 이 사건 처분은 사실을 잘못 인정한 것으로서 위법합니다.

　나. 재량남용, 일탈

　　　가사 청소년에게 주류를 제공하는 위반사실이 인정된다 하더라도 처음 3명은 청소년이 아니었고 나중에 온 청소년은 전혀 예상할 수가 없었을 뿐 아니라 이 사건 음식점은 5명의 종업원을 두고 주로 고기 등을 조리판매 하면서 영업을 운영하고 있을 뿐만 아니라 청구인은 이미 2번에 걸쳐 같은 내용으로 적발되어 행정처분을 받은 상태라 평소 많은 주의를 가지고 영업을 해왔습니다.

3. 이러한 여러 사정등을 종합하여 보면, 청구인이 위와 같이 식품위생법 제44조를 위반하였다는 사유로 상당기간의 영업정지처분을 하는 것은 별론으로 하고 곧바로 이 사건 음식점의 영업으로 청구인은 청소년을 출입시켜 수익을 올리고 싶은 생각은 전혀 없었습니다.
또한 적발당시의 청소년이 술을 마셨는지 정확한 규명이 없었으며 이러한 정황을 비추어 볼 때 청소년에 대한 주류판매로 인하여 이 사건 음식점에 대한 영업허가가 취소됨으로써 청구인은 막대한 경제적 손해를 입게 되는 것입니다.

취소까지 한 이 사건처분은 그에 의하여 실현하고자 하는 공익목적을 감안한다 하더라도 재량권의 한계를 현저히 일탈한 위법한 처분인 것입니다.

입 증 방 법

1. 소갑 제1호증   통지서사본
1. 소갑 제2호증   허가증사본
1. 소갑 제3호증   진술서
1. 소갑 제4호증   확인서

첨 부 서 류

1. 위 입증방법   각 1통
1. 심판청구서부본   1통

20○○년   ○월   ○일

위 청구인   ○ ○ ○ (서명 또는 날인)

△△시 △△구청장 귀하

5. 영업정지처분 취소

■ 청구취지

> 피고가 20○○. ○. ○. 원고에 대하여 한 ○○시 ○○구 ○○길 ○○ 소재
> 주점 ☆☆에 대한 영업정지처분은 이를 취소한다.
> 라는 재결을 구합니다.

■ 심판청구 작성례

● 영업정지처분 취소심판 청구서(주점)

행 정 심 판 청 구

청 구 인   ○ ○ ○(주민등록번호)

　　　　　　 ○○시 ○○구 ○○길 ○○

　　　　　　 청구대리인 소속변호사 □ □ □

　　　　　　 ○○시 ○○구 ○○길 ○○ (우편번호　　　　)

피 청 구 인   △△시 △△구청장

영업정지처분취소 심판청구

청 구 취 지

피고가 20○○. ○. ○. 원고에 대하여 한 ○○시 ○○구 ○○길 ○○
소재 주점 ☆☆에 대한 영업정지처분은 이를 취소한다.
라는 재결을 구합니다.

청 구 원 인

1. 청구인은 20○○. ○. ○. 청구 외 김□□이 경영하던 ○○시 ○○
   구 ○○길 ○○소재 주점(약108평)을 시설비 및 권리금을 6,000만
   원으로 하여 양수받고 건물주인 청구외 이□□ 외 1인과 임차보증
   금 1억원, 월 임료 300만원의 조건으로 새로 임대차계약을 체결하

였습니다.

2. 이에 청구인은 약 1억원 정도의 비용을 들여 새로 인테리어를 한 다음 피청구인에게 영업허가를 신청하였고, 20○○. ○. ○. 자로 영업허가를 취득하였습니다.

3. 그런데 청구인이 위 ☆☆를 인수하기 전인 20○○. ○. ○. 전의 영업주인 청구외 김□□이 수명의 대학생들에게 생맥주를 판매하다가 그 중 2명의 여학생이 아직 만 19세가 되지 아니한 대학신입생이었고, 이것이 적발되는 바람에 위 호프집에 대해 행정처분 절차가 진행 중에 있었다고 합니다.

4. 청구인은 이러한 사실을 모르고 전 영업주로부터 이 사건 점포를 양수받았는바, 그로부터 약 1년이 경과된 지금에 와서야 피고는 위 20○○. ○. ○. 자 적발내용을 이유로 청구인에게 2개월간의 영업을 정지하라는 처분을 고지하였습니다.

5. 영업정지와 같은 행정처분은 단속법규를 위반한 영업자에 대한 대인적 제재조치로서 강학상 이른바 대인처분이라고 할 것이고 이러한 대인처분은 원칙적으로 사업양수인에게 승계되지 아니한다 할 것입니다.

   다만 식품위생법 제78조에 의하면 영업자가 그 영업을 양도할 경우 행정제재 처분의 절차가 진행 중인 때에는 양수인에 대하여 행정제재처분의 절차를 속행할 수 있으나 이때에도 양수인이 양도시에 그 처분 또는 위반사실을 알지 못하였음을 증명하는 때에는 그러하지 아니하다고 규정되어 있는 바, 청구인은 전 영업주로부터 이러한 사실을 들은 바 없이 위 호프집을 양수받았던 것이므로 피청구인이 양수인인 청구인에 대해 본 건과 같은 영업정지처분을 하는 것은 부당하다고 할 것입니다.

6. 그 외에도 청구인이 확인한 바에 의하면 전 영업주인 위 최□□은 평소 미성년자의 업소출입을 강력히 금지하여 왔으나 그날 많은 손님이 몰려들어 일일이 그들이 미성년자인지 확인하는 것이 사실상 곤란하였고, 또한 단속에 적발된 그 여대생과 같이 온 남학생들은 평소에도 업소에 자주 출입하는 단골로서 대학 3학년생들이었

기 때문에 동반한 여학생들도 당연히 성년의 대학생 친구로만 알고 군이 미성년자인지 여부를 확인하지 않았던 것이며 실제로도 그녀들은 머지않아 곧 만19세가 되는 여학생이었다고 합니다.

7. 따라서 비록 청소년보호법에 의해 아직 정서적으로 보호받아야 하는 청소년들에게 유해환경을 제공한 영업자에게 행정제재를 가함으로써 청소년을 보호해야 하는 공익적 요청 또한 무시할 수 없는 것이나, 이러한 행정제재는 행정목적 달성에 필요한 한도 내에서 최소한에 그쳐야 하는 것인 바 원고의 경우 본인이 직접 위반행위를 행한 바가 없고 전 영업자로부터 그 제재처분을 승계한 자로서 영업양수시 그러한 사실을 알지 못하였으며 또 전 영업자가 출입시켜 주류를 제공한 여학생들의 경우 외견상 청소년으로 보이지도 않았고 실제로도 머지않아 만19세가 되는 등 위반행위의 태양에 있어서도 참작할 사유가 있음에도 이를 고려함이 없이 무조건 획일적으로 동종의 위반행위를 한 다른 업소와 동일하게 2개월의 영업정지를 명하는 행정처분을 하는 것은 재량권의 한계를 일탈하거나 남용한 위법한 처분이라고 할 것입니다.

8. 이에 청구인은 피청구인의 이 사건 행정처분의 취소를 구하기 위하여 이 서건 청구에 이르게 되었습니다.

입 증 방 법

1. 갑제1호증   영업신고증
1. 갑제2호증의 1   식품위생법위반업소 영업정지통보
1. 갑제2호증의 2   영업정지명령서
1. 갑제3호증   임대차계약서
1. 갑제4호증   인증서
1. 갑제5호증   탄원서

첨 부 서 류

1. 위 입증방법   각 1통
1. 심판청구서부본   1통

1. 위임장   1통

                        20○○년   ○월   ○일
                                위 청구대리인
                        변호사 ○   ○   ○ (인)

            △△시 △△구청장   **귀중**

6. 개인택시 운송사업면허 발급신청 거부처분 취소

■ 청구취지

> 피청구인이 20○○. ○. ○.자로 청구인이 제출한 개인택시운송사업면허 발급
> 신청서를 면허예정자 및 확정자 결정에서 제외한 처분은 이를 취소한다.
> 라는 재결을 구합니다.

■ 심판청구 작성례

<table>
<tr><td colspan="6" align="center">행 정 심 판 청 구</td></tr>
<tr><td rowspan="2" align="center">청 구 인</td><td align="center">이 름</td><td align="center">○○○</td><td align="center">주민등록
번 호</td><td colspan="2"></td></tr>
<tr><td align="center">주 소</td><td colspan="4">○○시 ○○구 ○○길 ○○</td></tr>
<tr><td align="center">선정대표자, 관리인
또는 대리인</td><td colspan="5">○ ○ ○ (또는 대리인 변호사 ○ ○ ○)
○○시 ○○구 ○○길 ○○(우편번호   )</td></tr>
<tr><td align="center">피 청 구 인</td><td colspan="3">△△도지사</td><td align="center">재결청</td><td>건설교통부장관</td></tr>
<tr><td align="center">청구대상인 처분내용
(부작위의 전제가 되는
신청내용일자)</td><td colspan="5">피청구인이 20○○. ○. ○. 청구인에 대하여 한 개
인택시면허예정자결정제외 처분</td></tr>
<tr><td align="center">처분 있음을 안 날</td><td colspan="5">20○○년 ○월 ○일</td></tr>
<tr><td align="center">심판청구취지 이유</td><td colspan="5">별지기재와 같음</td></tr>
<tr><td align="center">피청구인의 행정심판
고지유무</td><td colspan="2" align="center">20○○년 월 일</td><td align="center">고지내용</td><td colspan="2">개인택시면허예정
자결정제외 처분</td></tr>
<tr><td align="center">증거서류</td><td colspan="5">별지기재와 같음</td></tr>
<tr><td align="center">근거법조</td><td colspan="5">행정심판법 제28조, 동법시행령 제20조</td></tr>
<tr><td colspan="6" align="center">위와 같이 행정심판을 청구합니다.

20○○년 ○월 ○일
청 구 인 ○ ○ ○ (서명 또는 날인)
(또는 대리인 변호사 ○ ○ ○ ㉑)

△ △ 도 지 사 귀 하</td></tr>
<tr><td align="center">첨부서류</td><td colspan="3">청구서부본</td><td align="center">수 수 료</td><td align="center">없 음</td></tr>
</table>

[별지]

심 판 청 구 취 지

피청구인이 20○○. ○. ○.자로 청구인이 제출한 개인택시운송사업면허 발급신청서를 면허예정자 및 확정자 결정에서 제외한 처분은 이를 취소한다.

라는 재결을 구합니다.

심 판 청 구 이 유

1. 청구인은 20○○. ○. ○. ○○시장의 개인택시 운송사업면허 대상자 모집에서 개인택시면허발급 우선순위 제 2순위 사항 3호의 대통령, 국무총리, 행정자치부, 건설교통부, 노동부장관의 표창을 받은 자에 해당되어 관계서류를 첨부하여 면허신청을 하였습니다.

2. 이에 ○○시장은 청구인의 개인택시운송사업면허 신청에 대하여 청구인이 행정자치부장관으로부터 표창을 받은 시점은 운전경력기간 중이 아니라는 이유로 면허예정자 및 확정자 결정에서 제외시켰습니다.

그러나 이는 다음과 같은 이유에서 부당한 판단입니다.

즉 개인택시 면허발급 우선순위 제 2순위 사항 3호에서는 「면허신청일로부터 기산하여 과거 4년간 국내에서 사업용 자동차를 운전한 경력이 3년 이상 있는자로서 최종운전종사일로부터 기산하여 과거 3년간 무사고 운전경력이 있는 자중에서 대통령, 국무총리, 행정자치부, 건설교통부, 노동부장관의 표창을 받은 자, 단 1985. 5. 31. 이전에 받은 타 국무위원의 표창도 포함되며 운전경력기간 중에 받은 표창으로서 표창을 받은 후 1년이상 경과되어야 한다」라고 되어 있는데, 여기서 말하는 [운전경력기간중] 이란 운전면허를 소지하고 사업용 택시나 버스회사에 취업한 경력이 있고, 또 운전업무에 종사하는 것을 본래의 업무(생업)로 하는 경우를 말하는 것으로서 즉 운전업무와 관계없는 기간에 받은 표창을 제외한다는 취지로 해석하여야 할 것입니다. 따라서 전직을 위한 잠시의 공백

기간 등은 그 기간 내라고 해석해야 옳을 것인바, 청구인은 표창수상 당시 새로운 직장으로 옮기는 과정에서 약 1개월간 새 회사에서 견습운전을 하고 있었습니다.

현실적으로 운전직에 있어서 전직하는 경우 상당기간 견습을 하는 것이 관례이며 표창 시상일은 표창받은 행위를 한 후 일정하지 않은 임의 시점에 이루어진다는 사실을 볼 때 표창일을 기준으로 판단하는 것은 타당하지 않다고 할 것입니다.

3. 위와 같이 처분청에서는 [운전경력기간중] 이라는 자구해석을 너무나 좁은 의미로 해석한 잘못으로 결과적으로 청구인에게 불이익을 준 것이므로 합리적으로 해석하여 줄 것을 바라면서 청구취지와 같은 재결을 구하고자 본 청구에 이른 것입니다.

<h3 style="text-align:center">입 증 방 법</h3>

1. 소갑 제1호증	경력증명서
1. 소갑 제2호증	재직증명서
1. 소갑 제3호증	표창장
1. 소갑 제4호증	사실증명
1. 소갑 제5호증	진정서

<h3 style="text-align:center">첨 부 서 류</h3>

1. 위 입증방법	각 1통
1. 심판청구서부본	1통

△ △ 도 지 사 귀 중

7. 요양불승인처분 취소

■ 청구취지

근로복지공단 ○○지사장이 2012년 7월 6일 청구인에 대하여 한 산업재해보상보험법에 의한 요양불승인처분을 취소한다.
라는 재결을 구합니다.

■ 심판청구 작성례

<table>
<tr><td colspan="5" rowspan="2" align="center">재 심 사 청 구 서</td><td>처리기간</td></tr>
<tr><td>60일</td></tr>
<tr><td rowspan="2">청구인
(대리인)</td><td>①성 명
(상호)</td><td>○○○</td><td>②주민등록번호</td><td></td><td>③근로자와
의 관계</td><td>본 인</td></tr>
<tr><td>④주 소</td><td colspan="5">□□□-□□□　☎ ○○○-○○○-○○○○
○○도 ○○시　○○길　○○번지</td></tr>
<tr><td rowspan="2">결정을
받은자</td><td>⑤성 명</td><td>○　○　○</td><td colspan="2">⑥ 주민등록번호</td><td></td><td></td></tr>
<tr><td>⑦주소</td><td colspan="5">□□□-□□□　☎ ○○○-○○○-○○○○
○○도 ○○시　○○길　○○번지</td></tr>
<tr><td rowspan="2">근로자</td><td>⑧성 명</td><td>○　○　○</td><td colspan="2">⑨ 주민등록번호</td><td></td><td></td></tr>
<tr><td>⑩사업장명</td><td>○ ○ 석탄공사</td><td colspan="2">⑪ 사업장소재지</td><td colspan="2">○○도 ○○시</td></tr>
<tr><td colspan="2">⑫ 결 정 기 간</td><td>근로복지공단○지사</td><td colspan="2">⑬ 결정년월일</td><td colspan="2">20○○년 월 일</td></tr>
<tr><td colspan="2">⑭ 심사결정기관명</td><td>근로복지공단</td><td>⑮ 심사결정을
받은날</td><td colspan="2">⑯ 심사결정이
있음을 안 날</td><td></td></tr>
<tr><td colspan="2">⑰ 심사결정기관의
고지 유무 및 내용</td><td colspan="5">요양불승인 처분 취소청구 심사청구 "기각"</td></tr>
<tr><td colspan="2">⑱ 청구취지 및
이유</td><td colspan="5" align="center">(별 첨)</td></tr>
</table>

산업재해보상보험법 제106조의 규정에 의하여 위와 같이 청구합니다.

2024년 ○○월 ○○일

청구인(대리인) ○ ○ ○ (서명 또는 날인)

산업재해보상보험심의위원회 위원장 귀하

첨부서류 :	수 수 료
1. 청구의 취지 및 이유	없 음
2. 증거조사 신청서(증거조사를 신청할 때에 한합니다.)	
※ 이 용지는 무료로 배부하여 드립니다.(뒷면 참조)	

[별지]

청 구 취 지

근로복지공단 ○○지사장이 2012년 7월 6일 청구인에 대하여 한 산업재해보상보험법에 의한 요양불승인처분을 취소한다.
라는 재결을 구합니다.

청 구 원 인

1. 사건의 경위

청구인은 ○○소재 ○○석탄공사 ○○광업소에 2012년 4월 30일 광산기계공으로 입사하여 근무하여 오던중 2012년 5월 30일 12:00경 위 광업소 7편 적재 콘베이어 부근에서 원탄속에 섞여나오는 무게 20키로그램(실제 마른 상태의 무게는 8키로그램 정도이나 원탄 등 땅속에 묻혀 물이 베인 것은 최소한 20키로그램 이상이 됨)되는 갱목을 골라내기 위하여 허리를 굽혀 두손으로 들어 허리를 펴는 순간 갑자기 허리가 삐긋하여 통증이 와 꼼짝할 수 없는 지경에 이르렀습니다.

이로 인하여 청구인은 요추5번선 추1번간 추간판탈출증, 요추2-3, 3-4, 4-5번 추간판변형의 재해를 입었습니다.

2. 그러나 피청구인은 위 ○○광업소가 직영하는 ○○의원 원장의 초진 소견상 퇴행성요추염이 있다는 이유로 개인적 기왕증으로 판단한 소견서에만 의존하여 개인적 기왕증으로 판단 2012년 7월 6일 요양불승인처분을 하였습니다.

3. 그래서 청구인은 피청구인이 2012년 7월 6일 청구인에 대하여 한 요양불승인처분에 불복하고 근로복지공단이사장에게 심사를 청구하였으나 공단은 원처분기관의 의견과 동일하다는 이유로 2012년 10년 29일 기각 결정하였습니다.

4. 그러나 청구인은 퇴행성요추염이 있을만한 특별한 사유가 없었을 뿐만 아니라, 원고 나이의 일반인에 흔히 나타나는 퇴행성요추염이 다소 기존하였다 하더라도 그것이 순간적으로 발생된 이건 재해를 일으킬 정도의 직접적인 원인 제공이라고는 도저히 볼 수 없을 뿐만 아니라 청구인은 근무하다 재해를 입을 당시 함께 일을 하던 청구외 박○○가 직접 목격한 바로도 청구인은 분명히 위 1항의 사고경위와 같이 작업도중 허리를 다친 것입니다.

5. 따라서 청구인은 피청구인이 2012년 7월 6일 청구인에 대하여 행한 산업재해보상보험법에 의한 요양불승인 처분을 취소한다는 재결을 구하기 위해 이 건 재심사 청구에 이른 것입니다.

첨 부 서 류

1. 요양불승인결정통보 및 불승인이유서	1통
1. 결정서 사본	1통
1. 재결서 사본	1통
1. 진 단 서	1통
1. 인 증 서	1통

20○○년　○월　○일

위 청구인　○　○　○ (서명 또는 날인)

산업재해보상보험재심사위원회 위원장 귀하

8. 정보비공개결정처분 취소

■ 청구취지

1. 피청구인이 20○○. ○. ○. 청구인에 대하여 한 정보비공개결정처분을 취소한다.
2. 소송비용은 피청구인이 부담한다.
라는 재결을 구합니다.

■ 심판청구 작성례

● 정보비공개결정처분 취소심판 청구서

행 정 심 판 청 구

청 구 인   ○ ○ ○(주민등록번호)

           ○○시 ○○구 ○○길 ○○(우편번호 ○○○○○)

피청구인   국가보훈부장관

           ○○시 ○○구 ○○길 ○○(우편번호 ○○○○○)

정보비공개결정처분 취소심판청구

청 구 취 지

1. 피청구인이 20○○. ○. ○. 청구인에 대하여 한 정보비공개결정처분을 취소한다.
2. 소송비용은 피청구인이 부담한다.
라는 재결을 구합니다.

청 구 원 인

1. 처분의 경위

　　가. 청구인의 아버지인 심판외 망 ☆★☆는 19○○. ○. ○. 군대에 입대하여 베트남전에 참전하였다가 19○○. ○. ○. 만기전

역한 참전유공자입니다. 위 심판외 ☆★☆는 월남전 참전으로 인한 고엽제후유의증으로 20○○. ○. ○. 고도장애판정을 받고, 20○○. ○. ○. 국가유공자로 등록된 후, 20○○. ○. ○. 사망하였습니다.

나. 청구인은 '국립묘지의 설치 및 운영에 관한 법률'에 따라 심판외 ●◎호국원에 심판외 망 ☆★☆를 위 호국원에 안장하여 줄 것을 신청하였으나, 심판외 ●◎호국원장은 위 ☆★☆가 20○○. ○. ○.경 교통사고를 일으켜 금고 1년에 집행유예 2년의 형을 받은 사실이 있다는 점을 이유로 국립묘지안장거부처분을 하였습니다. 이에 청구인은 20○○. ○. ○. ◇◆지방법원에 위 거부처분의 취소를 구하는 소를 제기하여, 현재 소송이 계속 중입니다.

다. 심판외 ●◎호국원에서는 안장심의대상자가 금고 이상의 형을 받은 경우 국가보훈처 산하의 '국립묘지안장대상심의위원회'에 위 대상자가 국립묘지의 영예성을 침해하는지 여부에 대한 판단을 구하고, 위 위원회의 결정에 따라 안장여부를 결정합니다. 그리고 '국립묘지안장대상심의위원회 운영규정' 제4조 제3항은 '영예성 훼손여부는 ①과실의 경중 또는 우발적인 행위여부, ②상대방이 입은 피해의 경중 또는 생계형 범죄여부, ③피해자와 합의 및 변제 등 적극적인 피해구제 노력여부, ④입대 이전 범행여부, ⑤안장대상자 자격요건 취득(유공시점 기준) 이전 범행여부, ⑥사면·복권 여부, ⑦병적말소, 불명예 제대, 행방불명 및 전역사유 미확인자 등 병적사항이상 여부를 종합적으로 고려하여 심의·의결한다.'고 규정하고 있습니다.

라. 이에 따라 위 사건은 국립묘지안장대상심의위원회가 위에서 규정한 제반 정상참작 요소를 종합적으로 고려하였는지 여부가 주된 쟁점이 되었습니다.

마. 위 소송 과정에서 심판외 ●◎호국원장은 위 심의위원회가 심의 과정에서 여러 가지 요소를 종합적으로 고려하였다고 주장하면서도, 구체적으로 어떠한 사유를 어떻게 고려하였는지 아

무 것도 밝히지 못하고 있었습니다. 또한 위 소송 과정에서, 청구인의 경우 일반적인 경우와 달리 심판외 망 ☆★☆에 관한 여러 가지 정상참작 자료들(교통사고 당시의 합의관련 자료, 여러 기관에서 받은 봉사활동 관련 표창, 위 사고 이외에는 평생 아무런 전과가 없음을 소명하는 자료 등 일체)을 제출할 기회조차 부여받지 못하였다는 점이 드러났습니다.

바. 위 소송의 재판부는 청구인에게 '국립묘지안장대상심의위원회에서 심의를 하였다면 심의 과정을 기록한 회의록이 있을 것이므로, 이에 대한 제출을 요청하라.'는 취지의 석명을 하였고, 이에 청구인은 피청구인에게 사실조회신청을 하였습니다. 그러나 피청구인은 '회의록은 비공개 대상임'이라는 이유를 대며 회신을 거부하였고, 이에 청구인은 피청구인에게 법원을 통하여 문서송부촉탁신청을 하였으나, 이 또한 '심의위원들의 자유로운 의사개진을 보장하기 위해서 공개할 수 없다.'는 취지의 회신만을 하여 왔습니다.

사. 이에 청구인은 직접 피청구인에 대하여 '국립묘지안장대상심의위원회에서 망 ☆★☆가 국립묘지안장대상자에 해당하는지 여부를 심의하면서 작성된 회의록'에 관한 정보공개를 청구하였습니다.

아. 그러나 피청구인은 20○○. ○. ○. '안장대상심의위원회는 안장대상 여부를 결정하는 권한을 가진 의결기구로서 심의위원회에서의 자유롭고 활발한 심의, 의결이 보장되기 위해서는 위원회가 종료된 후라도 심의, 의결과정에서 개개 위원들이 한 발언내용이 외부에 공개되지 않는다는 것이 철저히 보장되어야 합니다. 만약, 참석위원의 발언 내용이 기재된 회의록이 공개된다면 위원들은 심리적 압박을 받아 솔직하고 자유로운 의사교환을 할 수 없고, 심지어 외부의 부당한 압력 등 업무의 공정성을 저해할 우려마저 있어 이러한 사태를 막아 심의위원들이 심의에 집중하도록 하여 심의의 내실화를 도모하고 공정성을 확보하기 위함입니다.'라는 이유로 청구인에게 정보비공개

결정처분(이하 '이 사건 비공개처분'이라 합니다)을 통지하였습니다. 이는 위 소송에서 피청구인이 받은 문서송부촉탁에 대한 회신과 문구까지 정확하게 일치하는 내용이었습니다.

2. 관련 법령

가. 공공기관의 정보공개에 관한 법률

제9조(비공개대상정보)

① 공공기관이 보유·관리하는 정보는 공개대상이 된다. 다만, 다음 각호의 1에 해당하는 정보에 대하여는 이를 공개하지 아니할 수 있다.

5. 감사·감독·검사·시험·규제·입찰계약·기술개발·인사관리·의사결정 과정 또는 내부검토과정에 있는 사항 등으로서 공개될 경우 업무의 공정한 수행이나 연구·개발에 현저한 지장을 초래한다고 인정할 만한 상당한 이유가 있는 정보

② 공공기관은 제1항 각호의 1에 해당하는 정보가 기간의 경과 등으로 인하여 비공개의 필요성이 없어진 경우에는 당해 정보를 공개대상으로 하여야 한다.

③ 공공기관은 제1항 각 호의 범위 안에서 당해 공공기관의 업무의 성격을 고려하여 비공개대상정보의 범위에 관한 세부기준을 수립하고 이를 공개하여야 한다.

나. 국가보훈처 행정정보 공개운영지침

제5조(비공개대상 정보의 기준)

① 국가보훈처에서 관리하고 있는 정보는 공개를 원칙으로 하되, 별표 2의 기준에 해당하는 정보에 대하여는 이를 공개하지 아니할 수 있다.

② 정보공개담당관은 별표 2의 기준을 적용함에 있어 당해 정보를 공개함으로써 얻게 되는 국민의 알 권리 보장과 비공개함으로써 보호되는 다른 법익과의 조화가 이루어질 수 있도록 공정하게 공개여부를 판단하여야 한다.

③ 정보공개책임관은 정보공개법의 취지가 충분히 반영되고 각급 기관의 공무원이 보다 객관적으로 정보공개여부를 판단할 수 있도록 별표 2의 기준을 지속적으로 보완하여야 한다.

다. 국가보훈처 행정정보 공개운영지침 별표 2 : 공공기관의 정보공개에 관한 법률 제9조 제1항 제5호 관련

8. 국가보훈위원회, 보훈심사위원회, 국립묘지안장대상심의위원회,

독립유공자공적심사위원회, 상이등급구분심사위원회 등 국가보훈처 소관 위원회 운영에 관한 정보로서 다음 각 호에 해당하는 정보

　　가. 회의의 내용이 대부분 개인의 신상·재산 등 사생활의 비밀과 관련되어 있는 정보

　　나. 회의의 내용이 공개로 인하여 외부의 부당한 압력 등 업무의 공정성을 저해할 우려가 있는 정보

　　다. 회의참석자의 심리적 부담으로 인하여 솔직하고 자유로운 의사교환이 이루어질 수 없다고 인정되는 정보

　　라. 심사 중에 있는 사건의 의결에 참여한 위원의 명단

3. 정보비공개결정처분의 위법성

　가. '공공기관의 정보공개에 관한 법률' 및 '국가보훈처 행정정보 공개운영지침'의 규정 및 해석

　　1) '공공기관의 정보공개에 관한 법률(이하 '정보공개법'이라고 합니다)' 제3조 및 '국가보훈처 행정정보 공개운영지침(이하 '정보공개지침'이라고 합니다)' 제2조는 특별한 사정이 없는 한 공공기관의 정보를 국민에게 공개하도록 규정하면서, 정보공개법 제9조 및 정보공개지침 제5조에서 예외적으로 비공개하는 경우를 한정적으로 열거하고 있습니다.

　　2) 위 입법의 취지는 '국민의 알 권리를 보장하고 국정에 대한 국민의 참여와 국정운영의 투명성을 확보(정보공개법 제1조)'함에 있습니다. 그러므로 공공기관이 국민의 정보공개청구를 거부하기 위해서는 '국가의 안전보장 및 공공질서, 국민에 대한 사생활의 비밀과 자유' 등에 관한 개별적, 직접적, 구체적인 위협 내지 침해의 우려가 있어야 합니다.

　나. 피청구인이 주장하는 이 사건 비공개처분의 이유

　　1) 청구인의 청구가 위 ①항 및 ④항과 관련이 없음은 분명합니다. 이는 피청구인 역시 다투고 있지 않습니다. 결국 문제는 피청구인이 청구인에게 심판외 망 ☆★☆에 대한 심의와 관련한 회의록을 공개할 경우 '외부의 부당한 압력 등으로 인하여 업무의 공정성을 저해할 우려가 있는지 또는 회의참

석자의 심리적 부담으로 인하여 솔직하고 자유로운 의사교환이 이루어 질 수 없다고 인정되는지' 여부입니다.

2) 이는 정보공개법이 정보의 원칙적 공개를 규정하고 있으므로, 위 회의록의 공개에 위와 같은 우려가 있는지 여부에 대해서는 피청구인이 적극적으로 개별적, 구체적, 직접적 주장 및 입증을 해야 합니다.

3) 그런데 피청구인은 이에 관한 아무런 구체적 이유 제시도 없이 '회의록이 공개되면 회의참석자의 심리적 부담으로 인하여 솔직하고 자유로운 의사교환이 이루어질 수 없고, 외부의 부당한 압력 등으로 인하여 업무의 공정성을 저해할 우려가 있다'라고만 막연하게 주장하고 있습니다. 그러나 이는 아래에서 살펴보는 것과 같이 아무런 이유가 없습니다.

다. 청구인이 심판외 심의위원회에 영향력을 행사할 수 있는지 여부

1) 우선, '솔직하고 자유로운 의사교환을 불가능하게 하고 업무의 공정성을 저해할 우려가 있는지'를 판단하기 위해서는, 심의위원회에 앞으로 행할만한 어떤 업무가 남아있는 것이 전제되어야 합니다. 장래에 행할 어떠한 업무가 남아있어야 거기에 부당한 영향을 미치든 말든 할 수 있을 것이기 때문입니다.

2) 그런데 이미 심의위원회는 심판외 망 ☆★☆와 관련한 자신들의 결론을 내리고 이를 외부에 공표한 상태이므로, 그들은 자신들의 업무를 모두 마쳤습니다. 이와 같은 상황에서는 청구인이 위원회의 '솔직하고 자유로운 의사교환 및 업무의 공정성'을 저해한다는 것은 현실적으로 불가능합니다.

3) 가사 심의위원회가 재심결정 등을 통해 심판외 망 ☆★☆에 대한 심의를 다시 한 번 하는 상황이 발생한다고 가정하더라도, 정치적, 경제적 영향력을 가진 사회인사도 아닌 청구인이 심의위원회에 어떠한 방법으로 부당한 압력 내지 영향력을 행사할 수 있을지 지극히 의문입니다.

4) 그러므로 청구인이 심의위원회에 부당한 압력을 행사할 가능

성이 있어 심의위원회의 업무의 공정성을 해할 수 있다거나, 회의참석자의 솔직하고 자유로운 의사교환을 하기 어렵다거나 하는 취지의 주장은 이유가 없습니다.

라. 심의위원회의 회의록 내지 회의자료는 심의·결정의 종료 이후에도 무제한적, 무조건적으로 비공개대상으로 남아야 하는지 여부

1) 피청구인의 '외부의 부당한 압력 등' 운운하는 주장을 백번 양보하여 선해하더라도, 이는 '심의위원들이 결정을 내린 후에 회의록이 공개된다면 심의위원회에서의 결정 과정 내지 결과에 대해 비판이 가해질 수 있고, 심의위원들은 차후의 그러한 비판을 의식하여 활발하고 자유로운 토론을 하지 못할 가능성이 있다'는 취지의 주장으로 해석할 수 있을 것입니다. 그러나 이는 정보공개법 제9조 제2항의 '비공개 정보도 비공개의 필요성이 없어진 경우에는 당해 정보를 공개대상으로 하여야 한다.'는 규정에 정면으로 배치되는 주장입니다.

2) 심의 도중에는 외부의 부당한 압력 내지 의사결정과정의 왜곡 등의 염려가 있으므로 회의록 내지 회의자료를 공개하지 않을 수 있지만, 심의를 마친 이후까지 그러한 필요성이 지속된다고 보기 어렵습니다. 오히려 심의를 마친 후에는 회의록 내지 회의자료를 국민들이 열람할 수 있도록 공개하여, 심의 과정에서 부당한 의사결정과정의 왜곡은 없었는지, 외부의 부당한 압력이 있었던 것은 아닌지, 심의위원들의 심의가 충실하게 이루어졌는지 등을 국민으로부터 검증받고, 이를 바탕으로 심의의 질을 높이는 과정이 필요하다고 보는 것이 합리적입니다.

3) 피청구인은 심의 이후에 심의 내용이 공개되면 심의위원들이 심리적으로 위축된다고 주장하나, 충실하고 올바른 심의과정을 거쳐 떳떳한 결론을 도출해낸 것이라면 그 과정을 국민 앞에 공개하지 못할 이유가 없습니다. 국민 앞에서 영원히 검증받지 않을 수 있는 특혜 앞에서만 '활발하고 자유로

운' 토론이 가능하다는 권위주의적 밀실 행정식 발상이 아니라면, 국민의 알 권리 보장과 행정의 투명성 제고를 위해 원칙적으로 심의 및 의결이 종료된 이후에는 회의 내용의 공개를 지향해야 합니다. 그것이 정보공개법 제9조 제2항의 규정 취지에도 부합하고, 민주주의적이고 국민 친화적인 선진 행정문화 정착과도 맥을 같이 합니다.

4) 경우에 따라서 회의 내용의 전면적 공개가 부적절한 경우가 있을 수 있고, 공개의 범위 및 공개의 대상을 한정해야 할 경우도 있을 수 있습니다. 그러나 이는 어디까지나 '공개의 원칙'에 대한 예외로서, 이에 대한 구체적인 필요가 있는 경우에 한하여 받아들여져야 하는 것입니다. 그럼에도 불구하고 피청구인은 '원칙적 비공개, 예외는 없다.'라는 태도를 취하고 있는데, 이러한 권위적이고 독선적인 태도는 결국 국민과의 소통 부재로 인한 신뢰의 상실로 이어질 수밖에 없는 것이어서 반드시 개선되어야 합니다.

5) 청구인의 이 사건 정보공개청구는 심판외 망 ☆★☆에 관하여 안장비대상결정을 한 심의위원회의 심의결과에 불복하는 과정에서 이루어진 것입니다. 즉, 청구인은 심판외 ●◎호국원장에게 심판외 망 ☆★☆에 대한 안장거부처분의 위법 부당함을 주장하며 안장거부를 한 이유를 밝혀 달라고 수차례 요구했으나, '제반 사정을 참작하였다'는 형식적인 답변만을 들었을 뿐 아무런 실질적인 대답을 듣지 못하였습니다. 이에 청구인은 이의신청 및 행정심판을 거쳐 행정소송에 이르게 되었고, 재판부의 석명에 따라 회의록에 대한 사실조회신청 및 문서송부촉탁신청을 하였음에도 거절당하자 이 사건 정보공개청구를 하기에 이른 것입니다.

6) 아무런 관계없는 제3자도 아닌 직접적 이해당사자가 소송으로서 피청구인 산하의 심의위원회의 결정에 불복하면서 이를 뒷받침하기 위한 자료로 사용하기 위하여, 그리고 이를 판단하는 법원이 사실심리를 충실히 하기 위하여 필요한 자

료로서 해당 정보의 공개를 청구하는데도 이를 공개할 수 없다면, 피청구인을 견제하고 비판할 수 있는 이는 도대체 누구라는 것인지 의문입니다.

4. 결 론

이와 같이 피청구인의 이 사건 정보비공개결정처분은 아무런 법적 근거가 없는 위법·부당한 처분이므로, 청구인은 피청구인의 위법한 처분의 취소를 구하기 위하여 이 사건 심판을 제기하였습니다.

입 증 방 법

1. 갑 제1호증 (정 보 비 공 개 결 정 통 지 서)

첨 부 서 류

1. 위 입증방법	각 1통
1. 심판청구서 부본	1통
1. 납부서	1통

2000년　○월　○일

위 청구인　○○○ (서명 또는 날인)

중앙행정심판위원회　귀중

9. 영업정지처분 취소(노래방)

■ 청구취지

> 피청구인이 20○○. ○. ○. 청구인에 대하여 결정 고지한 45일의 영업정지 처분은 이를 취소한다.
> 라는 재결을 구합니다.

■ 심판청구 작성례

● 영업정지처분 취소심판 청구서(노래방)

행 정 심 판 청 구

청 구 인   ○○○(주민등록번호)
　　　　　　　○○시 ○○구 ○○길 ○○ (우편번호 ○○○○○)
피청구인 : △△도 지방경찰청장

영업정지처분 취소청구

심판청구의 취지

피청구인이 20○○. ○. ○. 청구인에 대하여 결정 고지한 45일의 영업 정지처분은 이를 취소한다.
라는 재결을 구합니다.

심판청구의 내용

1. 청구인은 ○○시 ○○구 ○○길 ○○ 소재 지하층 30평을 임차하 여 '☆☆☆노래방'이라는 상호로 노래연습장을 경영하고 있습니다.
2. 이 사건 단속경위
   청구인은 20○○. ○. ○. ○○:○○경 위 노래연습장의 종업원인 김○○의 친구인 이○○가 그의 일행 5명을 데리고 왔기에 이들의 주민등록증을 확인하기 위해 주민등록증 제시를 요구하였으나 위

이□□만 주민등록을 소지하고 있어 그의 주민등록증으로 만 18세
가 넘었음을 확인하고, 박□□과 최□□에게 나머지 일행들은 모
두 친구들이냐고 묻자 그렇다는 말을 믿고 출입시켰는데, 20분 뒤
에 피청구인의 관할인 역전파출소 소속 경찰관 2명으로부터 만 18
세미만인 박□□ 일행을 입장시켰다는 이유로 단속되었습니다.

3. 위 이□□은 주민등록상 분명히 만 18세가 넘는 자이고, 그 일행 중
2명이 18세 미만자라는 이유로 단속되었는 바, 청구인으로서는 위
이□□ 일행이 종업원의 친구라 하고 이□□이 18세 미만자가 아님
이 확인되었기에 일행중 일부가 연령미달자라고 의심할 여지가 없었
던 점에 비추어 본건 처분은 지나치게 가혹한 것이라 생각됩니다.

4. 또한 청구인은 사업 실패 후 은행과 친구들로부터 막대한 돈을 빌
려 이 사건 노래연습장을 임차해 내부시설 투자를 하고, 영상가요
반주기를 구입하여 영업을 하면서 생계를 꾸려나가고 있는데, 이
사건 행정처분으로 수입도 얻지 못하게 되어 채무이행은 물론이고
당장 생계유지도 힘든 형편입니다.

5. 따라서 이 사건의 단속경위 등 여러 사정을 참작할 때 피청구인의 45
일간의 영업정지처분은 부당하므로 이를 취소하여 주시기 바랍니다.

입 증 방 법

1. 갑 제1호증   행정처분통지서 사본
1. 갑 제2호증   종업원 진술서
1. 갑 제3호증   탄원서

첨 부 서 류

1. 위 입증방법   각 1통
1. 심판청구서부본   1통

20○○년 ○월 ○일

위 청구인 ○○○ (서명 또는 날인)

△△도 지방경찰청장 귀중

10. 영업정지처분 취소(유흥음식점)

■ 청구취지

> 피청구인이 20○○. ○. ○. 청구인에 대하여 결정 고지한 1월의 영업정지 처분은 이를 취소한다.
> 라는 재결을 구합니다.

■ 심판청구 작성례

● 영업정지처분 취소심판 청구서(유흥음식점)

행 정 심 판 청 구

1. 사　건　　영업정지처분 취소청구
2. 청구인　　성명 : ○　○　○(주민등록번호)
　　　　　　　주소 : ○○시 ○○구 ○○길 ○○ (우편번호　　)
3. 피청구인 :　서울시 △△구청장
4. 심판청구의 내용 : 유흥음식점 영업정지취소 청구
5. 처분이 있음을 안 날 : 20○○. ○. ○.

심판청구의　취지

피청구인이 20○○. ○. ○. 청구인에 대하여 결정 고지한 1월의 영업 정지처분은 이를 취소한다.
라는 재결을 구합니다.

심판청구의 내용

1. 청구인은 ○○시 ○○구 ○○길 ○○에서 20○○. ○. ○.부터 '☆ ☆투게더'라는 상호로 유흥음식점을 운영하여 왔는데, 서울시 △△ 구청장으로부터 미성년자 □□□를 고용하였다는 이유로 20○○. ○. ○. 영업정지 1월의 처분을 고지 받았습니다.

2. 검찰청에서 ○○시 ○○구 ○○길 ○○ 소재 '★★'라는 무허가직업
   소개소를 수사하면서 이 소개소를 통하여 유흥접객업소에서 일하였
   다는 □□□의 진술에 따라 청구인 이외에 유흥업소 주인 13명이
   검찰청에서 조사를 받았는데 수사공무원이 □□□ 본인이 청구인의
   업소에서 일했다는데 뻔한 것 아니냐고 하면서 사실확인도 해보지
   아니하고 벌금 1,000,000원의 약식기소가 되었고 검찰청이 피청구
   인에게 통보함으로써 이 사건 처분이 있게 된 것입니다.

3. 그러나 평소 유흥업소에 출입하는 아가씨들은 가명을 쓰는 경우
   가 많아 청구인으로서는 □□□ 본인을 직접 대면하지 않고서는
   □□□가 청구인의 업소에서 일하였는지의 여부를 알 수 없으므
   로, 청구인은 □□□의 거주지를 수소문하여 □□□ 본인과 직접
   만난 결과 청구인의 업소에서 일한 종업원이 아니었음을 확인하
   였습니다.

4. 또한 청구인은 19○○. ○.부터 유흥음식점을 경영해왔는데, 종
   업원 고용시 반드시 주민등록증으로 미성년자인지 여부를 확인해
   이 사건 처분시까지 일체의 형사행정적 처분을 받은 일이 없습
   니다.

5. 사실이 이러하므로 청구인은 위 약식명령에 대하여 정식재판을 청
   구할 예정이며, 이 사건 처분도 사실을 오인한 처분이므로 위법한
   처분인 바, 이를 취소하여 주시기 바랍니다.

입 증 방 법

1. 갑제1호증	행정처분통지서 사본
1. 갑제2호증	확인서
1. 갑제3호증	공소장
1. 갑제4호증	탄원서

첨 부 서 류

1. 위 입증방법	각 1통
1. 심판청구서부본	1통

2O○○년   ○월   ○일

위 청구인   ○   ○   ○ (서명 또는 날인)

△△시 △△구청장 귀 중

11. 영업정지처분 취소(일반음식점)

■ 청구취지

> 피청구인이 20○○. ○. ○. 청구인에 대하여 한 20○○. ○. ○.부터 같은 해 ○. ○.까지 (1개월)의 일반음식점 영업정지처분은 이를 취소한다.
> 라는 재결을 구합니다.

■ 심판청구 작성례

● 영업정지처분 취소심판 청구서(일반음식점)

행 정 심 판 청 구

청 구 인   ○ ○ ○(주민등록번호)
　　　　　　 ○○시 ○○구 ○○길 ○○ (우편번호   )
피청구인   △△광역시 △△구청장

영업정지처분취소 심판청구

심 판 청 구 취 지

피청구인이 20○○. ○. ○. 청구인에 대하여 한 20○○. ○. ○.부터 같은 해 ○. ○.까지 (1개월)의 일반음식점 영업정지처분은 이를 취소한다.
라는 재결을 구합니다.

심 판 청 구 이 유

1. 청구인은 ○○시 ○○구 ○○길 ○○에서 ☆☆레스토랑을 운영하는 자입니다.

2. 그런데 20○○. ○. ○.에 손님 청구외 □□□가 접대하는 여자가 없다고 하면서 스스로 접대부를 전화로 불러(소위 보도) 접대를 하게 되었습니다.

3. 마침 이때 피청구인 소속의 공무원 ◇◇◇에게 발각되었고, 피청구

인은 일반음식점에서 여자접대부를 고용하였다는 이유로 20○○.
○. ○.부터 같은 해 ○. ○.까지 1개월간의 영업정지처분을 하였습
니다.

4. 그러나 이러한 처분은 청구인이 모르는 사이 손님이 한 행위로 영
업정지처분을 함을 부당하고 또한 이는 너무나 과다한 행정처분이
므로 행정심판을 구하고자 이 건 청구에 이른 것입니다.

입 증 방 법

1. 갑제1호증   영업정지 행정처분
1. 갑제2호증   일반음식점 신고증
1. 갑제3호증   사업자등록증

첨 부 서 류

1. 위 입증방법   각 1통
1. 심판청구서부본   1통

20○○년   ○월   ○일

위 청 구 인   ○ ○ ○ (서명 또는 날인)

△△ 광역시 △△구청장   귀중

12. 영업허가취소처분 취소(대중음식점)

■ 청구취지

> 피청구인이 20○○년 ○월 ○일 청구인에 대하여 한 서울 ○○구 ○○길 ○○번지에 있는 대중음식점 ○○에 대한 영업허가취소처분을 취소한다.
> 라는 재결을 구합니다.

■ 심판청구 작성례

<table>
<tr><td colspan="5" align="center">행 정 심 판 청 구</td></tr>
<tr><td rowspan="2">청　　구　　인</td><td>이　름</td><td>○○○</td><td>주민등록
번　호</td><td></td></tr>
<tr><td>주　소</td><td colspan="3">○○시 ○○구 ○○길 ○○</td></tr>
<tr><td>선정대표자, 관리인
또는 대리인</td><td colspan="4">○ ○ ○ (또는 대리인 변호사 ○ ○ ○)
○○시 ○○구 ○○길 ○○(우편번호　　　　)</td></tr>
<tr><td>피 청 구 인</td><td colspan="2">△△특별시 △△구청장</td><td>재결청</td><td>□□특별시장</td></tr>
<tr><td>청구대상인 처분내용
(부작위의 전제가 되는
신청내용일자)</td><td colspan="4">피청구인이 20○○. ○. ○. 청구인에 대하여 한 영업
허가 취소처분</td></tr>
<tr><td>처분 있음을 안 날</td><td colspan="4">20○○년 ○월 ○일</td></tr>
<tr><td>심판청구취지 이유</td><td colspan="4">별지기재와 같음</td></tr>
<tr><td>피청구인의 행정심판
고지유무</td><td colspan="2">20○○년 월 일</td><td>고지내용</td><td>영업허가 취소</td></tr>
<tr><td>증거서류</td><td colspan="4">재직증명서, 경력증명서, 전세계약서, 주민등록등본
(또는 1. 별지기재와 같음)</td></tr>
<tr><td>근거법조</td><td colspan="4">행정심판법 제28조, 동법시행령 제20조</td></tr>
<tr><td colspan="5">위와 같이 행정심판을 청구합니다.

　　　　　　　20○○년　○월　○일
　　　　청　구　인　○ ○ ○ (서명 또는 날인)
　　　　　(또는 대리인 변호사　○ ○ ○ ㊞)

△△ 특별시 △△ 구청장 귀하</td></tr>
<tr><td>첨부서류</td><td colspan="2">청구서부본</td><td>수 수 료</td><td>없　음</td></tr>
</table>

[별지]

심 판 청 구 의 취 지

피청구인이 20○○년 ○월 ○일 청구인에 대하여 한 서울 ○○구 ○○길 ○○번지에 있는 대중음식점 ○○에 대한 영업허가취소처분을 취소한다. 라는 재결을 구합니다.

청 구 이 유

1. 이 사건 처분의 경위

   청구인은 20○○년 ○월 ○일 피청구인으로부터 대중음식점 영업허가를 받아 서울 ○○구 ○○길 ○○번지에서 ○○라는 상호로 대중음식점 영업을 해 오던중 20○○년 ○월 ○일 위 업소에 청소년에게 주류를 제공하였다는 이유로 ○○구청 소속 단속반원들에게 적발되었습니다.

   이에 피청구인은, 금번에 적발되기 전 20○○년 ○월 ○일과 ○○년 ○월 ○일 2차례에 걸쳐 같은 내용으로 적발되어 영업정지에 갈음한 과징금 처분을 하였고 청소년에게 주류를 제공, 식품위생법 제44조 영업자의준수사항을 위반하였다는 이유로 영업허가 취소사유에 해당 같은 법 시행규칙 제89조의 별표23에 규정된 행정처분기준을 적용하여 20○○년 ○월 ○일 청구인에 대하여 위 대중음식점 영업허가를 취소하는 처분을 하였습니다.

2. 처분의 위법

   가. 사실오인

      청구인이 제3차로 적발될 당시 저녁8시 무렵 손님이 많은 관계로 청년과 청소년들을 구분하기가 쉽지 않았을 뿐만 아니라 처음에 3명의 건장한 청년들이 들어와 고기와 술을 시켜서 먹고 마시고 있었고 다음에 청소년이 들어와 자연스럽게 앉아서 고기를 먹고 있었던 터라 청구인은 전혀 의심을 하지 않았습니다. 청구인은 3명의 청년들과 같이 있는 걸로 보아 같은 또래로 착각을 할 수밖에 없었습니다. 그 당시로는 그 중에서 1명

이 청소년인줄을 전혀 인식할 수 없었고 이로 말미암아 단속반들에 적발되어 영업허가를 취소 당하였는바, 그 당시 청소년이 술을 마셨는지 정확히 규명하지 아니하고 청소년에게 주류를 제공하는 행위로 이 사건 처분은 사실을 잘못 인정한 것으로서 위법합니다.

나. 재량남용, 일탈

가사 청소년에게 주류를 제공하는 위반사실이 인정된다 하더라도 처음 3명은 청소년이 아니었고 나중에 온 청소년은 전혀 예상할 수가 없었을 뿐 아니라 이 사건 음식점은 5명의 종업원을 두고 주로 고기 등을 조리판매 하면서 영업을 운영하고 있을 뿐만 아니라 청구인은 이미 2번에 걸쳐 같은 내용으로 적발되어 행정처분을 받은 상태라 평소 많은 주의를 가지고 영업을 해왔습니다.

3. 이러한 여러 사정등을 종합하여 보면, 청구인이 위와 같이 식품위생법 제44조를 위반하였다는 사유로 상당기간의 영업정지처분을 하는 것은 별론으로 하고 곧바로 이 사건 음식점의 영업으로 청구인은 청소년을 출입시켜 수익을 올리고 싶은 생각은 전혀 없었습니다.

또한 적발당시의 청소년이 술을 마셨는지 정확한 규명이 없었으며 이러한 정황을 비추어 볼 때 청소년에 대한 주류판매로 인하여 이 사건 음식점에 대한 영업허가가 취소됨으로써 청구인은 막대한 경제적 손해를 입게 되는 것입니다.

취소까지 한 이 사건처분은 그에 의하여 실현하고자 하는 공익목적을 감안한다 하더라도 재량권의 한계를 현저히 일탈한 위법한 처분인 것입니다.

입 증 방 법

1. 소갑 제1호증   통지서사본
1. 소갑 제2호증   허가증사본
1. 소갑 제3호증   진술서
1. 소갑 제4호증   확인서

첨 부 서 류

1. 위 입증방법   각 1통
1. 심판청구서부본   1통

2000년   O월   O일

위 청구인   O   O   O (서명 또는 날인)

△△특별시 △△구청장   귀하

13. 감봉처분 취소

■ 소청취지

> 피소청인이 20○○. ○. ○. 소청인에 대하여 한 감봉 3월의 징계처분을 취소한다.
> 라는 재결을 구합니다.

■ 소청심판 작성례

● 감봉처분 취소심판 청구서

<h2 style="text-align:center">소 청 심 사 청 구 서</h2>

소　청　인　　○　○　○(주민등록번호)

　　　　　　　　○○시 ○○구 ○○길 ○○ (우편번호　　　)

　　　　　　　　소　속　　○○ 경찰서

　　　　　　　　직　명　　○ ○

　　　　　　　　생년월일　1900. ○. ○.

피 소 청 인　　○○지방경찰청장

<h3 style="text-align:center">소 청 취 지</h3>

피소청인이 20○○. ○. ○. 소청인에 대하여 한 감봉 3월의 징계처분을 취소한다.

라는 재결을 구합니다.

<h3 style="text-align:center">소 청 이 유</h3>

1. 처분의 경위

　　(1) 소청인은 1900. ○. ○.부터 ○○경찰서 ○○과 ○○계에 근

무하는 자로서, 20○○. ○. ○. 23 : 20 경 서울 ○○구 ○○
길 소재 ○○사거리 부근에서 음주단속을 피하기 위하여 신호
위반을 하고 도주하다가 순찰차에 검거된 김□□를 순찰차로부
터 인수하여 후에 사례를 하겠다고 하면서 연락처를 알려주자
단속을 하지 않고 훈방한 후 선처의 대가로 금100,000원을 받
았으며,

(2) 부하 경찰관 이□□가 위 같은 날 22:10 경 관할구역 내 소재
☆☆교통주식회사 전무로부터 식사비 명목으로 금7만원을 직무
와 관련하여 수수한 비위로 감봉 1월의 징계처분을 받은 데
대한 감독자로서 평소 부하 경찰관에 대한 교양감독을 소홀히
한 잘못이 있다하여,

(3) 국가공무원법 제56조, 동법 제61조 제1항에 위배되어 동법 제
78조 제1항 제1호, 제2호에 해당하는 징계사유라 하여 20○
○. ○. ○. 감봉 3월의 징계처분을 하였습니다.

2. 이 사건 처분의 위법, 부당성

(1) 소청인은 위 김□□로부터 위 금100,000원을 받은 사실이 없
음에도 부당하게 이 건 징계를 하였으므로 이를 밝히기 위해
위 김□□와 대질심문을 요구하였으나 거부되었으며,

(2) 소청인이 금품수수사실을 시인하지 않았음에도 위 김□□에게
는 소청인이 금품을 수수한 사실을 시인하였으므로 이를 시인
하지 않으면 좋지 못할 것이라고 협박·회유하여 김□□로 하여
금 허위의 진술을 하게 하였으며,

(3) 위 김□□에 대하여 음주측정을 한 결과 혈중 알콜수치가 0.02%
로 단속수치에 미치지 않아 금품을 수수할 이유가 없으며,

(4) 위 김□□가 금품을 지급했다고 진술하는 경찰관에 대한 인상
착의 등이 소청인의 인상착의와는 전혀 다르고,

(5) 부하 경찰관 이□□의 금품수수행위에 대해서는 소청인이 책임
질 사안이 아니라고 할 것이며,

(6) 그럼에도 불구하고 소청인을 감봉 3월의 처분을 한 것은 사실을
오인하거나 재량권을 일탈한 것으로서 위법하다 할 것입니다.

입 증 방 법

1. 소갑 제1호증   증인 ○○○의 진술서
1. 소갑 제2호증   증인 ○○○의 대화내용 녹취서
1. 소갑 제3호증   차량사진

첨 부 서 류

1. 위 입증방법   각 1통
1. 심판청구서부본   1통

2000년 ○월 ○일

위 소청인 ○ ○ ○ (서명 또는 날인)

인사혁신처 소청심사위원회 귀중

14. 건축공사중지처분 취소

■ 청구취지

> 피청구인이 청구인에 대하여 20○○. ○. ○.자로 한 건축공사중지처분을 취소한다.
> 라는 재결을 구합니다.

■ 심판청구 작성례

● 건축공사중지처분 취소심판 청구서

행 정 심 판 청 구

청 구 인　　○ ○ ○(주민등록번호)

　　　　　　○○시 ○○구 ○○길 ○○ (우편번호　　　)

피 신 청 인　　△△시장

심판청구의 대상이 되는 처분내용 : 건축법에 의한 건축공사중지 처분

처분 있음을 안 날 : 20○○. ○. ○.

건축공사중지처분취소

심 판 청 구 취 지

피청구인이 청구인에 대하여 20○○. ○. ○.자로 한 건축공사중지처분을 취소한다.
라는 재결을 구합니다.

심 판 청 구 원 인

1. 돼지사육, 축산물가공처리 및 판매업을 하고 있는 청구인은 경기도 ○○군 ○○면 ○○리 전 ○○평방미터상에 돼지사육장 및 도축장

을 증·개축하기 위하여 200○. ○. ○. ○○도지사로부터 작업장 설치허가와 농지전용허가를 얻고 같은 해 ○. ○. 피신청인으로부터 산림훼손허가 및 건축허가를 얻은 후 같은 달 ○. 건축공사를 착공하여 공사를 진행하고 있던 중 같은 달 ○.경 이웃에 거주하는 주민들이 하천 상류에 돼지사육장 및 도축장이 증·개축되면 하천이 지금보다 더 오염된다는 이유로 이를 반대하는 농성을 시청 앞에서 벌이자 피신청인은 같은 달 25. 신청인에 대하여 건축허가 및 농지전용허가시 첨부한 부관사항의 미이행이라는 건축법 제42조 제1항을 들어 민원 해결시까지 동 건축공사를 중지하라는 명령을 내렸습니다.

2. 그런데, 피신청인은 주민들이 집단적으로 민원을 제기하고 농성을 하자 이를 무마할 목적으로 신청인이 농지전용허가시 첨부한 부관사항인 "정화조 설치 및 환경오염방지시설 설치 등 타 관련법에 위배되지 않도록 하여야 하며 민원 발생시 사업시행자가 책임지고 처리하여야 한다."는 조항을 들어 동 공사로 인하여 민원이 발생하였으므로 신청인이 책임지고 동 민원사항을 해결하여야 공사를 계속할 수 있다는 취지의 결정을 내렸으나, 동 조항은 어떠한 민원에 대해서도 신청인이 책임지고 처리하여야 한다는 취지가 아니며 신청인이 정화조를 설치하지 않거나 환경오염방지시설 설치를 태만히 하는 등 타 법률에 위반된 행위를 하여 민원이 발생할 경우 이를 책임지고 처리하여야 한다는 의미로 봄이 타당하다 할 것입니다.

3. 따라서 신청인이 법에 위반되거나 타인의 권리를 부당하게 침해하는 행위를 하지 아니하였음에도 불구하고 피신청인이 주민들의 불법적인 집단민원을 무마할 목적으로 발한 동 공사의 중지명령은 법적인 요건을 갖추지 못한 위법한 결정이며 직업 선택의 자유 및 개인의 사유재산권 보장 등을 막는 부당한 조치입니다.

4. 그러므로 신청인이 법에 위반하였다고 인정할 만한 아무런 근거가 없음에도 불구하고 내려진 이 사건 명령은 위법하다 할 것이므로 이는 당연히 취소되어야 할 것입니다.

입 증 방 법

1. 소갑 제1호증   통지서 사본

첨 부 서 류

1. 위 입증방법   1통
1. 심판청구서부본   1통

20○○년 ○월 ○일

위 청구인 ○ ○ ○ (서명 또는 날인)

△ △시 장   귀 중

15. 파면처분 취소

■ 청구취지

피청구인이 20○○. ○. ○.결정한 청구인에 대한 파면처분은 이를 취소한다.
라는 재결을 구합니다.

■ 심판청구 작성례

● 파면처분 취소심판 청구서(소청)

파 면 처 분 취 소 심 판 청 구

청 구 인   ○ ○ ○(주민등록번호)

　　　　　소 속 : ○○시청 ○○과

　　　　　○○시 ○○구 ○○길 ○○ (우편번호　　　)

피청구인   △△시장

파면처분취소심판청구

심판청구의 내용 : 「청구인을 파면에 처한다.」라는 처분의 내용

(징계처분 사유설명서를 통지받은 날 : 20○○. ○. ○.)

신 청 취 지

피청구인이 20○○. ○. ○.결정한 청구인에 대한 파면처분은 이를 취
소한다.

라는 재결을 구합니다.

심판청구의 이유

1. 이건 징계의결 이유서에서 심판청구인 ○○○은 20○○. ○. ○.경
   ○○에서 ☆☆건설회사 과장 김□□으로부터 식사비 명목으로 ○○
   ○원을 받은 등 총 ○회에 걸쳐 합계 금 ○○○만원을 직무와 관련

하여 금품을 수수하였다고 하였는바, 이는 사실과 전혀 다른 내용임과 동시에 의결내용도 청구인에게는 심히 과다하여 재량권을 일탈한 행위라 아니할 수 없습니다.

2. 청구인은 이건 금품수수에 관하여는 위 김□□으로부터 직무와 관련하여 직·간접적으로 어떠한 대가도 요구받은 사실이 없으며, 단지 ☆☆건설회사 과장 김□□은 청구인과 평소 친하게 지내는 사이로 같이 서너 차례 식사를 하였던 것이며, 청구인이 금품을 수수한 사실은 전혀 사실과 다릅니다.

3. 이는 ☆☆건설회사 과장 김□□의 사실확인서 및 함께 같은 장소에서 식사를 자주 해왔던 청구외 이□□의 사실확인서가 이를 입증해 주고 있듯이 직무와 관련하여서는 어떠한 향응이나 대가를 받은 적이 없습니다.

4. 따라서 청구인은 피청구인이 결정한 파면처분에 대하여 심히 부당하므로 신청취지와 같은 심판을 구하고자 본 청구에 이르게 된 것입니다.

입 증 방 법

1. 소갑 제1호증	자술서
1. 소갑 제2호증	사실확인서
1. 소갑 제3호증	징계사유설명서
1. 소갑 제4호증	주민등록증

첨 부 서 류

1. 위 입증방법	각 1부
1. 심판청구서부본	1통

20○○년 ○월 ○일

위 청구인   ○ ○ ○ (서명 또는 날인)

△△시 ○○공무원 소청심사위원회 귀 중

Part 3.
참고법령

행정소송법
행정심판법

행정소송법

[시행 2017. 7. 26.] [법률 제14839호, 2017. 7. 26., 타법개정]

제1장 총칙

제1조(목적) 이 법은 행정소송절차를 통하여 행정청의 위법한 처분 그 밖에 공권력의 행사·불행사등으로 인한 국민의 권리 또는 이익의 침해를 구제하고, 공법상의 권리관계 또는 법적용에 관한 다툼을 적정하게 해결함을 목적으로 한다.

제2조(정의) ① 이 법에서 사용하는 용어의 정의는 다음과 같다.

1. "처분등"이라 함은 행정청이 행하는 구체적 사실에 관한 법집행으로서의 공권력의 행사 또는 그 거부와 그 밖에 이에 준하는 행정작용(이하 "處分"이라 한다) 및 행정심판에 대한 재결을 말한다.
2. "부작위"라 함은 행정청이 당사자의 신청에 대하여 상당한 기간내에 일정한 처분을 하여야 할 법률상 의무가 있음에도 불구하고 이를 하지 아니하는 것을 말한다.

② 이 법을 적용함에 있어서 행정청에는 법령에 의하여 행정권한의 위임 또는 위탁을 받은 행정기관, 공공단체 및 그 기관 또는 사인이 포함된다.

제3조(행정소송의 종류) 행정소송은 다음의 네가지로 구분한다. 〈개정 1988. 8. 5.〉

1. 항고소송: 행정청의 처분등이나 부작위에 대하여 제기하는 소송
2. 당사자소송: 행정청의 처분등을 원인으로 하는 법률관계에 관한 소송 그 밖에 공법상의 법률관계에 관한 소송으로서 그 법률관계의 한쪽 당사자를 피고로 하는 소송
3. 민중소송: 국가 또는 공공단체의 기관이 법률에 위반되는 행위를 한 때에 직접 자기의 법률상 이익과 관계없이 그 시정을 구하기 위하여 제기하는 소송
4. 기관소송: 국가 또는 공공단체의 기관상호간에 있어서의 권한의 존부 또는 그 행사에 관한 다툼이 있을 때에 이에 대하여 제기하는 소송. 다만, 헌법재판소법 제2조의 규정에 의하여 헌법재판소의 관장사항으로 되는 소송은 제외한다.

제4조(항고소송) 항고소송은 다음과 같이 구분한다.

1. 취소소송: 행정청의 위법한 처분등을 취소 또는 변경하는 소송
2. 무효등 확인소송: 행정청의 처분등의 효력 유무 또는 존재여부를 확인하는 소송
3. 부작위위법확인소송: 행정청의 부작위가 위법하다는 것을 확인하는 소송

제5조(국외에서의 기간) 이 법에 의한 기간의 계산에 있어서 국외에서의 소송행위추완에 있어서는 그 기간을 14일에서 30일로, 제3자에 의한 재심청구에 있어서는 그 기간을 30일에서 60일로, 소의 제기에 있어서는 그 기간을 60일에서 90일로 한다.

제6조(명령·규칙의 위헌판결등 공고) ① 행정소송에 대한 대법원판결에 의하여 명령·규칙이 헌법 또는 법률에 위반된다는 것이 확정된 경우에는 대법원은 지체없이 그 사유

를 행정안전부장관에게 통보하여야 한다. 〈개정 2013. 3. 23., 2014. 11. 19., 2017. 7. 26.〉

② 제1항의 규정에 의한 통보를 받은 행정안전부장관은 지체없이 이를 관보에 게재하여야 한다. 〈개정 2013. 3. 23., 2014. 11. 19., 2017. 7. 26.〉

제7조(사건의 이송) 민사소송법 제34조제1항의 규정은 원고의 고의 또는 중대한 과실 없이 행정소송이 심급을 달리하는 법원에 잘못 제기된 경우에도 적용한다. 〈개정 2002. 1. 26.〉

제8조(법적용례) ①행정소송에 대하여는 다른 법률에 특별한 규정이 있는 경우를 제외하고는 이 법이 정하는 바에 의한다.

② 행정소송에 관하여 이 법에 특별한 규정이 없는 사항에 대하여는 법원조직법과 민사소송법 및 민사집행법의 규정을 준용한다. 〈개정 2002. 1. 26.〉

제2장 취소소송

제1절 재판관할

제9조(재판관할) ①취소소송의 제1심관할법원은 피고의 소재지를 관할하는 행정법원으로 한다. 〈개정 2014. 5. 20.〉

② 제1항에도 불구하고 다음 각 호의 어느 하나에 해당하는 피고에 대하여 취소소송을 제기하는 경우에는 대법원소재지를 관할하는 행정법원에 제기할 수 있다. 〈신설 2014. 5. 20.〉

1. 중앙행정기관, 중앙행정기관의 부속기관과 합의제행정기관 또는 그 장
2. 국가의 사무를 위임 또는 위탁받은 공공단체 또는 그 장

③ 토지의 수용 기타 부동산 또는 특정의 장소에 관계되는 처분등에 대한 취소소송은 그 부동산 또는 장소의 소재지를 관할하는 행정법원에 이를 제기할 수 있다. 〈개정 2014. 5. 20.〉

[전문개정 1994. 7. 27.]

[제목개정 2014. 5. 20.]

제10조(관련청구소송의 이송 및 병합) ①취소소송과 다음 각호의 1에 해당하는 소송(이하 "關聯請求訴訟"이라 한다)이 각각 다른 법원에 계속되고 있는 경우에 관련청구소송이 계속된 법원이 상당하다고 인정하는 때에는 당사자의 신청 또는 직권에 의하여 이를 취소소송이 계속된 법원으로 이송할 수 있다.

1. 당해 처분등과 관련되는 손해배상·부당이득반환·원상회복등 청구소송
2. 당해 처분등과 관련되는 취소소송

② 취소소송에는 사실심의 변론종결시까지 관련청구소송을 병합하거나 피고외의 자를 상대로 한 관련청구소송을 취소소송이 계속된 법원에 병합하여 제기할 수 있다.

제11조(선결문제) ① 처분등의 효력 유무 또는 존재 여부가 민사소송의 선결문제로

되어 당해 민사소송의 수소법원이 이를 심리·판단하는 경우에는 제17조, 제25조, 제26조 및 제33조의 규정을 준용한다.

② 제1항의 경우 당해 수소법원은 그 처분등을 행한 행정청에게 그 선결문제로 된 사실을 통지하여야 한다.

제2절 당사자

제12조(원고적격) 취소소송은 처분등의 취소를 구할 법률상 이익이 있는 자가 제기할 수 있다. 처분등의 효과가 기간의 경과, 처분등의 집행 그 밖의 사유로 인하여 소멸된 뒤에도 그 처분등의 취소로 인하여 회복되는 법률상 이익이 있는 자의 경우에는 또한 같다.

제13조(피고적격) ① 취소소송은 다른 법률에 특별한 규정이 없는 한 그 처분등을 행한 행정청을 피고로 한다. 다만, 처분등이 있은 뒤에 그 처분등에 관계되는 권한이 다른 행정청에 승계된 때에는 이를 승계한 행정청을 피고로 한다.

② 제1항의 규정에 의한 행정청이 없게 된 때에는 그 처분등에 관한 사무가 귀속되는 국가 또는 공공단체를 피고로 한다.

제14조(피고경정) ① 원고가 피고를 잘못 지정한 때에는 법원은 원고의 신청에 의하여 결정으로써 피고의 경정을 허가할 수 있다.

② 법원은 제1항의 규정에 의한 결정의 정본을 새로운 피고에게 송달하여야 한다.

③ 제1항의 규정에 의한 신청을 각하하는 결정에 대하여는 즉시항고할 수 있다.

④ 제1항의 규정에 의한 결정이 있은 때에는 새로운 피고에 대한 소송은 처음에 소를 제기한 때에 제기된 것으로 본다.

⑤ 제1항의 규정에 의한 결정이 있은 때에는 종전의 피고에 대한 소송은 취하된 것으로 본다.

⑥ 취소소송이 제기된 후에 제13조제1항 단서 또는 제13조제2항에 해당하는 사유가 생긴 때에는 법원은 당사자의 신청 또는 직권에 의하여 피고를 경정한다. 이 경우에는 제4항 및 제5항의 규정을 준용한다.

제15조(공동소송) 수인의 청구 또는 수인에 대한 청구가 처분등의 취소청구와 관련되는 청구인 경우에 한하여 그 수인은 공동소송인이 될 수 있다.

제16조(제3자의 소송참가) ① 법원은 소송의 결과에 따라 권리 또는 이익의 침해를 받을 제3자가 있는 경우에는 당사자 또는 제3자의 신청 또는 직권에 의하여 결정으로써 그 제3자를 소송에 참가시킬 수 있다.

② 원이 제1항의 규정에 의한 결정을 하고자 할 때에는 미리 당사자 및 제3자의 의견을 들어야 한다.

③ 1항의 규정에 의한 신청을 한 제3자는 그 신청을 각하한 결정에 대하여 즉시항고할 수 있다.

④ 1항의 규정에 의하여 소송에 참가한 제3자에 대하여는 민사소송법 제67조의 규

정을 준용한다. 〈개정 2002. 1. 26.〉

제17조(행정청의 소송참가) ① 법원은 다른 행정청을 소송에 참가시킬 필요가 있다고 인정할 때에는 당사자 또는 당해 행정청의 신청 또는 직권에 의하여 결정으로써 그 행정청을 소송에 참가시킬 수 있다.

② 법원은 제1항의 규정에 의한 결정을 하고자 할 때에는 당사자 및 당해 행정청의 의견을 들어야 한다.

③ 제1항의 규정에 의하여 소송에 참가한 행정청에 대하여는 민사소송법 제76조의 규정을 준용한다. 〈개정 2002. 1. 26.〉

제3절 소의 제기

제18조(행정심판과의 관계) ①취소소송은 법령의 규정에 의하여 당해 처분에 대한 행정심판을 제기할 수 있는 경우에도 이를 거치지 아니하고 제기할 수 있다. 다만, 다른 법률에 당해 처분에 대한 행정심판의 재결을 거치지 아니하면 취소소송을 제기할 수 없다는 규정이 있는 때에는 그러하지 아니하다. 〈개정 1994. 7. 27.〉

② 제1항 단서의 경우에도 다음 각호의 1에 해당하는 사유가 있는 때에는 행정심판의 재결을 거치지 아니하고 취소소송을 제기할 수 있다. 〈개정 1994. 7. 27.〉

1. 행정심판청구가 있은 날로부터 60일이 지나도 재결이 없는 때
2. 처분의 집행 또는 절차의 속행으로 생길 중대한 손해를 예방하여야 할 긴급한 필요가 있는 때
3. 법령의 규정에 의한 행정심판기관이 의결 또는 재결을 하지 못할 사유가 있는 때
4. 그 밖의 정당한 사유가 있는 때

③ 제1항 단서의 경우에 다음 각호의 1에 해당하는 사유가 있는 때에는 행정심판을 제기함이 없이 취소소송을 제기할 수 있다. 〈개정 1994. 7. 27.〉

1. 동종사건에 관하여 이미 행정심판의 기각재결이 있은 때
2. 서로 내용상 관련되는 처분 또는 같은 목적을 위하여 단계적으로 진행되는 처분중 어느 하나가 이미 행정심판의 재결을 거친 때
3. 행정청이 사실심의 변론종결후 소송의 대상인 처분을 변경하여 당해 변경된 처분에 관하여 소를 제기하는 때
4. 처분을 행한 행정청이 행정심판을 거칠 필요가 없다고 잘못 알린 때

④ 제2항 및 제3항의 규정에 의한 사유는 이를 소명하여야 한다.

제19조(취소소송의 대상) 취소소송은 처분등을 대상으로 한다. 다만, 재결취소소송의 경우에는 재결 자체에 고유한 위법이 있음을 이유로 하는 경우에 한한다.

제20조(제소기간) ① 취소소송은 처분등이 있음을 안 날부터 90일 이내에 제기하여야 한다. 다만, 제18조제1항 단서에 규정한 경우와 그 밖에 행정심판청구를 할 수 있는 경우 또는 행정청이 행정심판청구를 할 수 있다고 잘못 알린 경우에 행정심판청구가 있은 때의 기간은 재결서의 정본을 송달받은 날부터 기산한다.

② 취소소송은 처분등이 있은 날부터 1년(第1項 但書의 경우는 裁決이 있은 날부터 1年)을 경과하면 이를 제기하지 못한다. 다만, 정당한 사유가 있는 때에는 그러하지 아니하다.

③ 제1항의 규정에 의한 기간은 불변기간으로 한다.

[전문개정 1994. 7. 27.]

제21조(소의 변경) ①법원은 취소소송을 당해 처분등에 관계되는 사무가 귀속하는 국가 또는 공공단체에 대한 당사자소송 또는 취소소송외의 항고소송으로 변경하는 것이 상당하다고 인정할 때에는 청구의 기초에 변경이 없는 한 사실심의 변론종결시까지 원고의 신청에 의하여 결정으로써 소의 변경을 허가할 수 있다.

② 제1항의 규정에 의한 허가를 하는 경우 피고를 달리하게 될 때에는 법원은 새로이 피고로 될 자의 의견을 들어야 한다.

③ 제1항의 규정에 의한 허가결정에 대하여는 즉시항고할 수 있다.

④ 제1항의 규정에 의한 허가결정에 대하여는 제14조제2항·제4항 및 제5항의 규정을 준용한다.

제22조(처분변경으로 인한 소의 변경) ① 법원은 행정청이 소송의 대상인 처분을 소가 제기된 후 변경한 때에는 원고의 신청에 의하여 결정으로써 청구의 취지 또는 원인의 변경을 허가할 수 있다.

② 제1항의 규정에 의한 신청은 처분의 변경이 있음을 안 날로부터 60일 이내에 하여야 한다.

③ 제1항의 규정에 의하여 변경되는 청구는 제18조제1항 단서의 규정에 의한 요건을 갖춘 것으로 본다. *〈개정 1994. 7. 27.〉*

제23조(집행정지) ① 취소소송의 제기는 처분등의 효력이나 그 집행 또는 절차의 속행에 영향을 주지 아니한다.

② 취소소송이 제기된 경우에 처분등이나 그 집행 또는 절차의 속행으로 인하여 생길 회복하기 어려운 손해를 예방하기 위하여 긴급한 필요가 있다고 인정할 때에는 본안이 계속되고 있는 법원은 당사자의 신청 또는 직권에 의하여 처분등의 효력이나 그 집행 또는 절차의 속행의 전부 또는 일부의 정지(이하 "執行停止"라 한다)를 결정할 수 있다. 다만, 처분의 효력정지는 처분등의 집행 또는 절차의 속행을 정지함으로써 목적을 달성할 수 있는 경우에는 허용되지 아니한다.

③ 집행정지는 공공복리에 중대한 영향을 미칠 우려가 있을 때에는 허용되지 아니한다.

④ 제2항의 규정에 의한 집행정지의 결정을 신청함에 있어서는 그 이유에 대한 소명이 있어야 한다.

⑤ 제2항의 규정에 의한 집행정지의 결정 또는 기각의 결정에 대하여는 즉시항고할 수 있다. 이 경우 집행정지의 결정에 대한 즉시항고에는 결정의 집행을 정지하는 효력이 없다.

⑥ 제30조제1항의 규정은 제2항의 규정에 의한 집행정지의 결정에 이를 준용한다.

제24조(집행정지의 취소) ①집행정지의 결정이 확정된 후 집행정지가 공공복리에 중대한 영향을 미치거나 그 정지사유가 없어진 때에는 당사자의 신청 또는 직권에 의하여 결정으로써 집행정지의 결정을 취소할 수 있다.

② 제1항의 규정에 의한 집행정지결정의 취소결정과 이에 대한 불복의 경우에는 제23조제4항 및 제5항의 규정을 준용한다.

제4절 심리

제25조(행정심판기록의 제출명령) ①법원은 당사자의 신청이 있는 때에는 결정으로써 재결을 행한 행정청에 대하여 행정심판에 관한 기록의 제출을 명할 수 있다.

②제1항의 규정에 의한 제출명령을 받은 행정청은 지체없이 당해 행정심판에 관한 기록을 법원에 제출하여야 한다.

제26조(직권심리) 법원은 필요하다고 인정할 때에는 직권으로 증거조사를 할 수 있고, 당사자가 주장하지 아니한 사실에 대하여도 판단할 수 있다.

제5절 재판

제27조(재량처분의 취소) 행정청의 재량에 속하는 처분이라도 재량권의 한계를 넘거나 그 남용이 있는 때에는 법원은 이를 취소할 수 있다.

제28조(사정판결) ①원고의 청구가 이유있다고 인정하는 경우에도 처분등을 취소하는 것이 현저히 공공복리에 적합하지 아니하다고 인정하는 때에는 법원은 원고의 청구를 기각할 수 있다. 이 경우 법원은 그 판결의 주문에서 그 처분등이 위법함을 명시하여야 한다.

② 법원이 제1항의 규정에 의한 판결을 함에 있어서는 미리 원고가 그로 인하여 입게 될 손해의 정도와 배상방법 그 밖의 사정을 조사하여야 한다.

③ 원고는 피고인 행정청이 속하는 국가 또는 공공단체를 상대로 손해배상, 제해시설의 설치 그 밖에 적당한 구제방법의 청구를 당해 취소소송등이 계속된 법원에 병합하여 제기할 수 있다.

제29조(취소판결등의 효력) ① 처분등을 취소하는 확정판결은 제3자에 대하여도 효력이 있다.

② 제1항의 규정은 제23조의 규정에 의한 집행정지의 결정 또는 제24조의 규정에 의한 그 집행정지결정의 취소결정에 준용한다.

제30조(취소판결등의 기속력) ① 처분등을 취소하는 확정판결은 그 사건에 관하여 당사자인 행정청과 그 밖의 관계행정청을 기속한다.

② 판결에 의하여 취소되는 처분이 당사자의 신청을 거부하는 것을 내용으로 하는 경우에는 그 처분을 행한 행정청은 판결의 취지에 따라 다시 이전의 신청에 대한 처분을 하여야 한다.

③ 제2항의 규정은 신청에 따른 처분이 절차의 위법을 이유로 취소되는 경우에 준용한다.

제6절 보칙

제31조(제3자에 의한 재심청구) ① 처분등을 취소하는 판결에 의하여 권리 또는 이익의 침해를 받은 제3자는 자기에게 책임없는 사유로 소송에 참가하지 못함으로써 판결의 결과에 영향을 미칠 공격 또는 방어방법을 제출하지 못한 때에는 이를 이유로 확정된 종국판결에 대하여 재심의 청구를 할 수 있다.

② 제1항의 규정에 의한 청구는 확정판결이 있음을 안 날로부터 30일 이내, 판결이 확정된 날로부터 1년 이내에 제기하여야 한다.

③ 제2항의 규정에 의한 기간은 불변기간으로 한다.

제32조(소송비용의 부담) 취소청구가 제28조의 규정에 의하여 기각되거나 행정청이 처분등을 취소 또는 변경함으로 인하여 청구가 각하 또는 기각된 경우에는 소송비용은 피고의 부담으로 한다.

제33조(소송비용에 관한 재판의 효력) 소송비용에 관한 재판이 확정된 때에는 피고 또는 참가인이었던 행정청이 소속하는 국가 또는 공공단체에 그 효력을 미친다.

제34조(거부처분취소판결의 간접강제) ① 행정청이 제30조제2항의 규정에 의한 처분을 하지 아니하는 때에는 제1심수소법원은 당사자의 신청에 의하여 결정으로써 상당한 기간을 정하고 행정청이 그 기간내에 이행하지 아니하는 때에는 그 지연기간에 따라 일정한 배상을 할 것을 명하거나 즉시 손해배상을 할 것을 명할 수 있다.

② 제33조와 민사집행법 제262조의 규정은 제1항의 경우에 준용한다. 〈개정 2002. 1. 26.〉

제3장 취소소송외의 항고소송

제35조(무효등 확인소송의 원고적격) 무효등 확인소송은 처분등의 효력 유무 또는 존재 여부의 확인을 구할 법률상 이익이 있는 자가 제기할 수 있다.

제36조(부작위위법확인소송의 원고적격) 부작위위법확인소송은 처분의 신청을 한 자로서 부작위의 위법의 확인을 구할 법률상 이익이 있는 자만이 제기할 수 있다.

제37조(소의 변경) 제21조의 규정은 무효등 확인소송이나 부작위위법확인소송을 취소소송 또는 당사자소송으로 변경하는 경우에 준용한다.

제38조(준용규정) ① 제9조, 제10조, 제13조 내지 제17조, 제19조, 제22조 내지 제26조, 제29조 내지 제31조 및 제33조의 규정은 무효등 확인소송의 경우에 준용한다.

② 제9조, 제10조, 제13조 내지 제19조, 제20조, 제25조 내지 제27조, 제29조 내지 제31조, 제33조 및 제34조의 규정은 부작위위법확인소송의 경우에 준용한다.
〈개정 1994. 7. 27.〉

제4장 당사자소송

제39조(피고적격) 당사자소송은 국가·공공단체 그 밖의 권리주체를 피고로 한다.

제40조(재판관할) 제9조의 규정은 당사자소송의 경우에 준용한다. 다만, 국가 또는 공공단체가 피고인 경우에는 관계행정청의 소재지를 피고의 소재지로 본다.

제41조(제소기간) 당사자소송에 관하여 법령에 제소기간이 정하여져 있는 때에는 그 기간은 불변기간으로 한다.

제42조(소의 변경) 제21조의 규정은 당사자소송을 항고소송으로 변경하는 경우에 준용한다.

제43조(가집행선고의 제한) 국가를 상대로 하는 당사자소송의 경우에는 가집행선고를 할 수 없다.

[단순위헌, 2020헌가12, 2022.2.24, 행정소송법(1984. 12. 15. 법률 제3754호로 전부개정된 것) 제43조는 헌법에 위반된다.]

제44조(준용규정) ① 제14조 내지 제17조, 제22조, 제25조, 제26조, 제30조제1항, 제32조 및 제33조의 규정은 당사자소송의 경우에 준용한다.
② 제10조의 규정은 당사자소송과 관련청구소송이 각각 다른 법원에 계속되고 있는 경우의 이송과 이들 소송의 병합의 경우에 준용한다.

제5장 민중소송 및 기관소송

제45조(소의 제기) 민중소송 및 기관소송은 법률이 정한 경우에 법률에 정한 자에 한하여 제기할 수 있다.

제46조(준용규정) ① 민중소송 또는 기관소송으로서 처분등의 취소를 구하는 소송에는 그 성질에 반하지 아니하는 한 취소소송에 관한 규정을 준용한다.
② 민중소송 또는 기관소송으로서 처분등의 효력 유무 또는 존재 여부나 부작위의 위법의 확인을 구하는 소송에는 그 성질에 반하지 아니하는 한 각각 무효등 확인소송 또는 부작위위법확인소송에 관한 규정을 준용한다.
③ 민중소송 또는 기관소송으로서 제1항 및 제2항에 규정된 소송외의 소송에는 그 성질에 반하지 아니하는 한 당사자소송에 관한 규정을 준용한다.

부칙

〈제14839호, 2017. 7. 26.〉 (정부조직법)

제1조(시행일) ① 이 법은 공포한 날부터 시행한다. 다만, 부칙 제5조에 따라 개정되는 법률 중 이 법 시행 전에 공포되었으나 시행일이 도래하지 아니한 법률을 개정한 부분은 각각 해당 법률의 시행일부터 시행한다.

제2조 부터 제4조까지 생략

제5조(다른 법률의 개정) ①부터 ㊳까지 생략

㊴ 행정소송법 일부를 다음과 같이 개정한다.

제6조제1항 및 제2항 중 "행정자치부장관"을 각각 "행정안전부장관"으로 한다.

㊵ 부터 〈382〉까지 생략

제6조 생략

행정심판법

[시행 2023. 3. 21.][법률 제19269호, 2023. 3. 21., 일부개정]

제1장 총칙

제1조(목적) 이 법은 행정심판 절차를 통하여 행정청의 위법 또는 부당한 처분(處分)이나 부작위(不作爲)로 침해된 국민의 권리 또는 이익을 구제하고, 아울러 행정의 적정한 운영을 꾀함을 목적으로 한다.

제2조(정의) 이 법에서 사용하는 용어의 뜻은 다음과 같다.

1. "처분"이란 행정청이 행하는 구체적 사실에 관한 법집행으로서의 공권력의 행사 또는 그 거부, 그 밖에 이에 준하는 행정작용을 말한다.
2. "부작위"란 행정청이 당사자의 신청에 대하여 상당한 기간 내에 일정한 처분을 하여야 할 법률상 의무가 있는데도 처분을 하지 아니하는 것을 말한다.
3. "재결(裁決)"이란 행정심판의 청구에 대하여 제6조에 따른 행정심판위원회가 행하는 판단을 말한다.
4. "행정청"이란 행정에 관한 의사를 결정하여 표시하는 국가 또는 지방자치단체의 기관, 그 밖에 법령 또는 자치법규에 따라 행정권한을 가지고 있거나 위탁을 받은 공공단체나 그 기관 또는 사인(私人)을 말한다.

제3조(행정심판의 대상) ① 행정청의 처분 또는 부작위에 대하여는 다른 법률에 특별한 규정이 있는 경우 외에는 이 법에 따라 행정심판을 청구할 수 있다.

② 대통령의 처분 또는 부작위에 대하여는 다른 법률에서 행정심판을 청구할 수 있도록 정한 경우 외에는 행정심판을 청구할 수 없다.

제4조(특별행정심판 등) ① 사안(事案)의 전문성과 특수성을 살리기 위하여 특히 필요한 경우 외에는 이 법에 따른 행정심판을 갈음하는 특별한 행정불복절차(이하 "특별행정심판"이라 한다)나 이 법에 따른 행정심판 절차에 대한 특례를 다른 법률로 정할 수 없다.

② 다른 법률에서 특별행정심판이나 이 법에 따른 행정심판 절차에 대한 특례를 정한 경우에도 그 법률에서 규정하지 아니한 사항에 관하여는 이 법에서 정하는 바에 따른다.

③ 관계 행정기관의 장이 특별행정심판 또는 이 법에 따른 행정심판 절차에 대한 특례를 신설하거나 변경하는 법령을 제정·개정할 때에는 미리 중앙행정심판위원회와 협의하여야 한다.

제5조(행정심판의 종류) 행정심판의 종류는 다음 각 호와 같다.

1. 취소심판: 행정청의 위법 또는 부당한 처분을 취소하거나 변경하는 행정심판
2. 무효등확인심판: 행정청의 처분의 효력 유무 또는 존재 여부를 확인하는 행정심판

3. 의무이행심판: 당사자의 신청에 대한 행정청의 위법 또는 부당한 거부처분이나 부작위에 대하여 일정한 처분을 하도록 하는 행정심판

제2장 심판기관

제6조(행정심판위원회의 설치) ① 다음 각 호의 행정청 또는 그 소속 행정청(행정기관의 계층구조와 관계없이 그 감독을 받거나 위탁을 받은 모든 행정청을 말하되, 위탁을 받은 행정청은 그 위탁받은 사무에 관하여는 위탁한 행정청의 소속 행정청으로 본다. 이하 같다)의 처분 또는 부작위에 대한 행정심판의 청구(이하 "심판청구"라 한다)에 대하여는 다음 각 호의 행정청에 두는 행정심판위원회에서 심리·재결한다. 〈개정 2016. 3. 29.〉

1. 감사원, 국가정보원장, 그 밖에 대통령령으로 정하는 대통령 소속기관의 장
2. 국회사무총장·법원행정처장·헌법재판소사무처장 및 중앙선거관리위원회사무총장
3. 국가인권위원회, 그 밖에 지위·성격의 독립성과 특수성 등이 인정되어 대통령령으로 정하는 행정청

② 다음 각 호의 행정청의 처분 또는 부작위에 대한 심판청구에 대하여는 「부패방지및 국민권익위원회의 설치와 운영에 관한 법률」에 따른 국민권익위원회(이하 "국민권익위원회"라 한다)에 두는 중앙행정심판위원회에서 심리·재결한다. 〈개정 2012. 2. 17.〉

1. 제1항에 따른 행정청 외의 국가행정기관의 장 또는 그 소속 행정청
2. 특별시장·광역시장·특별자치시장·도지사·특별자치도지사(특별시·광역시·특별자치시·도 또는 특별자치도의 교육감을 포함한다. 이하 "시·도지사"라 한다) 또는 특별시·광역시·특별자치시·도·특별자치도(이하 "시·도"라 한다)의 의회(의장, 위원회의 위원장, 사무처장 등 의회 소속 모든 행정청을 포함한다)
3. 「지방자치법」에 따른 지방자치단체조합 등 관계 법률에 따라 국가·지방자치단체·공공법인 등이 공동으로 설립한 행정청. 다만, 제3항제3호에 해당하는 행정청은 제외한다.

③ 다음 각 호의 행정청의 처분 또는 부작위에 대한 심판청구에 대하여는 시·도지사 소속으로 두는 행정심판위원회에서 심리·재결한다.

1. 시·도 소속 행정청
2. 시·도의 관할구역에 있는 시·군·자치구의 장, 소속 행정청 또는 시·군·자치구의 의회(의장, 위원회의 위원장, 사무국장, 사무과장 등 의회 소속 모든 행정청을 포함한다)
3. 시·도의 관할구역에 있는 둘 이상의 지방자치단체(시·군·자치구를 말한다)·공공법인 등이 공동으로 설립한 행정청

④ 제2항제1호에도 불구하고 대통령령으로 정하는 국가행정기관 소속 특별지방행정

기관의 장의 처분 또는 부작위에 대한 심판청구에 대하여는 해당 행정청의 직근 상급행정기관에 두는 행정심판위원회에서 심리 · 재결한다.

제7조(행정심판위원회의 구성) ① 행정심판위원회(중앙행정심판위원회는 제외한다. 이하 이 조에서 같다)는 위원장 1명을 포함하여 50명 이내의 위원으로 구성한다. 〈개정 2016. 3. 29.〉

② 행정심판위원회의 위원장은 그 행정심판위원회가 소속된 행정청이 되며, 위원장이 없거나 부득이한 사유로 직무를 수행할 수 없거나 위원장이 필요하다고 인정하는 경우에는 다음 각 호의 순서에 따라 위원이 위원장의 직무를 대행한다.

　1. 위원장이 사전에 지명한 위원

　2. 제4항에 따라 지명된 공무원인 위원(2명 이상인 경우에는 직급 또는 고위공무 원단에 속하는 공무원의 직무등급이 높은 위원 순서로, 직급 또는 직무등급도 같은 경우에는 위원 재직기간이 긴 위원 순서로, 재직기간도 같은 경우에는 연 장자 순서로 한다)

③ 제2항에도 불구하고 제6조제3항에 따라 시 · 도지사 소속으로 두는 행정심판위원 회의 경우에는 해당 지방자치단체의 조례로 정하는 바에 따라 공무원이 아닌 위 원을 위원장으로 정할 수 있다. 이 경우 위원장은 비상임으로 한다.

④ 행정심판위원회의 위원은 해당 행정심판위원회가 소속된 행정청이 다음 각 호의 어느 하나에 해당하는 사람 중에서 성별을 고려하여 위촉하거나 그 소속 공무원 중에서 지명한다. 〈개정 2016. 3. 29.〉

　1. 변호사 자격을 취득한 후 5년 이상의 실무 경험이 있는 사람

　2. 「고등교육법」 제2조제1호부터 제6호까지의 규정에 따른 학교에서 조교수 이상 으로 재직하거나 재직하였던 사람

　3. 행정기관의 4급 이상 공무원이었거나 고위공무원단에 속하는 공무원이었던 사람

　4. 박사학위를 취득한 후 해당 분야에서 5년 이상 근무한 경험이 있는 사람

　5. 그 밖에 행정심판과 관련된 분야의 지식과 경험이 풍부한 사람

⑤ 행정심판위원회의 회의는 위원장과 위원장이 회의마다 지정하는 8명의 위원(그중 제4항에 따른 위촉위원은 6명 이상으로 하되, 제3항에 따라 위원장이 공무원이 아닌 경우에는 5명 이상으로 한다)으로 구성한다. 다만, 국회규칙, 대법원규칙, 헌법재판소규칙, 중앙선거관리위원회규칙 또는 대통령령(제6조제3항에 따라 시 · 도지사 소속으로 두는 행정심판위원회의 경우에는 해당 지방자치단체의 조례)으 로 정하는 바에 따라 위원장과 위원장이 회의마다 지정하는 6명의 위원(그중 제4 항에 따른 위촉위원은 5명 이상으로 하되, 제3항에 따라 공무원이 아닌 위원이 위원장인 경우에는 4명 이상으로 한다)으로 구성할 수 있다.

⑥ 행정심판위원회는 제5항에 따른 구성원 과반수의 출석과 출석위원 과반수의 찬성 으로 의결한다.

⑦ 행정심판위원회의 조직과 운영, 그 밖에 필요한 사항은 국회규칙, 대법원규칙, 헌 법재판소규칙, 중앙선거관리위원회규칙 또는 대통령령으로 정한다.

제8조(중앙행정심판위원회의 구성) ① 중앙행정심판위원회는 위원장 1명을 포함하여 70명 이내의 위원으로 구성하되, 위원 중 상임위원은 4명 이내로 한다. 〈개정 2016. 3. 29.〉

② 중앙행정심판위원회의 위원장은 국민권익위원회의 부위원장 중 1명이 되며, 위원장이 없거나 부득이한 사유로 직무를 수행할 수 없거나 위원장이 필요하다고 인정하는 경우에는 상임위원(상임으로 재직한 기간이 긴 위원 순서로, 재직기간이 같은 경우에는 연장자 순서로 한다)이 위원장의 직무를 대행한다.

③ 중앙행정심판위원회의 상임위원은 일반직공무원으로서 「국가공무원법」 제26조의5에 따른 임기제공무원으로 임명하되, 3급 이상 공무원 또는 고위공무원단에 속하는 일반직공무원으로 3년 이상 근무한 사람이나 그 밖에 행정심판에 관한 지식과 경험이 풍부한 사람 중에서 중앙행정심판위원회 위원장의 제청으로 국무총리를 거쳐 대통령이 임명한다. 〈개정 2014. 5. 28.〉

④ 중앙행정심판위원회의 비상임위원은 제7조제4항 각 호의 어느 하나에 해당하는 사람 중에서 중앙행정심판위원회 위원장의 제청으로 국무총리가 성별을 고려하여 위촉한다. 〈개정 2016. 3. 29.〉

⑤ 중앙행정심판위원회의 회의(제6항에 따른 소위원회 회의는 제외한다)는 위원장, 상임위원 및 위원장이 회의마다 지정하는 비상임위원을 포함하여 총 9명으로 구성한다.

⑥ 중앙행정심판위원회는 심판청구사건(이하 "사건"이라 한다) 중 「도로교통법」에 따른 자동차운전면허 행정처분에 관한 사건(소위원회가 중앙행정심판위원회에서 심리·의결하도록 결정한 사건은 제외한다)을 심리·의결하게 하기 위하여 4명의 위원으로 구성하는 소위원회를 둘 수 있다.

⑦ 중앙행정심판위원회 및 소위원회는 각각 제5항 및 제6항에 따른 구성원 과반수의 출석과 출석위원 과반수의 찬성으로 의결한다.

⑧ 중앙행정심판위원회는 위원장이 지정하는 사건을 미리 검토하도록 필요한 경우에는 전문위원회를 둘 수 있다.

⑨ 중앙행정심판위원회, 소위원회 및 전문위원회의 조직과 운영 등에 필요한 사항은 대통령령으로 정한다.

제9조(위원의 임기 및 신분보장 등) ① 제7조제4항에 따라 지명된 위원은 그 직에 재직하는 동안 재임한다.

② 제8조제3항에 따라 임명된 중앙행정심판위원회 상임위원의 임기는 3년으로 하며, 1차에 한하여 연임할 수 있다.

③ 제7조제4항 및 제8조제4항에 따라 위촉된 위원의 임기는 2년으로 하되, 2차에 한하여 연임할 수 있다. 다만, 제6조제1항제2호에 규정된 기관에 두는 행정심판위원회의 위촉위원의 경우에는 각각 국회규칙, 대법원규칙, 헌법재판소규칙 또는 중앙선거관리위원회규칙으로 정하는 바에 따른다.

④ 다음 각 호의 어느 하나에 해당하는 사람은 제6조에 따른 행정심판위원회(이하 "위원회"라 한다)의 위원이 될 수 없으며, 위원이 이에 해당하게 된 때에는 당연히 퇴직한다.
  1. 대한민국 국민이 아닌 사람
  2.「국가공무원법」제33조 각 호의 어느 하나에 해당하는 사람
⑤ 제7조제4항 및 제8조제4항에 따라 위촉된 위원은 금고(禁錮) 이상의 형을 선고받거나 부득이한 사유로 장기간 직무를 수행할 수 없게 되는 경우 외에는 임기 중 그의 의사와 다르게 해촉(解囑)되지 아니한다.

제10조(위원의 제척·기피·회피) ① 위원회의 위원은 다음 각 호의 어느 하나에 해당하는 경우에는 그 사건의 심리·의결에서 제척(除斥)된다. 이 경우 제척결정은 위원회의 위원장(이하 "위원장"이라 한다)이 직권으로 또는 당사자의 신청에 의하여 한다.
  1. 위원 또는 그 배우자나 배우자이었던 사람이 사건의 당사자이거나 사건에 관하여 공동 권리자 또는 의무자인 경우
  2. 위원이 사건의 당사자와 친족이거나 친족이었던 경우
  3. 위원이 사건에 관하여 증언이나 감정(鑑定)을 한 경우
  4. 위원이 당사자의 대리인으로서 사건에 관여하거나 관여하였던 경우
  5. 위원이 사건의 대상이 된 처분 또는 부작위에 관여한 경우
② 당사자는 위원에게 공정한 심리·의결을 기대하기 어려운 사정이 있으면 위원장에게 기피신청을 할 수 있다.
③ 위원에 대한 제척신청이나 기피신청은 그 사유를 소명(疏明)한 문서로 하여야 한다. 다만, 불가피한 경우에는 신청한 날부터 3일 이내에 신청 사유를 소명할 수 있는 자료를 제출하여야 한다. 〈개정 2016. 3. 29.〉
④ 제척신청이나 기피신청이 제3항을 위반하였을 때에는 위원장은 결정으로 이를 각하한다. 〈신설 2016. 3. 29.〉
⑤ 위원장은 제척신청이나 기피신청의 대상이 된 위원에게서 그에 대한 의견을 받을 수 있다. 〈개정 2016. 3. 29.〉
⑥ 위원장은 제척신청이나 기피신청을 받으면 제척 또는 기피 여부에 대한 결정을 하고, 지체 없이 신청인에게 결정서 정본(正本)을 송달하여야 한다. 〈개정 2016. 3. 29.〉
⑦ 위원회의 회의에 참석하는 위원이 제척사유 또는 기피사유에 해당되는 것을 알게 되었을 때에는 스스로 그 사건의 심리·의결에서 회피할 수 있다. 이 경우 회피하고자 하는 위원은 위원장에게 그 사유를 소명하여야 한다. 〈개정 2016. 3. 29.〉
⑧ 사건의 심리·의결에 관한 사무에 관여하는 위원 아닌 직원에게도 제1항부터 제7항까지의 규정을 준용한다. 〈개정 2016. 3. 29.〉

제11조(벌칙 적용 시의 공무원 의제) 위원 중 공무원이 아닌 위원은 「형법」과 그 밖의 법률에 따른 벌칙을 적용할 때에는 공무원으로 본다.

제12조(위원회의 권한 승계) ① 당사자의 심판청구 후 위원회가 법령의 개정·폐지 또는 제17조제5항에 따른 피청구인의 경정 결정에 따라 그 심판청구에 대하여 재결할 권한을 잃게 된 경우에는 해당 위원회는 심판청구서와 관계 서류, 그 밖의 자료를 새로 재결할 권한을 갖게 된 위원회에 보내야 한다.

② 제1항의 경우 송부를 받은 위원회는 지체 없이 그 사실을 다음 각 호의 자에게 알려야 한다.

1. 행정심판 청구인(이하 "청구인"이라 한다)
2. 행정심판 피청구인(이하 "피청구인"이라 한다)
3. 제20조 또는 제21조에 따라 심판참가를 하는 자(이하 "참가인"이라 한다)

제3장 당사자와 관계인

제13조(청구인 적격) ① 취소심판은 처분의 취소 또는 변경을 구할 법률상 이익이 있는 자가 청구할 수 있다. 처분의 효과가 기간의 경과, 처분의 집행, 그 밖의 사유로 소멸된 뒤에도 그 처분의 취소로 회복되는 법률상 이익이 있는 자의 경우에도 또한 같다.

② 무효등확인심판은 처분의 효력 유무 또는 존재 여부의 확인을 구할 법률상 이익이 있는 자가 청구할 수 있다.

③ 의무이행심판은 처분을 신청한 자로서 행정청의 거부처분 또는 부작위에 대하여 일정한 처분을 구할 법률상 이익이 있는 자가 청구할 수 있다.

제14조(법인이 아닌 사단 또는 재단의 청구인 능력) 법인이 아닌 사단 또는 재단으로서 대표자나 관리인이 정하여져 있는 경우에는 그 사단이나 재단의 이름으로 심판청구를 할 수 있다.

제15조(선정대표자) ① 여러 명의 청구인이 공동으로 심판청구를 할 때에는 청구인들 중에서 3명 이하의 선정대표자를 선정할 수 있다.

② 청구인들이 제1항에 따라 선정대표자를 선정하지 아니한 경우에 위원회는 필요하다고 인정하면 청구인들에게 선정대표자를 선정할 것을 권고할 수 있다.

③ 선정대표자는 다른 청구인들을 위하여 그 사건에 관한 모든 행위를 할 수 있다. 다만, 심판청구를 취하하려면 다른 청구인들의 동의를 받아야 하며, 이 경우 동의받은 사실을 서면으로 소명하여야 한다.

④ 선정대표자가 선정되면 다른 청구인들은 그 선정대표자를 통해서만 그 사건에 관한 행위를 할 수 있다.

⑤ 선정대표자를 선정한 청구인들은 필요하다고 인정하면 선정대표자를 해임하거나 변경할 수 있다. 이 경우 청구인들은 그 사실을 지체 없이 위원회에 서면으로 알려야 한다.

제16조(청구인의 지위 승계) ① 청구인이 사망한 경우에는 상속인이나 그 밖에 법령에 따라 심판청구의 대상에 관계되는 권리나 이익을 승계한 자가 청구인의 지위를 승계한다.

② 법인인 청구인이 합병(合倂)에 따라 소멸하였을 때에는 합병 후 존속하는 법인이 나 합병에 따라 설립된 법인이 청구인의 지위를 승계한다.

③ 제1항과 제2항에 따라 청구인의 지위를 승계한 자는 위원회에 서면으로 그 사유를 신고하여야 한다. 이 경우 신고서에는 사망 등에 의한 권리·이익의 승계 또는 합병 사실을 증명하는 서면을 함께 제출하여야 한다.

④ 제1항 또는 제2항의 경우에 제3항에 따른 신고가 있을 때까지 사망자나 합병 전의 법인에 대하여 한 통지 또는 그 밖의 행위가 청구인의 지위를 승계한 자에게 도달하면 지위를 승계한 자에 대한 통지 또는 그 밖의 행위로서의 효력이 있다.

⑤ 심판청구의 대상과 관계되는 권리나 이익을 양수한 자는 위원회의 허가를 받아 청구인의 지위를 승계할 수 있다.

⑥ 위원회는 제5항의 지위 승계 신청을 받으면 기간을 정하여 당사자와 참가인에게 의견을 제출하도록 할 수 있으며, 당사자와 참가인이 그 기간에 의견을 제출하지 아니하면 의견이 없는 것으로 본다.

⑦ 위원회는 제5항의 지위 승계 신청에 대하여 허가 여부를 결정하고, 지체 없이 신청인에게는 결정서 정본을, 당사자와 참가인에게는 결정서 등본을 송달하여야 한다.

⑧ 신청인은 위원회가 제5항의 지위 승계를 허가하지 아니하면 결정서 정본을 받은 날부터 7일 이내에 위원회에 이의신청을 할 수 있다.

제17조(피청구인의 적격 및 경정) ① 행정심판은 처분을 한 행정청(의무이행심판의 경우에는 청구인의 신청을 받은 행정청)을 피청구인으로 하여 청구하여야 한다. 다만, 심판청구의 대상과 관계되는 권한이 다른 행정청에 승계된 경우에는 권한을 승계한 행정청을 피청구인으로 하여야 한다.

② 청구인이 피청구인을 잘못 지정한 경우에는 위원회는 직권으로 또는 당사자의 신청에 의하여 결정으로써 피청구인을 경정(更正)할 수 있다.

③ 위원회는 제2항에 따라 피청구인을 경정하는 결정을 하면 결정서 정본을 당사자(종전의 피청구인과 새로운 피청구인을 포함한다. 이하 제6항에서 같다)에게 송달하여야 한다.

④ 제2항에 따른 결정이 있으면 종전의 피청구인에 대한 심판청구는 취하되고 종전의 피청구인에 대한 행정심판이 청구된 때에 새로운 피청구인에 대한 행정심판이 청구된 것으로 본다.

⑤ 위원회는 행정심판이 청구된 후에 제1항 단서의 사유가 발생하면 직권으로 또는 당사자의 신청에 의하여 결정으로써 피청구인을 경정한다. 이 경우에는 제3항과 제4항을 준용한다.

⑥ 당사자는 제2항 또는 제5항에 따른 위원회의 결정에 대하여 결정서 정본을 받은 날부터 7일 이내에 위원회에 이의신청을 할 수 있다.

제18조(대리인의 선임) ① 청구인은 법정대리인 외에 다음 각 호의 어느 하나에 해당하는 자를 대리인으로 선임할 수 있다.

1. 청구인의 배우자, 청구인 또는 배우자의 사촌 이내의 혈족
2. 청구인이 법인이거나 제14조에 따른 청구인 능력이 있는 법인이 아닌 사단 또는 재단인 경우 그 소속 임직원
3. 변호사
4. 다른 법률에 따라 심판청구를 대리할 수 있는 자
5. 그 밖에 위원회의 허가를 받은 자

② 피청구인은 그 소속 직원 또는 제1항제3호부터 제5호까지의 어느 하나에 해당하는 자를 대리인으로 선임할 수 있다.

③ 제1항과 제2항에 따른 대리인에 관하여는 제15조제3항 및 제5항을 준용한다.

제18조의2(국선대리인) ① 청구인이 경제적 능력으로 인해 대리인을 선임할 수 없는 경우에는 위원회에 국선대리인을 선임하여 줄 것을 신청할 수 있다.

② 위원회는 제1항의 신청에 따른 국선대리인 선정 여부에 대한 결정을 하고, 지체 없이 청구인에게 그 결과를 통지하여야 한다. 이 경우 위원회는 심판청구가 명백히 부적법하거나 이유 없는 경우 또는 권리의 남용이라고 인정되는 경우에는 국선대리인을 선정하지 아니할 수 있다.

③ 국선대리인 신청절차, 국선대리인 지원 요건, 국선대리인의 자격·보수 등 국선대리인 운영에 필요한 사항은 국회규칙, 대법원규칙, 헌법재판소규칙, 중앙선거관리위원회규칙 또는 대통령령으로 정한다.

[본조신설 2017. 10. 31.]

제19조(대표자 등의 자격) ① 대표자·관리인·선정대표자 또는 대리인의 자격은 서면으로 소명하여야 한다.

② 청구인이나 피청구인은 대표자·관리인·선정대표자 또는 대리인이 그 자격을 잃으면 그 사실을 서면으로 위원회에 신고하여야 한다. 이 경우 소명 자료를 함께 제출하여야 한다.

제20조(심판참가) ① 행정심판의 결과에 이해관계가 있는 제3자나 행정청은 해당 심판청구에 대한 제7조제6항 또는 제8조제7항에 따른 위원회나 소위원회의 의결이 있기 전까지 그 사건에 대하여 심판참가를 할 수 있다.

② 제1항에 따른 심판참가를 하려는 자는 참가의 취지와 이유를 적은 참가신청서를 위원회에 제출하여야 한다. 이 경우 당사자의 수만큼 참가신청서 부본을 함께 제출하여야 한다.

③ 위원회는 제2항에 따라 참가신청서를 받으면 참가신청서 부본을 당사자에게 송달하여야 한다.

④ 제3항의 경우 위원회는 기간을 정하여 당사자와 다른 참가인에게 제3자의 참가신청에 대한 의견을 제출하도록 할 수 있으며, 당사자와 다른 참가인이 그 기간에 의견을 제출하지 아니하면 의견이 없는 것으로 본다.

⑤ 위원회는 제2항에 따라 참가신청을 받으면 허가 여부를 결정하고, 지체 없이 신

청인에게는 결정서 정본을, 당사자와 다른 참가인에게는 결정서 등본을 송달하여야 한다.

⑥ 신청인은 제5항에 따라 송달을 받은 날부터 7일 이내에 위원회에 이의신청을 할 수 있다.

제21조(심판참가의 요구) ① 위원회는 필요하다고 인정하면 그 행정심판 결과에 이해관계가 있는 제3자나 행정청에 그 사건 심판에 참가할 것을 요구할 수 있다.

② 제1항의 요구를 받은 제3자나 행정청은 지체 없이 그 사건 심판에 참가할 것인지 여부를 위원회에 통지하여야 한다.

제22조(참가인의 지위) ① 참가인은 행정심판 절차에서 당사자가 할 수 있는 심판절차상의 행위를 할 수 있다.

② 이 법에 따라 당사자가 위원회에 서류를 제출할 때에는 참가인의 수만큼 부본을 제출하여야 하고, 위원회가 당사자에게 통지를 하거나 서류를 송달할 때에는 참가인에게도 통지하거나 송달하여야 한다.

③ 참가인의 대리인 선임과 대표자 자격 및 서류 제출에 관하여는 제18조, 제19조 및 이 조 제2항을 준용한다.

제4장 행정심판 청구

제23조(심판청구서의 제출) ① 행정심판을 청구하려는 자는 제28조에 따라 심판청구서를 작성하여 피청구인이나 위원회에 제출하여야 한다. 이 경우 피청구인의 수만큼 심판청구서 부본을 함께 제출하여야 한다.

② 행정청이 제58조에 따른 고지를 하지 아니하거나 잘못 고지하여 청구인이 심판청구서를 다른 행정기관에 제출한 경우에는 그 행정기관은 그 심판청구서를 지체 없이 정당한 권한이 있는 피청구인에게 보내야 한다.

③ 제2항에 따라 심판청구서를 보낸 행정기관은 지체 없이 그 사실을 청구인에게 알려야 한다.

④ 제27조에 따른 심판청구 기간을 계산할 때에는 제1항에 따른 피청구인이나 위원회 또는 제2항에 따른 행정기관에 심판청구서가 제출되었을 때에 행정심판이 청구된 것으로 본다.

제24조(피청구인의 심판청구서 등의 접수·처리) ① 피청구인이 제23조제1항·제2항 또는 제26조제1항에 따라 심판청구서를 접수하거나 송부받으면 10일 이내에 심판청구서(제23조제1항·제2항의 경우만 해당된다)와 답변서를 위원회에 보내야 한다. 다만, 청구인이 심판청구를 취하한 경우에는 그러하지 아니하다.

② 제1항에도 불구하고 심판청구가 그 내용이 특정되지 아니하는 등 명백히 부적법하다고 판단되는 경우에 피청구인은 답변서를 위원회에 보내지 아니할 수 있다. 이 경우 심판청구서를 접수하거나 송부받은 날부터 10일 이내에 그 사유를 위원

회에 문서로 통보하여야 한다. 〈신설 2023. 3. 21.〉

③ 제2항에도 불구하고 위원장이 심판청구에 대하여 답변서 제출을 요구하면 피청구인은 위원장으로부터 답변서 제출을 요구받은 날부터 10일 이내에 위원회에 답변서를 제출하여야 한다. 〈신설 2023. 3. 21.〉

④ 피청구인은 처분의 상대방이 아닌 제3자가 심판청구를 한 경우에는 지체 없이 처분의 상대방에게 그 사실을 알려야 한다. 이 경우 심판청구서 사본을 함께 송달하여야 한다. 〈개정 2023. 3. 21.〉

⑤ 피청구인이 제1항 본문에 따라 심판청구서를 보낼 때에는 심판청구서에 위원회가 표시되지 아니하였거나 잘못 표시된 경우에도 정당한 권한이 있는 위원회에 보내야 한다. 〈개정 2023. 3. 21.〉

⑥ 피청구인은 제1항 본문 또는 제3항에 따라 답변서를 보낼 때에는 청구인의 수만큼 답변서 부본을 함께 보내되, 답변서에는 다음 각 호의 사항을 명확하게 적어야 한다. 〈개정 2023. 3. 21.〉

1. 처분이나 부작위의 근거와 이유
2. 심판청구의 취지와 이유에 대응하는 답변
3. 제4항에 해당하는 경우에는 처분의 상대방의 이름·주소·연락처와 제4항의 의무 이행 여부

⑦ 제4항과 제5항의 경우에 피청구인은 송부 사실을 지체 없이 청구인에게 알려야 한다. 〈개정 2023. 3. 21.〉

⑧ 중앙행정심판위원회에서 심리·재결하는 사건인 경우 피청구인은 제1항 또는 제3항에 따라 위원회에 심판청구서 또는 답변서를 보낼 때에는 소관 중앙행정기관의 장에게도 그 심판청구·답변의 내용을 알려야 한다. 〈개정 2023. 3. 21.〉

제25조(피청구인의 직권취소등) ① 제23조제1항·제2항 또는 제26조제1항에 따라 심판청구서를 받은 피청구인은 그 심판청구가 이유 있다고 인정하면 심판청구의 취지에 따라 직권으로 처분을 취소·변경하거나 확인을 하거나 신청에 따른 처분(이하 이 조에서 "직권취소등"이라 한다)을 할 수 있다. 이 경우 서면으로 청구인에게 알려야 한다.

② 피청구인은 제1항에 따라 직권취소등을 하였을 때에는 청구인이 심판청구를 취하한 경우가 아니면 제24조제1항 본문에 따라 심판청구서·답변서를 보내거나 같은 조 제3항에 따라 답변서를 보낼 때 직권취소등의 사실을 증명하는 서류를 위원회에 함께 제출하여야 한다. 〈개정 2023. 3. 21.〉

제26조(위원회의 심판청구서 등의 접수·처리) ① 위원회는 제23조제1항에 따라 심판청구서를 받으면 지체 없이 피청구인에게 심판청구서 부본을 보내야 한다.

② 위원회는 제24조제1항 본문 또는 제3항에 따라 피청구인으로부터 답변서가 제출된 경우 답변서 부본을 청구인에게 송달하여야 한다. 〈개정 2023. 3. 21.〉

제27조(심판청구의 기간) ① 행정심판은 처분이 있음을 알게 된 날부터 90일 이내에 청구하여야 한다.

② 청구인이 천재지변, 전쟁, 사변(事變), 그 밖의 불가항력으로 인하여 제1항에서 정한 기간에 심판청구를 할 수 없었을 때에는 그 사유가 소멸한 날부터 14일 이내에 행정심판을 청구할 수 있다. 다만, 국외에서 행정심판을 청구하는 경우에는 그 기간을 30일로 한다.

③ 행정심판은 처분이 있었던 날부터 180일이 지나면 청구하지 못한다. 다만, 정당한 사유가 있는 경우에는 그러하지 아니하다.

④ 제1항과 제2항의 기간은 불변기간(不變期間)으로 한다.

⑤ 행정청이 심판청구 기간을 제1항에 규정된 기간보다 긴 기간으로 잘못 알린 경우 그 잘못 알린 기간에 심판청구가 있으면 그 행정심판은 제1항에 규정된 기간에 청구된 것으로 본다.

⑥ 행정청이 심판청구 기간을 알리지 아니한 경우에는 제3항에 규정된 기간에 심판청구를 할 수 있다.

⑦ 제1항부터 제6항까지의 규정은 무효등확인심판청구와 부작위에 대한 의무이행심판청구에는 적용하지 아니한다.

제28조(심판청구의 방식) ① 심판청구는 서면으로 하여야 한다.

② 처분에 대한 심판청구의 경우에는 심판청구서에 다음 각 호의 사항이 포함되어야 한다.
  1. 청구인의 이름과 주소 또는 사무소(주소 또는 사무소 외의 장소에서 송달받기를 원하면 송달장소를 추가로 적어야 한다)
  2. 피청구인과 위원회
  3. 심판청구의 대상이 되는 처분의 내용
  4. 처분이 있음을 알게 된 날
  5. 심판청구의 취지와 이유
  6. 피청구인의 행정심판 고지 유무와 그 내용

③ 부작위에 대한 심판청구의 경우에는 제2항제1호·제2호·제5호의 사항과 그 부작위의 전제가 되는 신청의 내용과 날짜를 적어야 한다.

④ 청구인이 법인이거나 제14조에 따른 청구인 능력이 있는 법인이 아닌 사단 또는 재단이거나 행정심판이 선정대표자나 대리인에 의하여 청구되는 것일 때에는 제2항 또는 제3항의 사항과 함께 그 대표자·관리인·선정대표자 또는 대리인의 이름과 주소를 적어야 한다.

⑤ 심판청구서에는 청구인·대표자·관리인·선정대표자 또는 대리인이 서명하거나 날인하여야 한다.

제29조(청구의 변경) ① 청구인은 청구의 기초에 변경이 없는 범위에서 청구의 취지나 이유를 변경할 수 있다.

② 행정심판이 청구된 후에 피청구인이 새로운 처분을 하거나 심판청구의 대상인 처분을 변경한 경우에는 청구인은 새로운 처분이나 변경된 처분에 맞추어 청구의

취지나 이유를 변경할 수 있다.

③ 제1항 또는 제2항에 따른 청구의 변경은 서면으로 신청하여야 한다. 이 경우 피청구인과 참가인의 수만큼 청구변경신청서 부본을 함께 제출하여야 한다.

④ 위원회는 제3항에 따른 청구변경신청서 부본을 피청구인과 참가인에게 송달하여야 한다.

⑤ 제4항의 경우 위원회는 기간을 정하여 피청구인과 참가인에게 청구변경 신청에 대한 의견을 제출하도록 할 수 있으며, 피청구인과 참가인이 그 기간에 의견을 제출하지 아니하면 의견이 없는 것으로 본다.

⑥ 위원회는 제1항 또는 제2항의 청구변경 신청에 대하여 허가할 것인지 여부를 결정하고, 지체 없이 신청인에게는 결정서 정본을, 당사자 및 참가인에게는 결정서 등본을 송달하여야 한다.

⑦ 신청인은 제6항에 따라 송달을 받은 날부터 7일 이내에 위원회에 이의신청을 할 수 있다.

⑧ 청구의 변경결정이 있으면 처음 행정심판이 청구되었을 때부터 변경된 청구의 취지나 이유로 행정심판이 청구된 것으로 본다.

제30조(집행정지) ① 심판청구는 처분의 효력이나 그 집행 또는 절차의 속행(續行)에 영향을 주지 아니한다.

② 위원회는 처분, 처분의 집행 또는 절차의 속행 때문에 중대한 손해가 생기는 것을 예방할 필요성이 긴급하다고 인정할 때에는 직권으로 또는 당사자의 신청에 의하여 처분의 효력, 처분의 집행 또는 절차의 속행의 전부 또는 일부의 정지(이하 "집행정지"라 한다)를 결정할 수 있다. 다만, 처분의 효력정지는 처분의 집행 또는 절차의 속행을 정지함으로써 그 목적을 달성할 수 있을 때에는 허용되지 아니한다.

③ 집행정지는 공공복리에 중대한 영향을 미칠 우려가 있을 때에는 허용되지 아니한다.

④ 위원회는 집행정지를 결정한 후에 집행정지가 공공복리에 중대한 영향을 미치거나 그 정지사유가 없어진 경우에는 직권으로 또는 당사자의 신청에 의하여 집행정지 결정을 취소할 수 있다.

⑤ 집행정지 신청은 심판청구와 동시에 또는 심판청구에 대한 제7조제6항 또는 제8조제7항에 따른 위원회나 소위원회의 의결이 있기 전까지, 집행정지 결정의 취소 신청은 심판청구에 대한 제7조제6항 또는 제8조제7항에 따른 위원회나 소위원회의 의결이 있기 전까지 신청의 취지와 원인을 적은 서면을 위원회에 제출하여야 한다. 다만, 심판청구서를 피청구인에게 제출한 경우로서 심판청구와 동시에 집행정지 신청을 할 때에는 심판청구서 사본과 접수증명서를 함께 제출하여야 한다.

⑥ 제2항과 제4항에도 불구하고 위원회의 심리·결정을 기다릴 경우 중대한 손해가 생길 우려가 있다고 인정되면 위원장은 직권으로 위원회의 심리·결정을 갈음하는 결정을 할 수 있다. 이 경우 위원장은 지체 없이 위원회에 그 사실을 보고하

고 추인(追認)을 받아야 하며, 위원회의 추인을 받지 못하면 위원장은 집행정지 또는 집행정지 취소에 관한 결정을 취소하여야 한다.

⑦ 위원회는 집행정지 또는 집행정지의 취소에 관하여 심리·결정하면 지체 없이 당사자에게 결정서 정본을 송달하여야 한다.

제31조(임시처분) ① 위원회는 처분 또는 부작위가 위법·부당하다고 상당히 의심되는 경우로서 처분 또는 부작위 때문에 당사자가 받을 우려가 있는 중대한 불이익이나 당사자에게 생길 급박한 위험을 막기 위하여 임시지위를 정하여야 할 필요가 있는 경우에는 직권으로 또는 당사자의 신청에 의하여 임시처분을 결정할 수 있다.

② 제1항에 따른 임시처분에 관하여는 제30조제3항부터 제7항까지를 준용한다. 이 경우 같은 조 제6항 전단 중 "중대한 손해가 생길 우려"는 "중대한 불이익이나 급박한 위험이 생길 우려"로 본다.

③ 제1항에 따른 임시처분은 제30조제2항에 따른 집행정지로 목적을 달성할 수 있는 경우에는 허용되지 아니한다.

제5장 심리

제32조(보정) ① 위원회는 심판청구가 적법하지 아니하나 보정(補正)할 수 있다고 인정하면 기간을 정하여 청구인에게 보정할 것을 요구할 수 있다. 다만, 경미한 사항은 직권으로 보정할 수 있다.

② 청구인은 제1항의 요구를 받으면 서면으로 보정하여야 한다. 이 경우 다른 당사자의 수만큼 보정서 부본을 함께 제출하여야 한다.

③ 위원회는 제2항에 따라 제출된 보정서 부본을 지체 없이 다른 당사자에게 송달하여야 한다.

④ 제1항에 따른 보정을 한 경우에는 처음부터 적법하게 행정심판이 청구된 것으로 본다.

⑤ 제1항에 따른 보정기간은 제45조에 따른 재결 기간에 산입하지 아니한다.

⑥ 위원회는 청구인이 제1항에 따른 보정기간 내에 그 흠을 보정하지 아니한 경우에는 그 심판청구를 각하할 수 있다. 〈신설 2023. 3. 21.〉

제32조의2(보정할 수 없는 심판청구의 각하) 위원회는 심판청구서에 타인을 비방하거나 모욕하는 내용 등이 기재되어 청구 내용을 특정할 수 없고 그 흠을 보정할 수 없다고 인정되는 경우에는 제32조제1항에 따른 보정요구 없이 그 심판청구를 각하할 수 있다.

[본조신설 2023. 3. 21.]

제33조(주장의 보충) ① 당사자는 심판청구서·보정서·답변서·참가신청서 등에서 주장한 사실을 보충하고 다른 당사자의 주장을 다시 반박하기 위하여 필요하면 위원회에 보충서면을 제출할 수 있다. 이 경우 다른 당사자의 수만큼 보충서면 부본을 함

께 제출하여야 한다.

② 위원회는 필요하다고 인정하면 보충서면의 제출기한을 정할 수 있다.

③ 위원회는 제1항에 따라 보충서면을 받으면 지체 없이 다른 당사자에게 그 부본을 송달하여야 한다.

제34조(증거서류 등의 제출) ① 당사자는 심판청구서·보정서·답변서·참가신청서·보충서면 등에 덧붙여 그 주장을 뒷받침하는 증거서류나 증거물을 제출할 수 있다.

② 제1항의 증거서류에는 다른 당사자의 수만큼 증거서류 부본을 함께 제출하여야 한다.

③ 위원회는 당사자가 제출한 증거서류의 부본을 지체 없이 다른 당사자에게 송달하여야 한다.

제35조(자료의 제출 요구 등) ① 위원회는 사건 심리에 필요하면 관계 행정기관이 보관 중인 관련 문서, 장부, 그 밖에 필요한 자료를 제출할 것을 요구할 수 있다.

② 위원회는 필요하다고 인정하면 사건과 관련된 법령을 주관하는 행정기관이나 그 밖의 관계 행정기관의 장 또는 그 소속 공무원에게 위원회 회의에 참석하여 의견을 진술할 것을 요구하거나 의견서를 제출할 것을 요구할 수 있다.

③ 관계 행정기관의 장은 특별한 사정이 없으면 제1항과 제2항에 따른 위원회의 요구에 따라야 한다.

④ 중앙행정심판위원회에서 심리·재결하는 심판청구의 경우 소관 중앙행정기관의 장은 의견서를 제출하거나 위원회에 출석하여 의견을 진술할 수 있다.

제36조(증거조사) ① 위원회는 사건을 심리하기 위하여 필요하면 직권으로 또는 당사자의 신청에 의하여 다음 각 호의 방법에 따라 증거조사를 할 수 있다.

1. 당사자나 관계인(관계 행정기관 소속 공무원을 포함한다. 이하 같다)을 위원회의 회의에 출석하게 하여 신문(訊問)하는 방법
2. 당사자나 관계인이 가지고 있는 문서·장부·물건 또는 그 밖의 증거자료의 제출을 요구하고 영치(領置)하는 방법
3. 특별한 학식과 경험을 가진 제3자에게 감정을 요구하는 방법
4. 당사자 또는 관계인의 주소·거소·사업장이나 그 밖의 필요한 장소에 출입하여 당사자 또는 관계인에게 질문하거나 서류·물건 등을 조사·검증하는 방법

② 위원회는 필요하면 위원회가 소속된 행정청의 직원이나 다른 행정기관에 촉탁하여 제1항의 증거조사를 하게 할 수 있다.

③ 제1항에 따른 증거조사를 수행하는 사람은 그 신분을 나타내는 증표를 지니고 이를 당사자나 관계인에게 내보여야 한다.

④ 제1항에 따른 당사자 등은 위원회의 조사나 요구 등에 성실하게 협조하여야 한다.

제37조(절차의 병합 또는 분리) 위원회는 필요하면 관련되는 심판청구를 병합하여 심리하거나 병합된 관련 청구를 분리하여 심리할 수 있다.

제38조(심리기일의 지정과 변경) ① 심리기일은 위원회가 직권으로 지정한다.

② 심리기일의 변경은 직권으로 또는 당사자의 신청에 의하여 한다.

③ 위원회는 심리기일이 변경되면 지체 없이 그 사실과 사유를 당사자에게 알려야 한다.

④ 심리기일의 통지나 심리기일 변경의 통지는 서면으로 하거나 심판청구서에 적힌 전화, 휴대전화를 이용한 문자전송, 팩시밀리 또는 전자우편 등 간편한 통지 방법(이하 "간이통지방법"이라 한다)으로 할 수 있다.

제39조(직권심리) 위원회는 필요하면 당사자가 주장하지 아니한 사실에 대하여도 심리할 수 있다.

제40조(심리의 방식) ① 행정심판의 심리는 구술심리나 서면심리로 한다. 다만, 당사자가 구술심리를 신청한 경우에는 서면심리만으로 결정할 수 있다고 인정되는 경우 외에는 구술심리를 하여야 한다.

② 위원회는 제1항 단서에 따라 구술심리 신청을 받으면 그 허가 여부를 결정하여 신청인에게 알려야 한다.

③ 제2항의 통지는 간이통지방법으로 할 수 있다.

제41조(발언 내용 등의 비공개) 위원회에서 위원이 발언한 내용이나 그 밖에 공개되면 위원회의 심리·재결의 공정성을 해칠 우려가 있는 사항으로서 대통령령으로 정하는 사항은 공개하지 아니한다.

제42조(심판청구 등의 취하) ① 청구인은 심판청구에 대하여 제7조제6항 또는 제8조제7항에 따른 의결이 있을 때까지 서면으로 심판청구를 취하할 수 있다.

② 참가인은 심판청구에 대하여 제7조제6항 또는 제8조제7항에 따른 의결이 있을 때까지 서면으로 참가신청을 취하할 수 있다.

③ 제1항 또는 제2항에 따른 취하서에는 청구인이나 참가인이 서명하거나 날인하여야 한다.

④ 청구인 또는 참가인은 취하서를 피청구인 또는 위원회에 제출하여야 한다. 이 경우 제23조제2항부터 제4항까지의 규정을 준용한다.

⑤ 피청구인 또는 위원회는 계속 중인 사건에 대하여 제1항 또는 제2항에 따른 취하서를 받으면 지체 없이 다른 관계 기관, 청구인, 참가인에게 취하 사실을 알려야 한다.

제6장 재결

제43조(재결의 구분) ① 위원회는 심판청구가 적법하지 아니하면 그 심판청구를 각하(却下)한다.

② 위원회는 심판청구가 이유가 없다고 인정하면 그 심판청구를 기각(棄却)한다.

③ 위원회는 취소심판의 청구가 이유가 있다고 인정하면 처분을 취소 또는 다른 처분으로 변경하거나 처분을 다른 처분으로 변경할 것을 피청구인에게 명한다.

④ 위원회는 무효등확인심판의 청구가 이유가 있다고 인정하면 처분의 효력 유무 또는 처분의 존재 여부를 확인한다.

⑤ 위원회는 의무이행심판의 청구가 이유가 있다고 인정하면 지체 없이 신청에 따른 처분을 하거나 처분을 할 것을 피청구인에게 명한다.

제43조의2(조정) ① 위원회는 당사자의 권리 및 권한의 범위에서 당사자의 동의를 받아 심판청구의 신속하고 공정한 해결을 위하여 조정을 할 수 있다. 다만, 그 조정이 공공복리에 적합하지 아니하거나 해당 처분의 성질에 반하는 경우에는 그러하지 아니하다.

② 위원회는 제1항의 조정을 함에 있어서 심판청구된 사건의 법적·사실적 상태와 당사자 및 이해관계자의 이익 등 모든 사정을 참작하고, 조정의 이유와 취지를 설명하여야 한다.

③ 조정은 당사자가 합의한 사항을 조정서에 기재한 후 당사자가 서명 또는 날인하고 위원회가 이를 확인함으로써 성립한다.

④ 제3항에 따른 조정에 대하여는 제48조부터 제50조까지, 제50조의2, 제51조의 규정을 준용한다.

[본조신설 2017. 10. 31.]

제44조(사정재결) ① 위원회는 심판청구가 이유가 있다고 인정하는 경우에도 이를 인용(認容)하는 것이 공공복리에 크게 위배된다고 인정하면 그 심판청구를 기각하는 재결을 할 수 있다. 이 경우 위원회는 재결의 주문(主文)에서 그 처분 또는 부작위가 위법하거나 부당하다는 것을 구체적으로 밝혀야 한다.

② 위원회는 제1항에 따른 재결을 할 때에는 청구인에 대하여 상당한 구제방법을 취하거나 상당한 구제방법을 취할 것을 피청구인에게 명할 수 있다.

③ 제1항과 제2항은 무효등확인심판에는 적용하지 아니한다.

제45조(재결 기간) ① 재결은 제23조에 따라 피청구인 또는 위원회가 심판청구서를 받은 날부터 60일 이내에 하여야 한다. 다만, 부득이한 사정이 있는 경우에는 위원장이 직권으로 30일을 연장할 수 있다.

② 위원장은 제1항 단서에 따라 재결 기간을 연장할 경우에는 재결 기간이 끝나기 7일 전까지 당사자에게 알려야 한다.

제46조(재결의 방식) ① 재결은 서면으로 한다.

② 제1항에 따른 재결서에는 다음 각 호의 사항이 포함되어야 한다.

  1. 사건번호와 사건명
  2. 당사자·대표자 또는 대리인의 이름과 주소
  3. 주문
  4. 청구의 취지
  5. 이유

6. 재결한 날짜

③ 재결서에 적는 이유에는 주문 내용이 정당하다는 것을 인정할 수 있는 정도의 판단을 표시하여야 한다.

제47조(재결의 범위) ① 위원회는 심판청구의 대상이 되는 처분 또는 부작위 외의 사항에 대하여는 재결하지 못한다.

② 위원회는 심판청구의 대상이 되는 처분보다 청구인에게 불리한 재결을 하지 못한다.

제48조(재결의 송달과 효력 발생) ① 위원회는 지체 없이 당사자에게 재결서의 정본을 송달하여야 한다. 이 경우 중앙행정심판위원회는 재결 결과를 소관 중앙행정기관의 장에게도 알려야 한다.

② 재결은 청구인에게 제1항 전단에 따라 송달되었을 때에 그 효력이 생긴다.

③ 위원회는 재결서의 등본을 지체 없이 참가인에게 송달하여야 한다.

④ 처분의 상대방이 아닌 제3자가 심판청구를 한 경우 위원회는 재결서의 등본을 지체 없이 피청구인을 거쳐 처분의 상대방에게 송달하여야 한다.

제49조(재결의 기속력 등) ① 심판청구를 인용하는 재결은 피청구인과 그 밖의 관계 행정청을 기속(羈束)한다.

② 재결에 의하여 취소되거나 무효 또는 부존재로 확인되는 처분이 당사자의 신청을 거부하는 것을 내용으로 하는 경우에는 그 처분을 한 행정청은 재결의 취지에 따라 다시 이전의 신청에 대한 처분을 하여야 한다. 〈신설 2017. 4. 18.〉

③ 당사자의 신청을 거부하거나 부작위로 방치한 처분의 이행을 명하는 재결이 있으면 행정청은 지체 없이 이전의 신청에 대하여 재결의 취지에 따라 처분을 하여야 한다. 〈개정 2017. 4. 18.〉

④ 신청에 따른 처분이 절차의 위법 또는 부당을 이유로 재결로써 취소된 경우에는 제2항을 준용한다. 〈개정 2017. 4. 18.〉

⑤ 법령의 규정에 따라 공고하거나 고시한 처분이 재결로써 취소되거나 변경되면 처분을 한 행정청은 지체 없이 그 처분이 취소 또는 변경되었다는 것을 공고하거나 고시하여야 한다. 〈개정 2017. 4. 18.〉

⑥ 법령의 규정에 따라 처분의 상대방 외의 이해관계인에게 통지된 처분이 재결로써 취소되거나 변경되면 처분을 한 행정청은 지체 없이 그 이해관계인에게 그 처분이 취소 또는 변경되었다는 것을 알려야 한다. 〈개정 2017. 4. 18.〉

제50조(위원회의 직접 처분) ① 위원회는 피청구인이 제49조제3항에도 불구하고 처분을 하지 아니하는 경우에는 당사자가 신청하면 기간을 정하여 서면으로 시정을 명하고 그 기간에 이행하지 아니하면 직접 처분을 할 수 있다. 다만, 그 처분의 성질이나 그 밖의 불가피한 사유로 위원회가 직접 처분을 할 수 없는 경우에는 그러하지 아니하다. 〈개정 2017. 4. 18.〉

② 위원회는 제1항 본문에 따라 직접 처분을 하였을 때에는 그 사실을 해당 행정청에 통보하여야 하며, 그 통보를 받은 행정청은 위원회가 한 처분을 자기가 한 처분으로 보아 관계 법령에 따라 관리·감독 등 필요한 조치를 하여야 한다.

제50조의2(위원회의 간접강제) ① 위원회는 피청구인이 제49조제2항(제49조제4항에서 준용하는 경우를 포함한다) 또는 제3항에 따른 처분을 하지 아니하면 청구인의 신청에 의하여 결정으로 상당한 기간을 정하고 피청구인이 그 기간 내에 이행하지 아니하는 경우에는 그 지연기간에 따라 일정한 배상을 하도록 명하거나 즉시 배상을 할 것을 명할 수 있다.

② 위원회는 사정의 변경이 있는 경우에는 당사자의 신청에 의하여 제1항에 따른 결정의 내용을 변경할 수 있다.

③ 위원회는 제1항 또는 제2항에 따른 결정을 하기 전에 신청 상대방의 의견을 들어야 한다.

④ 청구인은 제1항 또는 제2항에 따른 결정에 불복하는 경우 그 결정에 대하여 행정소송을 제기할 수 있다.

⑤ 제1항 또는 제2항에 따른 결정의 효력은 피청구인인 행정청이 소속된 국가·지방자치단체 또는 공공단체에 미치며, 결정서 정본은 제4항에 따른 소송제기와 관계없이 「민사집행법」에 따른 강제집행에 관하여는 집행권원과 같은 효력을 가진다. 이 경우 집행문은 위원장의 명에 따라 위원회가 소속된 행정청 소속 공무원이 부여한다.

⑥ 간접강제 결정에 기초한 강제집행에 관하여 이 법에 특별한 규정이 없는 사항에 대하여는 「민사집행법」의 규정을 준용한다. 다만, 「민사집행법」 제33조(집행문부여의 소), 제34조(집행문부여 등에 관한 이의신청), 제44조(청구에 관한 이의의 소) 및 제45조(집행문부여에 대한 이의의 소)에서 관할 법원은 피청구인의 소재지를 관할하는 행정법원으로 한다.

[본조신설 2017. 4. 18.]

제51조(행정심판 재청구의 금지) 심판청구에 대한 재결이 있으면 그 재결 및 같은 처분 또는 부작위에 대하여 다시 행정심판을 청구할 수 없다.

제7장 전자정보처리조직을 통한 행정심판 절차의 수행

제52조(전자정보처리조직을 통한 심판청구 등) ① 이 법에 따른 행정심판 절차를 밟는 자는 심판청구서와 그 밖의 서류를 전자문서화하고 이를 정보통신망을 이용하여 위원회에서 지정·운영하는 전자정보처리조직(행정심판 절차에 필요한 전자문서를 작성·제출·송달할 수 있도록 하는 하드웨어, 소프트웨어, 데이터베이스, 네트워크, 보안요소 등을 결합하여 구축한 정보처리능력을 갖춘 전자적 장치를 말한다. 이하 같다)을 통하여 제출할 수 있다.

② 제1항에 따라 제출된 전자문서는 이 법에 따라 제출된 것으로 보며, 부본을 제출할 의무는 면제된다.

③ 제1항에 따라 제출된 전자문서는 그 문서를 제출한 사람이 정보통신망을 통하여 전자정보처리조직에서 제공하는 접수번호를 확인하였을 때에 전자정보처리조직에 기록된 내용으로 접수된 것으로 본다.

④ 전자정보처리조직을 통하여 접수된 심판청구의 경우 제27조에 따른 심판청구 기간을 계산할 때에는 제3항에 따른 접수가 되었을 때 행정심판이 청구된 것으로 본다.

⑤ 전자정보처리조직의 지정내용, 전자정보처리조직을 이용한 심판청구서 등의 접수와 처리 등에 관하여 필요한 사항은 국회규칙, 대법원규칙, 헌법재판소규칙, 중앙선거관리위원회규칙 또는 대통령령으로 정한다.

제53조(전자서명등) ① 위원회는 전자정보처리조직을 통하여 행정심판 절차를 밟으려는 자에게 본인(本人)임을 확인할 수 있는 「전자서명법」 제2조제2호에 따른 전자서명(서명자의 실지명의를 확인할 수 있는 것을 말한다)이나 그 밖의 인증(이하 이 조에서 "전자서명등"이라 한다)을 요구할 수 있다. 〈개정 2020. 6. 9.〉

② 제1항에 따라 전자서명등을 한 자는 이 법에 따른 서명 또는 날인을 한 것으로 본다.

③ 전자서명등에 필요한 사항은 국회규칙, 대법원규칙, 헌법재판소규칙, 중앙선거관리위원회규칙 또는 대통령령으로 정한다.

제54조(전자정보처리조직을 이용한 송달 등) ① 피청구인 또는 위원회는 제52조제1항에 따라 행정심판을 청구하거나 심판참가를 한 자에게 전자정보처리조직과 그와 연계된 정보통신망을 이용하여 재결서나 이 법에 따른 각종 서류를 송달할 수 있다. 다만, 청구인이나 참가인이 동의하지 아니하는 경우에는 그러하지 아니하다.

② 제1항 본문의 경우 위원회는 송달하여야 하는 재결서 등 서류를 전자정보처리조직에 입력하여 등재한 다음 그 등재 사실을 국회규칙, 대법원규칙, 헌법재판소규칙, 중앙선거관리위원회규칙 또는 대통령령으로 정하는 방법에 따라 전자우편 등으로 알려야 한다.

③ 제1항에 따른 전자정보처리조직을 이용한 서류 송달은 서면으로 한 것과 같은 효력을 가진다.

④ 제1항에 따른 서류의 송달은 청구인이 제2항에 따라 등재된 전자문서를 확인한 때에 전자정보처리조직에 기록된 내용으로 도달한 것으로 본다. 다만, 제2항에 따라 그 등재사실을 통지한 날부터 2주 이내(재결서 외의 서류는 7일 이내)에 확인하지 아니하였을 때에는 등재사실을 통지한 날부터 2주가 지난 날(재결서 외의 서류는 7일이 지난 날)에 도달한 것으로 본다.

⑤ 서면으로 심판청구 또는 심판참가를 한 자가 전자정보처리조직의 이용을 신청한 경우에는 제52조·제53조 및 이 조를 준용한다.

⑥ 위원회, 피청구인, 그 밖의 관계 행정기관 간의 서류의 송달 등에 관하여는 제52조·제53조 및 이 조를 준용한다.

⑦ 제1항 본문에 따른 송달의 방법이나 그 밖에 필요한 사항은 국회규칙, 대법원규칙, 헌법재판소규칙, 중앙선거관리위원회규칙 또는 대통령령으로 정한다.

제8장 보칙

제55조(증거서류 등의 반환) 위원회는 재결을 한 후 증거서류 등의 반환 신청을 받으면 신청인이 제출한 문서 · 장부 · 물건이나 그 밖의 증거자료의 원본(原本)을 지체 없이 제출자에게 반환하여야 한다.

제56조(주소 등 송달장소 변경의 신고의무) 당사자, 대리인, 참가인 등은 주소나 사무소 또는 송달장소를 바꾸면 그 사실을 바로 위원회에 서면으로 또는 전자정보처리조직을 통하여 신고하여야 한다. 제54조제2항에 따른 전자우편주소 등을 바꾼 경우에도 또한 같다.

제57조(서류의 송달) 이 법에 따른 서류의 송달에 관하여는 「민사소송법」 중 송달에 관한 규정을 준용한다.

제58조(행정심판의 고지) ① 행정청이 처분을 할 때에는 처분의 상대방에게 다음 각 호의 사항을 알려야 한다.
  1. 해당 처분에 대하여 행정심판을 청구할 수 있는지
  2. 행정심판을 청구하는 경우의 심판청구 절차 및 심판청구 기간
② 행정청은 이해관계인이 요구하면 다음 각 호의 사항을 지체 없이 알려 주어야 한다. 이 경우 서면으로 알려 줄 것을 요구받으면 서면으로 알려 주어야 한다.
  1. 해당 처분이 행정심판의 대상이 되는 처분인지
  2. 행정심판의 대상이 되는 경우 소관 위원회 및 심판청구 기간

제59조(불합리한 법령 등의 개선) ① 중앙행정심판위원회는 심판청구를 심리 · 재결할 때에 처분 또는 부작위의 근거가 되는 명령 등(대통령령 · 총리령 · 부령 · 훈령 · 예규 · 고시 · 조례 · 규칙 등을 말한다. 이하 같다)이 법령에 근거가 없거나 상위 법령에 위배되거나 국민에게 과도한 부담을 주는 등 크게 불합리하면 관계 행정기관에 그 명령 등의 개정 · 폐지 등 적절한 시정조치를 요청할 수 있다. 이 경우 중앙행정심판위원회는 시정조치를 요청한 사실을 법제처장에게 통보하여야 한다. *〈개정 2016. 3. 29.〉*
② 제1항에 따른 요청을 받은 관계 행정기관은 정당한 사유가 없으면 이에 따라야 한다.

제60조(조사 · 지도 등) ① 중앙행정심판위원회는 행정청에 대하여 다음 각 호의 사항 등을 조사하고, 필요한 지도를 할 수 있다.
  1. 위원회 운영 실태
  2. 재결 이행 상황
  3. 행정심판의 운영 현황

② 행정청은 이 법에 따른 행정심판을 거쳐 「행정소송법」에 따른 항고소송이 제기된 사건에 대하여 그 내용이나 결과 등 대통령령으로 정하는 사항을 반기마다 그 다음 달 15일까지 해당 심판청구에 대한 재결을 한 중앙행정심판위원회 또는 제6조제3항에 따라 시·도지사 소속으로 두는 행정심판위원회에 알려야 한다.

③ 제6조제3항에 따라 시·도지사 소속으로 두는 행정심판위원회는 중앙행정심판위원회가 요청하면 제2항에 따라 수집한 자료를 제출하여야 한다.

제61조(권한의 위임) 이 법에 따른 위원회의 권한 중 일부를 국회규칙, 대법원규칙, 헌법재판소규칙, 중앙선거관리위원회규칙 또는 대통령령으로 정하는 바에 따라 위원장에게 위임할 수 있다.

부칙

〈제19269호, 2023. 3. 21.〉

제1조(시행일) 이 법은 공포한 날부터 시행한다.

제2조(행정심판 청구 사건에 대한 적용례) 이 법은 이 법 시행 이후 청구되는 행정심판부터 적용된다.

▣ 편 저 임영만 ▣

· 1985. 충남대 법과대 법학과 졸업
· 2001. 법원주사
· 2016. 사법보좌관연수교육
· 2016. 대덕등기소장
· 2018. 사법보좌관 대전지방법원 근무

청구취지와 심판청구 작성례로 살펴본
행정소송과 행정심판!

2025년 6월 10일 초판 인쇄
2025년 6월 15일 초판 발행

편 저 임영만
발행인 김현호
발행처 법문북스
공급처 법률미디어

주소 서울 구로구 경인로 54길4(구로동 636-62)
전화 02)2636-2911~2, 팩스 02)2636-3012

등록일자 1979년 8월 27일
등록번호 제5-22호

ISBN 979-11-94820-11-6 (13360)

정가 28,000원

이 도서의 국립중앙도서관 출판예정도서목록(CIP)은 서지정보유통지원시스템 홈페이지(http://seoji.nl.go.kr)와 국가자료종합목록 구축시스템(http://kolis-net.nl.go.kr)에서 이용하실 수 있습니다.

홈페이지 www.lawb.co.kr
페이스북 www.facebook.com/bummun3011
인스타그램 www.instagram.com/bummun3011
네이버 블로그 blog.naver.com/bubmunk